권영진,
다시 혁신의 길에 서다
: 대구에서 대한민국으로

권영진,
다시 혁신의 길에 서다
: 대구에서 대한민국으로

| 권영진 지음 |

대구의 혁신 역량을 바탕으로 대한민국의
혁신에 도전하겠습니다!

프롤로그

다시 혁신의 대장정에 나섭니다

　제가 좋아하는 정호승 시인의 「봄길」이라는 시를 보면 '길이 끝나는 곳에서도 길이 있다 / 길이 끝나는 곳에서도 길이 되는 사람이 있다'라는 구절이 나옵니다. 저는 이 시를 자주 읊조립니다. 시민들과 함께하는 모임에서나 시청의 월례 조회에서 이 시를 낭송했습니다. 그리고 "길이 끝나는 곳에서도 길이 되는 사람이 되자."라고 말했습니다. 이 시는 제가 정치인 권영진에게 주는 시이기도 했습니다.

　남들이 만들어준 쉽고 편한 길이 아니라 스스로 역경을 헤쳐서 길을 만드는 정치인이 되고자 했습니다. 운명처럼 정치에 입문한 지 20여 년이 됐습니다. 그동안 서울시 정무부시장, 대한민국 국회의원, 두 번에 걸친 대구광역시장을 지냈습니다. 성공적인 정치적 삶을 살아왔다고 볼 수도 있습니다.

　그러나 제가 걸어온 길은 쉽고 편한 꽃길이라고는 할 수는 없습니다. 2004년 국회의원에 처음 도전했던 지역은 서울의 노원구(을) 선거구였습니다. 당시 한나라당 후보였던 저에게 노원을은 꽃길이 아니라 자갈밭 길이었습니다. 공천을 받고 나니 노무현 대통령 탄핵 건이 터지면서 한나라당 후보로서 명함을 들고 길거리에 나갈 수가 없을 정도로 민심은 차가웠습니다. 저의 첫 번째 도전은 실패로 끝났습니다. 그러나 저는 좌절하지 않았습니다. 다시 도전을 준비했습니다. 정치를 해야 할 분명한 이유가 있었기 때문입니다.

저는 학창 시절부터 가져온 꿈과 소명이 있었습니다. 통일한국을 실현하는 지도자가 되는 길이었습니다. 제가 소망하는 나라, 즉 '우리 국민이 밖으로는 당당하고 안으로는 행복한 나라'를 만들기 위해서는 반드시 통일한국을 실현해야 한다고 믿었습니다. 그 소명이 저에게 통일부를 첫 직장으로 선택하게 했고 다시 통일부를 나와서 정치에 입문하게 했습니다.

저는 2008년 두 번째 도전 만에 보수 정당의 무덤이라고 하는 서울의 강북지역 노원을 선거구에서 국회의원이 됐습니다. 통일한국을 향한 저의 소명은 정치의 장으로 옮겨 갔습니다. 정치 혁신이 저의 소명이 됐습니다. 더 이상 국민을 분열시키는 것이 아니라 하나로 통합하는 새로운 정치, 경제의 발목을 잡는 것이 아니라 경제인들의 기를 살려 주는 정치, 한번 실패해도 다시 일어설 수 있도록 재기가 가능한 사회를 만들어주는 정치, 그런 정치를 만드는 것이 통일한국을 준비하는 일이라고 생각했습니다.

초선 국회의원으로서 4년 동안 정치 혁신을 위해 '민본21'이라는 혁신그룹을 만들어서 정당 혁신과 정치 혁신을 위해 애썼습니다. 대한민국 혁신의 출발은 행정개혁과 교육개혁이라고 믿고 있던 터라 4년 내내 국회의원들 사이에서 인기가 없었던 교육과학기술상임위원회에서 활동했습니다.

2014년 저는 대구광역시장에 도전했습니다. 2012년 박근혜 대통령 후보의 선거대책위원회 기획조정단장으로 일하면서 전국 방방곡곡의 상황을 챙겨볼 기회가 있었습니다. 그때 놀란 것이 대구의 축 처진 모습이었습니다. 서울, 경기, 인천은 수도권 프리미엄을 한껏 누리면서 비전을 모색하고 있었습니다. 부산은 물류와 금융을 중심으로 살길을 찾고 있었으며 대전은 과학도시로서 꿈을 실현하기 위해 노력하고 있었습니다. 그리고 광주는 문화를 중심에 놓고 먹고사는 문제를 고민하고 강원도조차 관광과 웰빙이라는 화두를 잡고 있었습니다. 그런데 '대구의 꿈은 무엇인가?' 알 수가 없었습니다.

문제는 정치에 있었습니다. 국가나 공동체에 꿈과 비전을 심어주는 역할은 정치의 몫입니다. 그런데 대구의 정치에는 오랫동안 사실상 경쟁다운 경쟁이 없었습니다. 꿈의 경쟁, 비전의 경쟁이 없었습니다. 아니, 그런 경쟁을 할 필요가 없었습니다. 특정 정당의 공천만 받으면 당선되는데 굳이 꿈을 말하고 비전을 고민할 이유가 없었습니다. 그렇게 대구는 꿈이 없는 보수의 성지가 됐습니다. 저는 대구 정치의 혁신에 도전하기로 마음먹었습니다. 경쟁의 무풍지대인 대구 정치에 경쟁의 새바람을 일으켜야 한다고 결심했습니다. 그렇게 하려면 12분의 1인 국회의원이 아니라 대구시장에 도전하는 편이 더 큰 울림을 줄 수 있다고 생각하게 됐습니다.

제가 대구광역시장에 도전하겠다는 생각을 말했을 때 사람들의 반응은 '턱도 없는 무모한 도전'이라는 것이었습니다. '계란으로 바위를 치는 싸움'이고 '이기면 기적'이라고 말씀하신 분들도 많았습니다. 당시 제가 처한 정치적 현실을 보면 이런 평가가 야속한 것만은 아니었습니다. 우선 한나라당의 공천 관문을 넘는 것이 소위 '맨땅에 헤딩하는 것'이나 마찬가지였습니다.

경선에서 저의 경쟁상대는 대구에 지역구를 둔 재선 국회의원과 3선 국회의원 그리고 현역 구청장이었습니다. 반면 저는 고등학교 3년만 대구에서 살았고 서울에서 대학을 나오고 직장을 갖고 정치를 했던 사람입니다. 대구에는 아무런 정치적 기반이 없는 사람이었습니다. 그런데도 저를 그 무모한 도전에 나서게 한 힘은 대구 혁신에 대한 소명이었습니다. 저의 슬로건은 '대구 혁신에 목숨을 걸겠습니다.'였습니다. 경선 결과는 권영진의 승리였습니다. 냉정하게 보면 저의 승리가 아니라 변화와 혁신을 갈망하는 민심의 승리였습니다.

대구에서 한나라당 공천만 받으면 본선은 쉬운 법인데 제가 가는 길은 그렇지를 못했습니다. 민주당의 상대 후보는 대선주자급으로 명성이 높았던 김부겸 후보였습니다. 우리 두 사람은 전례 없이 치열한 선거전을 펼쳤습니다. 저는 두 번에 걸친 당내 경선과 본 선거에서 승리함으로써 8년간 제33대와 제34대 대구시장으로 일할 수 있었습니다.

저는 8년 동안 오로지 대구 혁신만을 생각하면서 쉼 없이 달렸습니다. 저 혼자만 뛰는 외로운 길이 아니라 시민들과 동행하는 길이었습니다. 숱한 난관과 위기도 있었지만 이에 굴하지 않고 슬기롭게 극복하면서 새로운 길을 만들었습니다.

무엇보다 대구는 대한민국을 강타한 코로나19의 1차 대확산에 맞서 '우리가 지켜내야 대한민국을 지킨다.'라는 연대와 협력의 공동체 정신으로 확진자 발생 53일 만에 1일 확진자 0명이라는 기적을 만들어냈습니다. 전 세계가 앞다투어 대구시민의 의연함과 결연한 의지에 경의를 표했고 드라이브스루 진단검사, 생활치료센터, 고위험군 전수검사와 공공격리병상 운영 등으로 대표되는 대구의 창조적인 방역시스템은 대한민국을 넘어서 세계 방역의 표준이 됐습니다.

저는 모든 것을 멈추게 한 코로나19의 위기 속에서도 오로지 시민들을 지켜야 한다는 일념으로 집무실 야전침대에서 쪽잠을 자면서 방역에 혼신을 다 바쳤습니다. 그리고 대구 혁신을 위한 발걸음도 멈추지 않았습니다. 오랫동안 해결되지 못한 채 숙제로 남아 있었던 대구·경북 통합신공항 건설, 대구시 신청사 건립, 취수원 다변화 등 숙원과제를 해결하는 실마리를 찾았습니다. 서대구 KTX 역사와 4차 순환도로가 완공됐고 달빛고속철도를 제4차 국가철도망 계획에 반영해서 3대 대형 SOC 사업을 이루어냈습니다. 서대구 KTX 역에는 국가 산업선 철도와 신공항 철도가 연결되도록 했고 두류 신청사와 함께 대구 균형발전의 마중물이 될 서대구 역세권 대개발 계획도 준비했습니다. 또한 110년 만에 도심 부적격 시설인 성매매 집결지를 폐쇄했고 시민들의 건강을 위협하던 안심연료단지를 뉴타운으로 변모시켰습니다. 군위군의 대구 편입으로 대구시는 전국 특·광역시 중에서 가장 면적이 넓은 도시가 됐습니다.

8년 동안 산업구조 혁신을 통해서 대구는 섬유와 자동차 부품을 생산하는 전통산업 도시에서 로봇 생태계 전 주기를 갖춘 대한민국 독보적인 로봇 도시, 1조 원대의 부가가치를 생산하는 물 산업 중심도시, 미래차 분야의 핵심인 모터와 배터리 산업의 중심도시이자 100킬로미터 규모로 전국 최고의 타운형 자율주행 테스트베드를 갖춘 도시가 됐습니다. 의료산업 선도도시로서 전국 1위의 수출액 증가율을 자랑하고 있고 에너지 산업의 올림픽으로 불리는 세계가스총회를 성공적으로 개최했고 세계가 인정하는 스마트 도시로 변화하고 있습니다.

시민 중심의 소통과 협치 시정의 길도 활짝 열었습니다. 시민원탁회의, 현장소통시장실, 주민참여예산제로 시민이 정책의 중심에 서게 됐고 전국 최초로 시민 공론화를 통해 신청사 부지를 결정했습니다. 또한 코로나19 극복 범시민대책위원회는 방역의 주체가 시민이라는 것을 증명해 보였습니다. 영호남의 숙원인 달빛고속철도의 국가계획 반영을 이루어낸 대구-광주 달빛동맹의 힘은 오랜 세월 정치적 이해관계로 갈라져 대립하고 갈등했던 시대를 마감하고 동서 화합의 물꼬를 터 진정한 국민통합을 이루어내는 큰 걸음이 될 것입니다.

한편 국가적 위기와 고비마다 변화와 개혁을 주도했던 위대한 대구 시민정신을 세계만방에 알리는 3대 현창사업도 완수했습니다. 대구에서 시작한 세계 최초의 경제 주권 운동인 국채보상운동 기록물은 유네스코 세계기록유산으로 등재됐습니다. 그리고 한국전쟁 중에도 '바흐의 음악이 들리는 도시'로 외신에 소개된 대구가 유네스코 음악창의도시로 선정됐습니다. 3·15의거와 4·19혁명의 햇불이 된 대한민국 최초의 민주화 운동인 2·28 대구민주화운동은 국가기념일로 지정됐습니다. 대구의 역사와 문화가 대한민국을 넘어 세계 속에서 빛을 발하게 됐습니다.

2023년 12월 저는 다시 새로운 길을 나섭니다. 대구 정치를 혁신해서 대한민국을 혁신하는 담대한 도전에 나서고자 합니다. 흔히들 대구 정치에는 꿈이 없고 존재감이 없고 협업이 없다고 합니다. 정치는 꿈을 만드는 예술입니다. 그런데 그동안 대구 정치에서 대구의 꿈을 들어본 적이 잘 없는 것 같습니다. 대한민국을 향한 꿈을 꾸는 것은 상상도 할 수 없는 일입니다. 대구를 위한 꿈, 대한민국을 위한 꿈이 샘솟는 정치를 만들어야 합니다.

대구의 정치인들은 존재감이 없다고 아쉬워 하는 목소리가 있습니다. 저마다 바쁘고 열심히 하지만 국가나 지역의 중요한 아젠다를 가지고 국민을 감동시키거나 소신 있게 주장하는 정치인은 찾아보기 힘들기 때문인 거 같습니다. '팔공산에만 오르는 정치인'이라는 조롱을 듣고 '살찐 고양이들'이라고 싸잡아 모욕당해도 너무 조용히 있습니다. 그러니 국민에게 인지도가 높은 큰 정치인이나 정치적 리더가 나오기 어려운 것이 현실입니다.

리더가 없다 보니 뭉쳐서 함께 살려고 하기보다 각자도생이 익숙한 것 같습니다. 대구라는 하나의 운명공동체를 위해서 힘을 합치고 '원팀One Team'이 돼 일하는 것이 아니라 자신의 지역구만 잘 챙기는 각개전투만 하고 있습니다. 이렇게 해서는 정치가 대구의 발전과 미래를 열어나가는 역할을 다할 수가 없습니다. 정치가 제 역할을 하지 못하면 지역은 살아날 수가 없습니다. 이는 자명한 이치입니다.

대구의 혁신 역량을 바탕으로 대한민국의 혁신에 도전하겠습니다. 제가 꿈꾸는 대한민국의 혁신은 두 가지입니다. 첫째, 자치분권과 균형발전이 이루어지는 나라를 만드는 것입니다. 세계에서 유례를 찾아보기 어려운 중앙집권적 체제를 해체해 전국 각 지방이 골고루 잘사는 나라를 만들고 싶습니다. 그렇게 하면 우리가 당면

하고 있는 출생률 위기, 기후생태 위기, 사회적 분열 위기 등도 잘 해결할 수 있습니다. 국가의 꼭대기에 권력이 집중돼 있고 그 권력이 소재하고 있는 곳에 모든 자원이 집적해 있는, 우리가 서울공화국이라 부르는 체제를 자치분권과 균형발전 체제로 만들어야 수도권도 비수도권 지방도 다 살기 좋은 곳이 됩니다. 그리고 그런 체제야말로 세계적 경쟁력을 가질 수 있는 국가입니다.

둘째, 통합입니다. 계층, 이념, 지역, 정파 등으로 나누어져 대결하고 서로를 배제하는 우리나라의 현실은 국제사회가 염려할 정도입니다. 특히 이분법적 혐오와 배타적 정치는 우리 사회의 문제해결 능력을 망가뜨리고 지속가능한 사회 발전을 무력화하고 있습니다. 이는 물론 일제 식민지 지배, 분단, 전쟁, 권위주의 체제를 겪으면서 생겨난 역사적 유산입니다만 그 해결의 실마리는 정치에 있습니다.

정치인의 지도력으로 희망을 찾을 수 있습니다. 통합은 모든 사람을 같게 만드는 것이 아닙니다. 그것은 서로 다른 것들을 인정하고 존중하며 상생하는 덕목을 말합니다. 자유민주주의를 지탱하는 가장 중요한 가치인 관용이 바로 그것입니다. 모든 국민이 다름을 존중하고 공존공영하는 국민통합을 이루고 싶습니다.

대구 정치 혁신은 이러한 대한민국 혁신의 엔진이 될 것입니다. 대한민국의 역사 속에서 대구는 민족과 국가 앞에 놓인 과제를 앞장서 해결했던 도시였습니다. 대구의 변화와 혁신은 늘 국가의 혁신이 됐습니다.

꿈꾸는 사람에게는 불가능은 없다고 했습니다. 저는 대구시장으로서 길이 끝나는 곳에서 새로운 혁신의 길을 찾아 나서고 있습니다. 다시 한번 '길이 끝나는 곳에서도 길이 있다 / 길이 끝나는 곳에서도 길이 되는 사람이 있다.'라는 시 구절을 떠올립니다. 이제 대구 정치 혁신을 통한 대한민국 혁신의 대장정을 시작합니다.

2023년 12월
권영진

차례

프롤로그 다시 혁신의 대장정에 나섭니다 • 5

1장

도시의 혁신은 공간에서 시작된다 • 21

1. 공간구조 혁신으로 동서 균형발전을 이루다　　　　23

서대구 KTX 역사 건립과 역세권 개발에서 시작하다 • **23** ǀ 미래를 위한 신청사 건립을 약속하다 • **30** ǀ 시민의 손으로 두류신청사 시대를 열다 • **32** ǀ 세계적인 랜드마크로 만든다 • **39** ǀ TK 통합을 향한 담대한 도전에 나서다 • **42**

2. 새로운 하늘길이 도시의 영토를 넓힌다　　　　50

K-2 군 공항 이전은 대구의 숙원이었다 • **50** ǀ 새로운 하늘길이 TK의 미래다 • **53** ǀ 하나 된 힘으로 TK신공항 시대를 열다 • **61** ǀ TK신공항은 초유의 대역사다 • **66**

3. 리더십이 도시공간을 창조한다　　　　　　　　　71

소통과 결단의 리더십으로 도시를 바꾸다 • 71 | 캠프 워커가 시민 품으로 돌아오다 • 75 | 자갈마당 110년 만에 역사 속으로 사라지다 • 78 | 애물단지 안심연료단지가 뉴타운으로 변하다 • 80

4. 교통 인프라가 도시 공간을 혁신한다　　　　　　84

철도망으로 도시의 공간을 넓히다 • 84 | 미래형 모빌리티 도시를 만들다 • 90

5. 공간구조 혁신이 산업의 경쟁력이다　　　　　　　99

산업단지 대개조에 나서다 • 99 | 판교밸리의 꿈이 도심 융합 특구에서 피어나다 • 102

2장

산업구조 혁신이 도시의 미래다 • 105

1. 블루골드 물 산업의 시대를 열다　　　　　　　　107

물의 위기를 기회로 만들다 • 107 | 물밀듯이 몰려오고 물샐틈없이 지원하다 • 111 | 세계 물 산업 중심 도시를 꿈꾸다 • 112

2. 로봇산업으로 최첨단 도시를 만들다　　　　　　　115

로봇산업이 1위로 성장하다 • 115 | 글로벌 로봇 기업들이 대구에 둥지를 틀다 • 117 | 이동식 협동 로봇 규제자유특구로 지정되다 • 120 | 국가 로봇테스트필드를 유치하다 • 122

3. 미래차 선도도시로 발돋움하다   **124**

전기차 시대를 예감하다 • **124** | 변화와 혁신은 절박함에서 나온다 • **127** | 세계가 인정하는 전기차 모범도시가 되다 • **132** | 자율주행차의 테스트베드로 주목받다 • **134**

4. 의료가 도시의 미래 산업이 되다   **137**

의료가 미래산업을 꿈꾸다 • **137** | 메디시티 대구가 대한민국 대표 브랜드가 되다 • **139** | 첨단의료복합단지의 성장 속도에 놀라다 • **140** | 최초로 외국인 환자 3만 시대를 열다 • **142**

5. 에너지 산업을 신성장 동력으로 삼다   **145**

에너지 자립 도시를 꿈꾸다 • **145** | 탄소중립 선도도시로 거듭나다 • **148** | 수소와 2차전지 산업을 육성하다 • **150** | 세계가스총회를 성공시키다 • **153**

6. 스마트 시티 대구의 꿈이 영글다   **157**

스마트 시티 선도도시를 꿈꾸다 • **157** | 쿠팡이 최첨단 물류센터를 짓다 • **159** | 수성알파시티를 테스트베드로 만들다 • **162** | 정보통신기술로 융합 생태계를 확대하다 • **163**

3장

혁신의 목표는 시민행복이다 • 167

1. 민생을 최우선으로 삼다   169

대구행복페이가 대박을 치다 • **169** | 전통시장과 골목상권을 살리다 • **171** | 농수산물도매시장 이전이냐 확장이냐 • **174** | 전국 최고의 사회적 경제 도시를 만들다 • **176**

2. 쾌적하고 안전한 도시를 만들다   180

미세먼지 줄이기 정책을 선도하다 • **180** | 도시의 허파인 도심공원을 지키다 • **183** | 교통사고 사망자를 '30+30' 줄이다 • **185** | 대프리카의 맞춤형 폭염 정책을 찾다 • **188**

3. 시민 행복지수를 높이다   191

시민들과 함께 공연문화도시를 만들다 • **191** | 도시의 축제는 시민이 만든다 • **194** | 대구FC 축구장이 새로운 명소가 되다 • **196** | 나눔과 봉사가 행복 도시를 만든다 • **200** | 호국보훈의 도시로 거듭나다 • **202**

4. 청년이 주역이 되는 젊은 도시를 만든다   205

청년들이 떠나가는 도시의 아픔을 멈추자 • **205** | 휴스타 프로젝트로 혁신 인재를 키우다 • **207** | 사람을 키우는 인재도시가 미래다 • **209** | MS와 함께 인공지능 인재를 양성하다 • **211**

4장

혁신의 리더십이 코로나19를 이기다 • 213

1. 악몽이 시작되고 도시가 멈춰 서다　　　　　215

첫 코로나19 확진자가 발생하다 • 215 | 응급의료 시스템이 마비되다 • 218 | 도시의 모든 것이 멈춰 서다 • 220 | 집무실에서 쪽잠을 자며 코로나와 싸우다 • 222 | 당근과 채찍으로 전수조사를 하다 • 225

2. D-방역이 K-방역의 표준이 되다　　　　　229

코로나19 대응체계와 매뉴얼을 바꾸다 • 229 | 최초로 드라이브스루 선별진료소를 운영하다 • 232 | 세계 제1호 생활치료센터를 열다 • 234 | 선제적 검사가 최고의 방역이다 • 238 | 공공격리병상 도입으로 교차 감염을 막다 • 240

3. 위대한 시민이 기적을 만들다　　　　　242

위대한 시민정신이 코로나와 싸워 이기다 • 242 | 시민 참여형 방역의 모델이 되다 • 245

4. 기적을 만든 숨은 영웅들이 있었다　　　　　249

지역 의사계와 민관협력 거버넌스를 구축하다 • 249 | 대구시 의사회의 헌신이 빛나다 • 252 | 119구급대원들과 시민 영웅들이 참전하다 • 254 | 전국에서 돕고 대구가 보답하다 • 257

5. 오해와 억측에도 무너지지 않다　　　　　260

대구에 대한 악의적인 조롱에 맞서다 • 260 | 신천지에 대한 대응은 약했는가 • 264 | 긴급생계자금 지원에 늑장은 있을 수 없다 • 266 | 가짜 백신도 사기당한 것도 없었다 • 270

5장

다시 정치 혁신의 길로 나서다 · 277

1. 새로운 정치가 새로운 대한민국을 만든다　　　**279**

건국 75년의 대한민국은 위대했다 · **279** | 통일 한국과 국민 행복의 대한민국을 만들자 · **282** | 지방분권과 균형발전 없이는 대한민국도 없다 · **285** | 역대 정부는 왜 실패했는가 · **289** | 떡이 아니라 떡시루를 주어야 한다 · **292** | 이제 1987년 체제를 뛰어넘어야 한다 · **295**

2. 정치가 변해야 TK가 다시 산다　　　**301**

TK라는 자부심은 타당하다 · **301** | TK의 문제는 정치에 있다 · **303** | 절박한 마음으로 원팀이 돼라 · **307** | 소통과 협치에서 배우자 · **309**

3. 분열하면 패배하고 혁신하면 승리한다　　　**313**

오만하고 분열하면 패배한다 · **313** | 반성하고 혁신하면 승리한다 · **317**

대구에서 출발해서
위대한 대한민국을 만들어간다

1장
도시의 혁신은 공간에서 시작된다

1
공간구조 혁신으로 동서 균형발전을 이루다

● ● ● ● ●
서대구 KTX 역사 건립과 역세권 개발에서 시작하다

　대구시장으로서 첫 임기를 시작한 지 2년 6개월여가 되는 2016년 12월 15일 동대구 복합환승센터와 신세계백화점이 개장됐습니다. 이후 신세계백화점은 개장 4년 만인 2021년 매출액이 1조 원을 돌파했습니다. 역대 최단 기록이라고 합니다. 그리고 2017년 11월 대구를 찾는 사람들에게 첫인상이 될 동대구역 고가교 개체와 확장 공사가 마무리됐습니다.
　동대구역은 넓은 광장과 동양 최고의 백화점을 가진 새로운 공간으로 재탄생했습니다. 대구의 동쪽에서 일어난 변화입니다. 이미 대구의 동부지역에는 '수성불패'라는 신조어가 생겨날 정도로 대구의 교육과 부의 상징인 수성구가 있습니다. 1980년 동구에서 분리돼 신설된 수성구는 법원과 검찰청, 대구광역시 교육청, 5개 방송사 등 많은 공공시설을 품고 있습니다. 국립대구박물관, 대구미술관, 삼성라이온즈파크, 대구스타디움과 같은 문화 체육 시설 인프라도 수성구에 집중돼 있습니다. 게다가 수성구는 이른바 명문고라고 불리는 학교들이 다수 분포돼 있고 범어네거리를 중심으로 학원이 밀집돼 있어서 대구의 강남이라고 불릴 정도로 전국에서도 유명한 학군지로 손꼽히고 있습니다.

동대구 역세권의 형성은 대구의 발전 축이 동쪽으로 확 기울고 있음을 단적으로 보여주는 현장입니다. 대구의 동부지역은 머지않은 장래에 대구공항이 이전되고 그 후적지와 수성알파시티의 개발이 완성되면 동구와 수성구를 중심으로 다시 한번 눈부신 발전을 할 것입니다.

서구와 달서구를 중심으로 한 대구의 서부지역은 어떨까요? 대구는 과거 산업화 시대에 서대구 지역을 중심으로 발전해왔습니다. 염색 산단, 서대구 산단, 성서 산단, 그리고 2000년대 초에 조성된 달성 국가산단과 테크노폴리스 등 대구산업의 80퍼센트 이상이 대구의 서부지역에 집중돼 있습니다. 염색 산단과 서대구 산단을 품은 서구는 1980년대 후반까지만 해도 인구가 57만 6,000명을 넘어서는 대구에서 가장 큰 구區였습니다.

지금 서구의 인구는 16만 명 수준으로 줄었습니다. 물론 서구 인구의 급격한 감소는 1988년 1월 1일 달서구가 생겨나면서 현재의 두류동 지역인 내당동 일부, 성당동, 성서지구가 달서구로 분리돼

서대구 고속철도역 기공식

나가고 섬유산업이 위축돼 도심 공동화가 진행되면서 나타난 현상입니다. 당시 달서구는 서구의 성당1~2동, 내당4~6동, 성서1~3동, 본리동과 남구의 월배 출장소를 합해 대구광역시 달서구가 됐습니다. 구 설치 당시 인구는 24만 3,000여 명으로 출발했으나 1990년대 개발붐을 타면서 인구가 급격히 늘어나서 2013년 61만 명을 넘어서서 우리나라에서 두 번째로 큰 자치구가 됐습니다. 그러나 이후부터 인구가 급격히 줄어들어서 현재는 53만 명 수준입니다. 특히 달서구의 송현동과 성당동, 두류동, 감삼동 일대는 대규모 단독주택 지구와 경관지구 등의 규제로 인해 개발이 늦어지면서 여전히 환경이 열악합니다.

이처럼 대구는 동구, 수성구를 중심으로 하는 동대구권과 서구, 달서구를 중심으로 하는 서대구권의 불균형 발전이 심화되고 있었습니다. 대구의 새로운 도약과 균형발전을 위해서는 서대구 지역의 발전을 위한 새로운 축이 필요했습니다.

대구의 균형발전을 위한 새로운 축을 만드는 첫걸음은 서대구 KTX 역사驛舍의 건립에서부터 시작됐습니다. 서대구 지역은 대구 산업의 대부분과 인구의 절반이 살고 있지만 외부로 연결되는 철도망은 동대구역을 이용해야만 했습니다. 달서구, 서구, 달성군에 거주하는 지역 주민들은 말할 것도 없거니와 서울에서 바이어나 협력업체들이 성서공단이나 국가산단을 찾아올 때 동대구역을 이용하다 보니 불편함이 이만저만이 아니었습니다. 오죽하면 서울에서 대구에 오는 것보다 동대구역에 내려서 산업단지까지 이동하는데 시간이 더 걸리고 불편하다는 푸념이 나왔겠습니까?

서대구 KTX 역사 건립의 필요성은 이미 전임 시장 시절부터 꾸준히 제기됐으나 국토교통부로부터 인가를 받는 것이 난항이었습니다. 국토교통부는 1도시 1역사의 원칙을 고수하면서 서대구역사 허가를 반대했습니다. 침체된 대구 산업 발전과 지역 균형발전이라는 절박함만으로는 국토교통부의 벽을 넘기가 어려웠습니다. 우리는 다른 도시들의 역사와는 달리 동대구역은 이미 포화 상태라는 점을 강조하면서 역사 건립의 비용을 대구시가 부담해서라도 건립이 필요하다는 새로운 논리로 국토교통부를 끈질기게 설득했습니다. 마침내 2015년 한 해를 마무리하는 12월 말에 국토교통부로부터 서대구 KTX 역사 건립 방침을 받아냈습니다. 이 과정에서 서구의 김상훈 국회의원이 많은 역할을 해주었습니다.

서대구역은 1991년 화물터미널 역으로 계획됐으나 사업이 표류하면서 건설이 중단됐습니다. 이후 승차장을 건설하려는 공사가 재개됐으나 2003년 다시 중단돼 대부분 공터와 굳게 잠긴 건물로 방치돼 있었습니다. 또한 역사 주변은 1965년에 수립된 대구시 광

서대구 KTX 역사

장계획에서 이현삼거리와 서대구역 부지를 12호 광장이라 칭하고 서대구지역의 부도심과 번화가로 개발할 예정이었습니다. 하지만 서대구역 사업이 시들해지고 비산염색공단이 쇠퇴하고 낙후되면서 유야무야됐습니다.

   서대구 지역의 새로운 변화와 대구의 균형발전을 위해서는 서대구 KTX 역사와 역세권 개발은 반드시 필요한 사업이었습니다. 2014년 첫 번째 대구시장 선거에 도전하면서 서대구역 건립과 역세권 대개발을 중요 공약으로 내세웠고 대구시장으로 취임한 이후 역점 사업으로 추진했습니다. 그로부터 8년 후 퇴임을 석 달 앞둔 2022년 3월 31일 아침 6시 41분 서울행 KTX의 첫 운행이 서대구역에서 시작됐습니다. 2019년 3월 공사가 착공된 지 3년 만입니다.

   전날 열린 개통식은 서대구역 인근 주민들에게는 축제의 날이었습니다. 더구나 이날은 대구의 오랜 숙원사업이었던 제4차 순환도로가 착공한 지 8년 만에 완공돼 개통돼 겹경사가 생긴 날이었습니다. 대구시장으로서 8년 동안 일하면서 고맙다는 시민들의 인사를 그날처럼 한꺼번에 많이 받은 날은 흔치 않았던 것 같습니다.

서대구역은 대구광역시의 시조인 독수리가 날개를 펴고 비상하는 모습을 형상화한 디자인으로 지상 4층에 연면적 8,726제곱미터 규모의 선상 역사로 건립됐습니다. 개통을 앞두고 과연 하루 몇 편의 열차가 정차하느냐가 쟁점이 됐습니다. 줄다리기 끝에 KTX는 평균 하루 28회, SRT는 하루 10회 정차하는 것으로 합의됐습니다. 또한 애초 계획과는 달리 서대구역에 정차하는 열차는 모두 동대구역에도 정차하기로 했습니다. 고속열차가 서울을 제외한 대도시 권역에서 2개의 역에 동시에 정차하는 것은 대구가 처음입니다.

향후 서대구역은 경부고속철도만 정차하는 역사가 아니라 구미에서 경산까지 연결하는 대구권 광역철도, 달성 국가산단과 서대구를 지하로 연결하는 대구 산업선 철도, 글로벌 경제권을 구축할 통합 신공항 연결철도, 남부권 경제공동체를 형성할 대구-광주 간 달빛고속철도 등 5개 광역철도망의 결절점으로서 대한민국 남부권 철도교통의 요충지가 될 것입니다.

길은 사람을 부르고, 사람이 모이면 경제도 흥하게 마련입니다. 길이 교차하는 역세권은 역동성을 높이는 도시의 활력 거점입니다. 그래서 대구시는 서대구 역세권 개발을 대구의 미래 도약을 위한 그랜드플랜으로 계획했습니다. 서대구 역세권 개발사업은 2030년까지 총사업비 14조 5,000억 원을 투입하는 초대형 프로젝트입니다. 서대구역을 중심으로 인근 98만 8,311제곱미터를 민관 공동 투자 구역(66만 2,000제곱미터), 자력 개발 유도 구역(16만 6,000제곱미터), 친환경 정비구역(16만 제곱미터)으로 구분해서 단계별로 개발을 추진하기로 했습니다. 1조 6,000억 원 규모의 민관 공동 투자 구역 1차 협상대상자로는 한국투자증권 컨소시엄이 선정됐습니다. 2019년 9월 '서대구 역세권 대개발 미래비전'을 처음으로 발표한 지 1년여 만에 사업 파트너가 선정된 것입니다. 2022년 3월 서대구역 준공으로 역세권 개발은 더욱 탄력을 받게 됐습니다.

민관 공동 투자 구역은 대구시가 기반 시설을 확충하고 민간 자본 투자를 통해 본격적인 개발에 나서게 될 것입니다. 복합환승센터와 공항터미널 및 공연과 문화시설을 집적화하고 하·폐수처리장 3개를 통합해 지하화한 뒤에 상부에는 친환경 생태문화공원을 조성할 계획입니다. 환경 기초시설을 옮긴 부지에는 첨단벤처밸리, 돔형 종합스포츠타운, 주상복합타운이 들어서는 것으로 계획됐습니다.

서대구 역세권의 접근성 향상과 대중교통 사각지대를 해소하기 위해 신교통수단인 트램 도입도 계획했습니다. '신교통시스템 도입 사전타당성 조사용역'으로 대구시 전역을 대상으로 트램 도입이 가능한 총 26개 노선을 검토했고 서측 노선인 서대구역과 평리네거리, 두류역을 경유하는 노선을 우선 도입 노선으로 선정했습니다. 신교통수단으로 모노레일을 희망하는 의견과 노선의 합리적인 변경을 요구하는 의견이 있습니다. 이는 향후 시민여론을 수렴하고 전문가 검토를 거쳐서 결정하게 될 것입니다.

대구 발전의 한 축이 될 서대구 역세권은 개발지역을 거점으로 염색산업단지, 제3산업단지, 서대구 산업단지를 도심형 첨단산업 밸리로 혁신해서 친환경 염색산업, 로봇산업, 융복합 스마트 섬유 클러스터 등으로 업종을 고도화할 계획이었습니다. 이처럼 서대구 역세권 개발은 대구의 재도약과 균형발전의 핵심입니다. 서대구 역세권 개발사업이 계획대로 잘 추진돼 대구의 서부지역 발전을 견인하고 동서 균형발전의 새로운 시대가 하루속히 열리기를 기대합니다.

미래를 위한 신청사 건립을 약속하다

현재 사용 중인 동인동 대구시청 건물은 1993년에 준공됐습니다. 지금으로부터 30년 전입니다. 그때는 아직 대구가 광역시로 승격되기 이전이었습니다. 현 청사를 지은 지 2년 뒤 1995년에 광역시로 승격되고 본격적인 지방자치도 실시됐습니다. 동시에 달성군이 편입되는 등 대구시의 규모도 커졌습니다. 그만큼 대구시의 행정도 교통, 문화, 안전 등으로 세분됐고 사업과 업무도 급증했습니다. 시청 소속 공무원의 수도 1993년 2,000여 명 남짓에서 2020년에는 6천 명을 넘어 3배 이상 증가했습니다.

대구시 행정업무의 양과 공무원의 수가 급격히 늘어나면서 청사 공간은 협소해졌습니다. 청사 공간이 부족해서 2006년부터는 별관 청사를 운영하는 것이 불가피하게 됐습니다. 시청 별관은 2006년 대구은행 중앙로지점과 한전 건물에서, 2014년에는 호수빌딩으로 늘어났습니다. 그러다가 2016년부터는 안동으로 이전한 경북도청 후적지를 임대해 시청 별관으로 사용 중입니다. 경북도청 후적지는 현재 '도청이전특별법'에 따라 정부가 매입해서 문화체육관광부의 자산으로 돼 있습니다. 이 땅의 활용도에 대해서는 여러 가지 논의가 진행됐습니다. 문재인 정부 당시에는 도심 융합 특구로 지정됐고 윤석열 대통령은 대통령 후보 당시 이 부지에 국립 근대미술관과 국립 뮤지컬 콤플렉스 건립을 공약했습니다. 얼마 전 국회를 통과한 특별법에 따라 도심 융합 특구를 조성하고 윤석열 대통령이 공약한 미술관과 뮤지컬 콤플렉스가 건립되려면 시청 별관의 조기 이전이 불가피합니다.

대구시청 신청사 건립 필요성은 오래전부터 논의가 있었습니다. 대구시는 현 청사의 문제점을 해소하기 위해 지난 2004년에 신청사 건립 추진 방침을 결정하고 2006년과 2010년 두 차례에 걸쳐 용역을 실시했습니다. 그러나 신청사의 유치를 둘러싸고 지역 간 경쟁이 과열되는 바람에 갈등이 발생하고 또 당시 글로벌 금융위기 등 경기침체로 중단되고 말았습니다. 하지만 제가 대구시장이 돼 경험해보니 신청사 건립은 더 이상 미룰 수 있는 문제가 아니었습니다. 청사 공간의 부족으로 여러 개의 별관을 쓰다 보니 업무의 효율성도 떨어지고 시민들도 많은 불편을 겪어야 했습니다. 본관은 사무실 천장에 노후 배관이 터져서 업무를 볼 수 없었던 때도 있었습니다. 외국이나 다른 지역에서 대구시청을 찾는 사람들은 광역시 규모에 비해 작고 초라한 청사를 보면서 놀라거나 의아해하기도 했습니다. 청사가 공무원들만의 공간이 아니라 시민들과 함께하는 공간으로 변화하고 있는 시대적 흐름도 신청사 건립 필요성의 중요한 이유이기도 했습니다. 또한 대구에 이렇다 할 만한 대표적인 건축물과 공간이 없기 때문에 신청사를 대구를 대표하는 랜드마크로 지어야 한다는 요구도 꾸준히 제기됐습니다.

저는 2018년 재선 시장에 출마하면서 시청 신청사 건립을 공약으로 발표했습니다. 그리고 당선이 돼 두 번째 임기를 시작하면서 신청사 건립에 착수했습니다. 당시 전문기관에서 검토한 결과 신청사 건립에는 부지 비용을 제외하면 2,500억 원 정도의 예산이 들어갈 것으로 예상됐습니다. 우선 이 비용을 어떻게 마련할지 검토했습니다. 일단 대구시는 2012년 50억 원을 시작으로 매년 200억 원씩 적립했습니다. 기금 적립을 비롯한 신청사 건립 기반을 마련하는 동안 대구 시민의 신청사 건립에 대한 공감대도 어느 정도 만들어졌습니다.

시민의 손으로 두류신청사 시대를 열다

신청사 건립과 관련해서 가장 큰 문제는 입지 선정이었습니다. 어떻게 하면 지역 간의 갈등과 분열을 일으키지 않고 모두가 동의하는 신청사 입지를 결정할 수 있을까? 과거의 방식과는 다르게 접근하기로 했습니다. 즉 시장과 공무원들이 용역을 통해 일방적으로 결정하고 주도하는 방식에서 벗어나 시민 스스로가 결정하는 방식으로 해결하는 게 옳다고 생각했습니다. 어떤 지자체도, 그 어느 때도 가보지 않은 새로운 시도였습니다. "신청사 입지와 같은 문제를 어떻게 전문가가 아닌 시민들이 결정할 수 있느냐? 자칫하면 시민사회의 갈등과 분열만 초래할 수 있다."라는 우려도 있었지만 저는 대구 시민의 집단지성과 민주주의 의식이라면 할 수 있을 것이라 기대했습니다. 이미 지난 4년 동안 시민원탁회의와 주민참여예산제를 통해서 대구 시민의 성숙된 시민정신을 확인한 터라 믿음이 있었습니다. 먼저 대구시의 정책 자문기구인 '대구미래비전2030위원회' 내에 테스크포스팀을 구성해 운영했습니다. 이 팀에게 저의 고민을 던지고 해법을 찾도록 했습니다. 이때 시민 공론화 방안과 프로세스가 제안됐습니다.

공론公論의 사전적 의미는 '여럿이 모여서 의논하는 것'입니다. 공론화公論化란 공공정책 사안이 초래하는 혹은 초래할 사회적 갈등에 대한 해결책을 모색하는 과정에서 이해관계자, 전문가, 시민 등의 다양한 의견을 민주적으로 수렴하는 것을 의미합니다. 그러나 이러한 일반적인 의미를 넘어 공론의 진정한 의미에 다가서려면 여론과의 차이점에 주목할 필요가 있습니다. '공론公論'과 '여론輿論'은 다수의 의견이라는 점에서는 같습니다. 하지만 '여론 조사'는 불특정 다수를 표본으로 추출하고 무작위로 선정해서 의견을 물어보는 방식입니다. 반면에 '공론조사'는 일정한 대표집단을 재구성해서 관련 정보를 충분히 제공하고 학습과 토론 등 숙의熟議 과정을 통해 여론 조사보다 심층적이고 숙성된 의견 수렴을 한다는 점에서 다릅니다. 따라서 가변적이고 때론 감정적으로 흐를 수 있는 '여론'에 비해 '공론'은 능동적으로 깊이 생각하고 충분히 의논된 훨씬 질 높은 다수의 의견이라고 할 수 있습니다.

시민의 뜻으로 신청사 입지와 건립의 방향을 확정하기 위해서 가장 중요한 것은 시민들의 자발적인 참여, 선택, 그리고 학습과 토론의 과정을 자유롭게 보장하는 것이었습니다. 그렇게 해야만 합리적인 최상의 선택이 가능하고 결정에 모두가 승복할 수 있기 때문입니다. 이러한 원칙과 절차를 조례로 정해서 제도적으로 보장하는 것이 필요했습니다. 조례의 원칙과 절차에 의한 결정은 훗날에도 그 결정을 그 누구도 함부로 바꾸지 못하도록 시민과의 약속을 자치법규로 인증하는 것입니다. 시장이나 공무원들이 임의로 결정한 것이 아니라 법 제도에 따라 시민들이 결정한 것이기 때문에 누구도 함부로 이를 뒤집거나 변경할 수 없을 것입니다. 감사하게도 배지숙 시의회 의장을 비롯한 시의원들도 전적으로 동의했습니다.

2018년 12월 18일 대구시 의회 본회의에서 '대구광역시 신청사 건립을 위한 조례'가 통과됐습니다. 이 조례는 2019년 1월 1일부터 시행됐습니다. 조례에는 크게 4가지 사항이 담겼습니다. 첫째는 신청사건립추진공론화위원회의 설치 근거와 공론화위원회의 기능과 구성 등에 대한 사항, 둘째는 신청사 건립에 관한 사항을 전문적으로 검토하기 위한 전문연구단의 구성과 운영에 대한 사항, 셋째는 신청사 건립에 대한 여론 수렴과 예정지 선정을 위해 평가를 수행하는 시민참여단의 설치와 평가에 대한 사항, 넷째는 공론화위원회의 설문조사와 공청회 및 세미나 개최 등 의견 청취 및 여론 수렴에 대한 근거 규정 등의 상황이 담겼습니다. 그리고 공론화위원회에서 정한 절차와 기준에 따라 250명의 시민참여단이 평가하고 결정해 신청사 부지를 최종적으로 결정하기로 한다는 내용이었습니다.

신청사 건립과 관련한 시민 공론화와 프로세스 방안 그리고 관련 조례가 만들어지자 전담 조직도 구성됐습니다. 곧바로 신청사건립추진단을 설치하고 2019년 3월에 신청사 건립 과정을 총괄하는 '신청사건립추진공론화위원회'를 공식 출범시켰습니다. 이로써 신청사 건립 예정지 선정을 위한 절차가 본격적인 궤도에 올라서게 됐습니다.

공론화위원회는 각 분야 전문가로 구성됐습니다. 위원회는 신청사 건립계획 수립부터 후보지 신청기준, 예정지 평가 기준 등을 마련했습니다. 또 지역 간 과열 유치 행위를 방지하기 위한 방안과 다양한 시민의 의견 수렴을 위한 공론화 방안 등을 논의했습니다.

저는 신청사 건립과 관련한 모든 권한을 공론화위원회에 넘겼습니다. 시민의 참여로 건립하는 신청사라는 기조를 유지하기 위해 신청사 입지 선정에 절대 개입하지 않겠다는 뜻을 공식적으로 밝혔습니다. 그 어떤 정치 논리도 배제하고 시민들의 손으로 공정하고 투명하게 절차를 진행할 수 있도록 지원할 뿐이라고 말입니다. 그리고 결정되면 시장으로서 무한 책임을 지겠다고 약속했습니다.

신청사건립추진공론화위원회는 2019년 4월 5일 개최된 1차 회의에서 위촉식을 하며 정식 출범했습니다. 저는 이날 인사말을 통해 "신청사를 어디에 지을 것인가, 어떻게 지을 것인가의 문제는 시장이나 공무원들이 결정할 문제가 아니라고 생각합니다. 대구의 백년대계이기 때문에 시민들의 의견을 수렴해서 시민들이 결정하는 것이 옳다고 생각합니다. 오늘 출범하는 공론화위원회가 엄정중립하고 객관적으로 이끌어서 이번만큼은 시민들의 신뢰의 바탕 위에서 신청사에 대한 시민들의 합의와 결정이 이루어질 수 있도록 해주십시오. 시장인 저는 건립 예정지 선정에 일절 개입하지 않고 공론화위원회에 일임하겠습니다."라고 밝혔습니다.

위촉식에 이어 개최된 1차 공론화위원회에서 위원들의 호선으로 김태일 영남대 교수가 위원장으로 선출되면서 건립 예정지 선정을 위한 여정을 힘차게 출발했습니다. 첫 회의 후 김태일 위원장은 인사 겸 저의 집무실을 찾아와서 이렇게 말했습니다.

"시장님 오늘부터 시장님과 저는 만나지도 말고 전화 통화도 하지 않았으면 합니다. 시장님께서 말씀하셨듯이 시장님을 포함해서 어떤 정치적 개입이나 압력이 있어서는 공정한 시민적 결정이 이루어질 수 없습니다. 시장님께서 먼저 지켜주십시오."

조금은 당혹스럽기도 했지만 저는 쾌히 승낙했습니다. 실제로 공론화위원회가 진행되는 동안 김태일 위원장과 저는 사적인 만남은 물론이거니와 전화 통화조차 하지 않았습니다.

신청사 건립 예정지를 선정하기 위해서는 부지의 규모를 비롯한 물리적 입지 조건과 그곳에 청사가 들어섰을 때 발전 가능성 등 최적지를 가려낼 판단기준이 필요합니다. 그리고 이 기준들은 건립하고자 하는 신청사의 청사진으로부터 구체화해 나가는 과정을 거쳐야 실효성이 있고 적합하게 마련할 수 있습니다. 이 청사진이 바로 신청사 건립 기본구상입니다. 따라서 신청사 건립 기본구상은 후보지 신청 기준과 예정지 선정 기준의 기준점이자 출발선이 된다고 할 수 있습니다. 신청사건립추진공론화위원회는 '시민의 상상력으로 신청사의 모습을 그린다.'라는 기본 방침에 따라 시민 의견 수렴과 전문가 검토를 병행하면서 총 7차례의 심의를 거쳐 신청사 건립 기본구상을 마련했습니다.

기본구상은 크게 시민 의견 조사, 전문연구단 자문, 공론화위원회 의결의 3단계를 거쳐 도출됐습니다. 공론화위원회는 시민 의견 조사와 시민원탁회의를 거쳐 수렴한 시민 의견을 전문연구단의 전문가적 시각으로 다듬는 과정을 거쳐 기본구상을 작성해 나갔습니

신청사건립추진공론화위원회 회의

다. 그후 기본구상을 토대로 후보지 신청기준과 예정지 선정 기준을 마련했습니다. 그리고 작성한 기본구상, 후보지 신청 기준, 예정지 선정 기준은 모두 시민 설명회를 통해 시민들에게 공개해 최종적인 시민 의견을 수렴한 후 확정했습니다.

2019년 10월 11일 9차 공론화위원회 회의에서 신청사 건립 기본구상, 후보지 신청기준, 예정지 평가 기준, 후보지 신청 요강 등이 모두 확정됨에 따라 후보지 신청을 받을 준비가 완료됐습니다. 10월 16일부터 22일간 후보지 신청을 받은 결과 신청사 유치를 희망하는 중구, 북구, 달서구, 달성군 등 4개 구·군이 신청했습니다.

다음은 시민참여단을 구성하는 것이 중요한 문제였습니다. '대구광역시 신청사 건립을 위한 조례'에는 250만 시민을 대표해 신청사 건립 예정지 선정 평가에 참여할 시민참여단은 시민, 시민단체, 전문가 등 250명 내외로 지역별, 성별 등을 고려해 구성하도록 규정돼 있었습니다.

시민참여단을 어떻게 구성할 것인가 하는 문제는 인구 편차로 인해서 유치 희망 구·군 간에 입장 차가 극명하게 갈리는 가장 큰 쟁점 사항이었습니다. 많은 논의 끝에 위원회는 시민참여단의 배분을 구·군별 인구 규모와 관계없이 모든 구·군에 똑같이 29명으로 하기로 확정했습니다. 인구 편차에 따라 서로 달리 배분하면 중구와 같이 인구가 적은 지역에서는 결코 받아들이려 하지 않았을 것입니다. 이는 훗날 모두가 승복하도록 하는 '신의 한 수'가 됐습니다.

시민참여단은 8개 구·군에서 동수로 표집된 시민 대표 232명과 전문가 대표 10명 그리고 시민사회단체 대표 8명 등 250명으로 구성됐습니다. 공론화위원회는 시민참여단 표집이 시작될 무렵인 2019년 12월 20일부터 2박 3일간의 예정지 선정 평가 일정을 발표했습니다. 시민참여단의 평가 과정 몰입도와 공정성을 높이기 위해 외부와의 접촉을 엄격히 통제하기로 했습니다.

드디어 운명의 날이 다가왔습니다. 시민참여단은 평가 기간 첫날인 2019년 12월 20일 오전 9시에 어린이 회관에 집결했습니다. 놀랍게도 250명 전원 참가였습니다. 시민참여단은 평가에 앞서 현장답사를 통해 현장감 있는 정보를 전달받고 후보지 구·군의 발표 청취, 질의응답, 학습과 토론 등 밀도 높은 숙의 과정을 거치며 평가대상지 4곳에 대해 충분한 지식을 얻었습니다. 세션마다 열띤 토론을 벌이고 날카로운 질문을 쏟아내는 등 열정적으로 숙의 과정에 임했습니다. 평가 기간 마지막 날인 12월 22일 숙의 과정을 마친 시민참여단은 예정지 선정 평가를 진행했습니다. 평가 결과는 달서구의 옛 두류정수장 부지가 최고 득점으로 건립 예정지로

신청사 입지 결정 확정서

선정됐습니다.

● ● ● ● ●
세계적인 랜드마크로 만든다

지난 2004년에 처음으로 신청사 건립계획을 세운 후 15년 동안 지지부진하게 끌어온 해묵은 과제가 해결된 것입니다. 그것도 시민 스스로의 힘으로 말입니다.

대구시청 신청사의 건립 예정지 선정과정은 우리 사회에 상당한 의미를 던졌습니다. 그동안 많은 지방자치단체가 새 청사를 지었습니다. 그러나 시민의 힘으로 청사 건립 예정지를 확정한 곳은 대구가 전국 최초였습니다. 신청사 입지 선정은 앞서 말한 조례, 즉 '대구광역시 신청사 건립을 위한 조례'에서 정한 절차에 따라 아주

엄정하고 투명하게 진행됐습니다. 저는 우리 대구 시민들의 민주 역량을 믿었습니다. 그래서 원칙과 절차를 정해 시민들에게 맡겼습니다. 전혀 불안하지 않았습니다. 시민들의 집단지성이 이 문제를 잘 해결하리라 확신했습니다.

저의 믿음은 틀리지 않았습니다. 시민들은 이 믿음에 완벽히 부응해 가장 합리적인 결정을 내렸습니다. 유치 과정은 당연히 치열했습니다. 그러나 대구시 신청사 건립 예정지가 달서구의 옛 두류정수장 터로 결정됐음을 발표했을 때 그 누구도 이의를 제기하거나 반발하지 않았습니다.

신청사 건립 예정지 선정은 대구의 미래가 걸린 중요한 정책을 시민들이 직접 참여해 결정 권한을 행사한 것이었습니다. 숙의민주주의이자 성숙한 공론 민주주의의 결정판이었습니다. 저와 대구시 공무원들은 시민들이 결정하는 과정에 어떠한 영향력도 행사하지 않았고, 모든 과정이 자유롭고 공정하게 진행되도록 지원하는 역할에 충실했습니다. 신청사 건립 예정지 선정 과정은 시민 모두가 참여하는 축제와도 같았습니다. 치열하게 경쟁했지만 결과에 대해 아름답게 승복하는 모습은 우리 모두에게 값진 승리를 안겨줬을 뿐만 아니라 우리 정치권이 본받아야 할 사례입니다.

신청사가 건립될 옛 두류정수장 터는 2009년 8월에 문을 닫은 후 10년째 비어 있는 곳이었습니다. 그렇다 보니 별도의 매입 과정 없이 4만 8,000평의 넓은 부지를 활용해 신청사를 건립할 수 있습니다. 이곳은 지리적으로 대구의 한가운데입니다. 대구의 대표 공원인 두류공원과 연결돼 있고 대구의 도심을 가로지르는 달구벌대로와 지하철 1호선 감삼역에서 200여 미터 떨어진 거리로 접근성

두류신청사 부지

도 아주 좋습니다.

　두류신청사 시대는 대구의 새로운 시대가 될 것입니다. 대구는 서대구 역세권 개발과 두류신청사의 건립으로 본격인 서대구 시대를 열어 동서 균형발전을 앞당길 것입니다. 두류신청사는 시민들께서 정해주신 그 정신 그대로 멋진 청사를 지어야 합니다. 우선 신청사는 공무원들만의 공간이 아니라 시민과 공무원이 함께 사용하는 '행정문화 복합공간'으로 건립돼야 합니다. 두류신청사는 디자인 측면에서도 대구를 대표하는 건축물로 지어야 할 뿐만 아니라 신청사에서 달구벌대로까지 광장과 공원으로 연결되고 주변에는 문화시설존과 상업시설존이 배치되는 대구의 랜드마크 공간이자 대표적인 관광 콘텐츠가 되도록 만들어야 합니다. 이를 위해서는 두류신청사와 이월드 그리고 두류공원을 하나의 관광특구로 지정해 세계적으로 매력적인 공간으로 개발해 나가야 할 것입니다.

서대구역에서 출발해 와룡로, 구마로, 성당로, 두류공원로를 거쳐 북비산로로 연결되는 '서대구 순환 모노레일' 같은 신교통수단을 도입해 관광특구의 접근성을 높인다면 이 지역은 대구의 미래가 될 것입니다.

TK 통합을 향한 담대한 도전에 나서다

요즘 정치권에서는 '메가서울'이 쟁점이 되고 있습니다. '메가서울' 이슈는 김포 등 서울에 인접한 지역 주민들의 서울시민이 되고자 하는 열망이 정치권으로 옮겨가면서 촉발됐습니다. 도시의 볼륨을 키워서 행정의 효율성을 기하고 도시의 경쟁력을 키우겠다는 메가시티 전략은 '그레이트 런던'이나 '그레이트 상하이'의 사례에서 보듯이 이미 세계의 여러 도시가 추구하는 발전 전략이기도 합니다. 그러나 세계에서 유례를 찾아볼 수 없을 만큼 서울과 수도권이 과밀화되고 상대적으로 지방은 공동화돼 지방소멸을 걱정해야 하는 우리나라의 현실에서 '메가서울'을 만들겠다는 접근이 국가의 미래를 위해 바람직한지는 좀 더 깊이 고민하고 신중하게 추진돼야 할 것 같습니다.

메가시티 논의가 정작 필요한 지역은 서울과 수도권이 아니라 지방입니다. 지금 대한민국은 국토 면적의 11.8퍼센트에 불과한 수도권에 인구의 51퍼센트가 몰려 있습니다. 인구뿐만 아니라 좋은 기업, 좋은 학교, 좋은 문화시설 등 필요한 자원들이 모두 집중돼 있습니다. 서울과 수도권은 사람과 기업과 돈과 기술 등 모든 것을 빨아들이는 블랙홀이 된 지 오래입니다. 그러다 보니 서울 수도권은 과밀화로 인한 중병을 앓고 있고 비수도권 지방은 공동화로 소멸을 걱정해야 합니다.

우리 대구와 경북이 놓인 상황도 마찬가지입니다. 수도권 블랙홀에 대응하면서 대구·경북이 살아갈 새로운 활로를 찾아야 합니다. 대구광역시장으로 일하면서 저는 대구와 경북이 기능적으로 연계되고 다시 하나로 통합해야 한다고 생각하게 됐습니다. '메가시티 대구·경북'이 될 때 비로소 서울 수도권의 거대한 블랙홀에 대응하는 세계적인 경쟁력을 가진 도시로 도약할 수 있다는 것을 확신하게 됐습니다. 오히려 선진국에서는 수도권보다는 비수도권의 대도시권 강화를 위해 메가시티를 지향하고 있습니다. 메가시티의 추진은 수도권보다 대구, 부산, 광주와 같은 비수도권에서 더 우선해 속도감 있게 추진돼야 합니다.

대구와 경북은 한 뿌리이고 하나의 공동체입니다. 1601년 경상감영이 대구에 설치된 이후부터 대구는 경상북도의 행정을 총괄하는 도청소재지 도시였습니다. 대구 시민 대다수는 경북을 고향으로 두고 있는 사람들입니다. 또 박정희 대통령에 의해 틀이 짜인 대구와 경북의 산업지도는 구미의 전자, 대구의 섬유, 포항의 철강으로 역할이 분담되면서 대구·경북이 함께 먹고 살면서 공동 발전과 번영을 추구하게 돼 있습니다. 구미와 포항은 대구에게 소중한 일자리를 주었고 대구는 경상북도를 위한 교육과 문화 등 배후도시 역할을 해왔습니다. 저처럼 중학교를 경북에서 마치고 고등학교를 대구로 진학하는 것은 너무나 자연스러운 일로 여겨졌습니다. 대구는 경북 안에 있어서 좋았고 경북은 대구를 품고 있어서 빛났습니다.

그러나 1981년 대구가 경상북도에서 직할시로 분리 독립하면서 서로 다른 길을 걷게 됐습니다. 당시에는 대구직할시가 되는 것이 도시의 승격으로 경사스러운 일로 여겨졌고 그 시대의 논리와 필요로 이루어졌지만 시간이 흐르고 수도권과 지방의 양극화가 심화되면서 대구와 경북의 분리는 양쪽 모두에게 큰 시련과 도전을 안겨주었습니다. 행정이 나뉘면서 공동체의 규모와 위상부터 현격히 떨어졌습니다. 해방 직후 전국에서 가장 인구 규모가 큰 광역자치단체였던 경상북도는 인구 260여만 명으로 농촌 중심의 공동체로 축소됐고, 경북을 빨아들이면서 급격한 인구증가세를 보이던 대구도 2003년 254만 명을 정점으로 계속해서 인구가 줄어들고 있습니다. 대구와 경북 모두 산업이 침체하면서 해마다 수많은 청년이 좋은 대학과 일자리를 찾아서 수도권으로 유출되고 있습니다.

행정이 나누어지다 보니 시와 도 간에 경쟁은 불가피했고 때로는 지나친 경쟁이 갈등과 분열로 비화되기도 했습니다. 대구에서 경산으로 이사 가면 대구의 인구 유출로 통계가 잡히고 안동에서 대구의 병원으로 수술을 받으러 가면 경북 환자의 대구 유출이라는 인식이 쌓여갔습니다. 대구시에 관한 좋은 뉴스가 언론에 나오면 다음 날 경북도지사가 시샘해서 공무원들을 다그치는 일도 있었다고 합니다. 이러한 경쟁과 시샘을 교묘히 이용해서 틈을 벌리고 그 틈새를 이용해서 이득을 챙기는 몹쓸 사람들도 생겨났습니다. 시간이 가면 갈수록 대구와 경북 간의 소모적인 경쟁과 갈등으로 대구·경북 전체의 역량이 훼손되고 다른 시·도와의 경쟁에서 뒤처지는 일이 생겨나고 있습니다.

대구와 경북을 다시 통합해야 한다는 필요성은 2000년대 초반부터 꾸준히 제기돼 왔습니다. 대구시와 경상북도는 한뿌리상생위원회를 구성해서 상생협력을 모색하기도 하고 경제통합 논의도 이어갔지만 나누어진 행정으로는 쉽지 않은 일이었습니다. 대구와 경북의 생존과 미래를 위해서는 다시금 행정통합을 추진해야 할 필요성이 절실해졌습니다.

그러나 행정통합은 말처럼 그리 쉬운 일이 아니었습니다. 우선은 대구시와 경상북도의 행정 수장인 시장과 도지사의 의지가 무엇보다 중요합니다. 행정이 통합되면 시장이나 도지사 중 한 자리는 사라지게 되기 때문에 이것을 받아들일 생각이 있어야 논의를 시작할 수 있습니다. 첫 임기인 민선 6기에는 이러한 생각을 밝힐 수 있는 여건이 되지 못했습니다. 김관용 도지사께서 역점을 두어 추진하신 경북도청 이전이 한창 진행 중이었기 때문에 경상북도의 입장에서는 안동·예천 신도청 시대를 안착시키는 데 모든 것을 집중할 수밖에 없었습니다.

대구와 경북의 행정통합 논의는 2018년 6월 지방선거에서 제가 재선 대구시장이 되고 이철우 경북도지사가 당선되면서 본격적으로 시작될 수 있었습니다. 이철우 지사는 연배는 저보다 일곱 살 위이지만 18대 국회에서 교육과학기술위원회 위원으로 같이 활동하면서 친분이 쌓여서 호형호제하는 사이였습니다. 이철우 지사는 뛰어난 정치 감각을 지녔을 뿐만 아니라 두주불사형의 폭넓은 인간관계를 가지고 있었습니다. 무엇보다 경상북도에 대한 비전과 열정을 가지고 참으로 열심히 일했습니다.

우리 두 사람은 시장과 지사를 떠나 때로는 형과 동생으로 수없이 만나고 통화하면서 함께 일했습니다. 시청의 국장이나 과장을 만나고 통화하는 것보다 지사와 만나고 통화하는 시간이 훨씬 많았을 정도로 서로 소통하고 협치했습니다. 그러던 어느 날 이철우 지사가 "하루 800킬로미터를 입에 단내가 날 정도로 다니는데 대구의 주변만 맴돌고 있는 기분"이라고 말하면서 "대구와 경북이 다시 통합하지 않고는 미래가 없을 것 같다."라며 행정통합의 필요성을 말했습니다. 저도 지난 4년 동안 대구시장으로서 일하면서 느꼈던 대구·경북의 상황, 미래의 어려움, 그리고 새로운 돌파구로써 대구와 경북의 행정을 통합해야 할 필요성을 말씀드렸습니다. 몇 차례의 만남과 대화가 이어지면서 우리는 행정통합을 공론화하기로 했습니다.

저는 대구시장이 된 이후 기업을 유치하고 대구의 관광을 세계에 알리기 위해 일본, 중국, 대만, 베트남 등 동남아 국가들뿐만 아니라 미국과 유럽 등 여러 나라의 도시들을 방문했습니다. 거기서 만난 그 나라와 도시의 지도자들이나 기업인들은 대구의 인구가 얼마인지, 주력산업은 무엇인지, 국제공항과 항만은 있는지 등에 관해 관심을 가지고 물어왔습니다. 그때 저는 대구의 인구를 도심에 250만 명이 살고 하나의 공동체인 경북에 300만 명이 사는 인구 550만 도시라고 소개했습니다. 또 대구는 대구국제공항과 영일만 국제항만을 가진 도시이며 산, 강, 바다를 모두 가지고 있고 한 시간 거리 내에 유네스코 세계문화유산이 10개나 있는 대한민국 관광의 중심이라고 소개했습니다. 저는 이것이 과장이거나 거짓이라고 생각하지 않습니다. 생각을 조금만 바꾸면 엄연한 우리의 모습입니다.

대구와 경북의 행정통합이 이루어지면 대구·경북은 현재보다 두 배 이상의 고객을 가진 매력적인 시장으로 발돋움할 수 있습니다. 국제공항과 국제항만이 있는 세계적으로 열린 도시가 돼 기업활동과 물류의 중심지로 거듭나는 것입니다. 또한 대구와 경북의 행정통합은 이 지역의 미래뿐만 아니라 대한민국이 앞으로 지향해야 할 지방분권과 균형발전의 선도적 모델이 될 수 있습니다.

2020년 9월 21일 '대구·경북 행정통합공론화위원회'가 출범했습니다. 행정통합공론화위원회는 신청사건립추진공론화위원회와는 성격이 좀 다른 기구였습니다. 행정통합공론화위원회는 조례에 근거한 법적 기구가 아니라 정책결정자의 판단에 따라 구성된 임의 기구였습니다. 또 신청사건립추진공론화위원회가 명칭처럼 '추진 기구'였다면 행정통합공론화위원회는 시도민의 의견 수렴과 공론화를 위한 기구였습니다. 물론 대구·경북 행정통합을 조기에 완성하기 위해서는 공론화위원회가 아니라 추진위원회를 출범시키자는 의견도 없지는 않았지만 먼저 공론화위원회를 통해서 행정통합에 대한 시도민의 여론을 수렴하고 공감대를 형성하는 것이 선행돼야 한다고 생각했습니다. 공론화위원회가 출범한 이후 시도민의 의견을 수렴하고 공감대를 모으기 위한 설명회와 토론회 등 많은 과정이 진행됐습니다. 그리고 2021년 4월에는 몇 달 동안 공론화를 진행했던 결과를 대구시장과 경북도지사에게 제언하는 보고회가 열렸습니다.

당시에는 코로나19가 한창 기승을 부릴 때라 더 광범위한 시도민이 공론화 과정에 참여하는 데는 분명 한계가 있었습니다. 많은 토론과 의견 수렴의 장들이 온라인을 통해서 비대면으로 이루어졌습니다. 이런 과정에서 도청이 있는 경상북도 북부권에서는 경북도청이 대구시청에 흡수돼 없어지게 된다는 소문이 나돌고, 대구에서는 대구의 세금이 경상북도로 빠져나간다는 근거 없는 주장이 확산됐습니다. 시도민을 대상으로 한 여론 조사에서도 찬반이 팽팽했습니다. 경북의 정치권을 중심으로 행정통합 추진 중단을 요구하는 목소리가 공개적으로 표출되기도 했습니다. 대구·경북 행정통합공론화위원회는 최종보고서를 정리하면서 행정통합을 성급하게 추진하기보다 장기과제로 신중히 추진할 것을 대구시장과 경북도지사에게 제안해 왔습니다.

7개월여에 걸친 대구·경북 행정통합 공론화 과정은 비록 실질적인 통합의 추진으로는 나아가지 못했습니다. 하지만 우리 지역사회와 국가 전체에 의미 있는 파장을 남겼습니다. 무엇보다 광역행정 통합을 지역적 이슈가 아니라 국가적 이슈로 만들었습니다. 대구·경북 행정통합을 위한 공론화 과정은 중앙정부와 다른 시도들도 관심을 가지고 지켜보았습니다. 광역자치단체 간 통합이 지방을 살리고 진정한 지방분권과 균형발전의 새로운 모델이 될 수 있다는 국가적인 공감대를 형성하게 됐습니다. 대구와 경북에 이어 광주와 전남 그리고 대전과 세종에서도 행정통합 논의가 진행됐습니다. 부산, 울산, 경남은 '부·울·경 메가시티 구상'을 마련하기도 했습니다. 민주당 균형발전특별위원회는 대구와 경북, 광주와 전남의 행정통합을 전제로 한 메가시티 추진정책을 발표했습니다.

또한 공론화 과정을 통해서 대구와 경북의 행정통합을 위해서 해결해야 할 쟁점과 선결과제도 도출됐습니다. 통합의 형태와 청사 위치, 재정 문제 등 여러 쟁점을 정리했는데 향후 행정통합 논의가 다시 진행된다면 소중한 정책적 참고 자료가 될 것입니다. 아울러 지역의 광역 통합은 자치단체의 자발적인 의지만으로는 이루어질 수 있는 것이 아니라 중앙정부와 국회 차원의 정책적 지원과 입법이 뒷받침돼야 완성될 수 있다는 점도 깨닫게 됐습니다.

저는 행정통합이 대구와 경북이 처한 위기를 극복하고 새로운 시대로 나아가는 시작이 될 수 있다고 생각했습니다. 행정이 분리된 지 40여 년의 시간이 흐르면서 각자가 처한 상황이 많이 달라졌고 이미 분리에 따른 기득권과 익숙함도 생겨났기 때문에 다시 통합한다는 것이 쉬운 일은 아닐 것입니다. 그러나 이대로 가면 지방소멸은 가속화되고 지방은 희망이 없다는 것이 확인되고 있는데도 변화를 주저하고 현실의 낡은 체제에 안주할 수는 없을 것입니다. 대구와 경북의 행정통합은 언젠가 다시 추진될 것입니다. 그러나 분명한 것은 대구와 경북의 행정통합은 시민과 도민의 충분한 공감대가 형성됐을 때 전적으로 시도민들의 뜻에 따라 이루어져야 한다는 것입니다. 대구의 신청사 건립 예정지를 정할 때처럼 말입니다.

2
새로운 하늘길이 도시의 영토를 넓힌다

K-2 군 공항 이전은 대구의 숙원이었다

　대구공항은 K-2 공군기지의 활주로를 민항기와 함께 쓰는 민군 겸용 공항입니다. 일제 강점기부터 군 공항으로 이용돼 오다가 1961년 민간항공이 처음 취항했고, 1970년에는 공군 제11전투비행단이 이곳으로 이전해왔습니다.
　당시만 해도 대구공항은 대구 외곽지역에 있었습니다. 하지만 도시가 팽창하면서 지금은 도심 한가운데에 있습니다. 이로 인해 대구 시민의 10퍼센트인 24만 명이 소음 피해에 시달리고 대구 전체 면적의 13퍼센트가 고도 제한에 묶여서 큰 피해를 보고 있었습니다. K-2로 불리는 대구 군 공항의 소음은 광주공항 등 다른 군 공항과 비교가 되지 않을 정도로 크고 피해 범위도 넓습니다. K-2에는 대한민국 최신예 전투기인 F-15k가 60여 대 있는 것으로 알려져 있습니다. 성능이 좋은 전투기일수록 이착륙 때 소음이 큽니다. 공항 주변인 불로동을 방문할 때면 저는 전화를 받을 수가 없습니다. 또 공항에서 한참 떨어진 대구 엑스코에서도 F-15k가 이착륙할 때면 야외에서 진행 중이던 행사들이 중단되는 경우가 허다했습니다. 공항으로 인한 고도 제한은 공항 주변인 동구뿐만 아니라 북구와 수성구 일원까지 지역 발전에 근본적인 장애가 되고 있습니다.

지난 수십 년 동안 대구 시민은 K-2 군 공항의 이전을 줄기차게 요구했습니다. 2007년 11월 20일에는 소음으로 고통받던 동구와 북구 주민을 주축으로 'K-2 이전 주민비상대책위원회'가 발족해서 시민 40만 명으로부터 군 공항 이전 찬성 서명운동을 받기도 했습니다. 2007년과 2012년 대선에서는 군 공항 이전이 대통령 선거 공약으로 나왔습니다. 또 이명박 정부와 박근혜 정부의 국정 과제에도 K-2 공군기지 이전은 늘 포함돼 있었습니다. 하지만 다른 지역과의 형평성 문제와 대규모 재정을 투입할 수 없다는 이유로 번번이 무산되고 말았습니다.

그러다가 2013년 4월 5일 '군 공항 이전 및 지원에 관한 특별법'이 제정되면서 새로운 전기를 마련했습니다. 이 특별법으로 정부가 예산을 직접 투입하지 않고 종전의 터를 활용하는 '기부 대 양여' 방식으로 군 공항을 이전할 수 있는 길이 열렸습니다. '기부 대 양여' 방식은 대구시가 금융기관에서 차입한 돈으로 새 공군기지를 지어주고 기존의 K-2 부지를 양도받아 개발한 이익금으로 이전 비용을 충당하는 방식입니다. 이 특별법 절차에 따라 대구시는 2014년 5월 30일 국방부에 K-2 군 공항 이전 건의서를 제출했습니다.

민군 겸용 공항으로 군 공항의 활주로를 이용하다 보니 대구공항도 국제공항으로서 면모를 제대로 갖출 수가 없었습니다. 전투기 훈련 시간을 피하다 보니 민항기의 시간당 최대 활주로 이착륙 횟수는 6회로 제한돼 있고 탑승과 급유 등을 하는 주기장도 포화 상태입니다. 또한 활주로가 짧아서 대형기와 수송기가 뜨고 내릴 수 없는 한계도 안고 있습니다. 마땅히 현 위치에서 활주로를 확장할 수도 없어서 대구공항은 이런저런 운영의 제약까지 겹쳐 제구실하지 못하고 있습니다.

대구의 가장 큰 공간구조 변화는 K-2 군 공항과 대구공항을 통합 이전해서 제대로 된 국제공항을 만들고 그 후적지를 개발해서 미래의 성장엔진으로 만드는 것입니다. 대구시는 제 재임 당시 이미 공항 후적지를 최첨단 수변도시로 개발한다는 청사진을 마련해 놓았습니다. 이 청사진을 실현할 전문가로 에드워드 양 박사를 대구시 미래공간기획관으로 영입했습니다.

K-2 군 공항 이전 사업은 이전대상지 선정의 어려움과 영남권 신공항 건설 움직임이 맞물리면서 사업이 지지부진하다가 2016년 7월 박근혜 대통령이 K-2 군 공항과 대구공항을 통합해서 이전하는 방침을 발표하면서 다시 급물살을 타기 시작했습니다. 대구시가 계획하는 대로라면 2030년에는 K-2와 대구공항이 완전히 이전해 가고 후적지 개발이 본격적으로 진행될 것입니다.

새로운 하늘길이 TK의 미래다

　제가 첫 임기를 시작할 무렵 대구공항은 한 해에 100만 명 정도의 승객이 이용하는 한적한 공항이었습니다. 국제공항이라고는 하지만 정규노선 없이 중국 노선 3편이 비정기적으로 운행되고 있고 서울과 제주도를 오가는 데 대한항공이 전부나 마찬가지인 적자 공항이었습니다. 이처럼 만년 적자였던 대구공항은 개항 55년 만인 2016년에 처음으로 흑자를 기록했습니다. 이용객 수도 폭발적으로 증가했는데 2017년에 350만 명이었던 이용객 수가 2018년에는 406만 명을 넘어섰습니다. 2019년에는 그 숫자가 467만 명이 됐습니다.

　이처럼 대구공항의 이용 수요가 폭발적으로 늘어난 것은 야간 시간대에 항공기 운항을 금지하는 '커퓨타임' 조정과 저가 항공 유치를 중심으로 한 새로운 공항 활성화 정책을 추진한 덕분이었습니다. 2014년 7월 대구시가 요구한 '커퓨타임' 단축 요구가 공군에 의해 받아들여지면서 이착륙 금지 시간대가 22:00~06:00에서 00:00~05:00로 대폭 축소됨으로써 이착륙 항공편의 증편이 가능해졌습니다. 그리고 동남아 노선을 운항하기에 좋은 시간대도 확보하게 됐습니다.

　대구공항이 국제노선을 다변화하고, 다른 공항에 비해 경쟁력을 가지려면 저가 항공 유치 전략이 필요했습니다. 그러나 항공사들도 이용수요가 없는 대구공항에 선뜻 취항하려 하지 않았습니다. 대구시는 티웨이 항공 측에 오사카 노선 신설을 제안했습니다. 초기에 적자가 나면 일정 부분을 보전해주기로 약속했습니다.

드디어 2015년 5월 13일 대구-오사카 직항노선이 개설됐습니다. 오사카 노선의 성공은 도쿄, 후쿠오카, 삿포로, 오키나와 등 연이은 일본 노선의 개설로 이어졌습니다. 중국의 베이징과 상하이, 대만의 타이베이, 베트남의 다낭, 태국의 방콕, 필리핀의 세부, 러시아의 블라디보스토크 등 국제노선들이 속속 개설되면서 대구공항은 2017년 4월과 5월에는 제주국제공항의 국제선 이용실적을 추월하기도 했습니다.

최대 이용 인원 375만 명으로 설계된 대구공항은 2018년을 넘기면서 완전 포화상태가 됐고 늘어난 관광수요를 감당하기에는 한계가 있었습니다. 더 많은 지역의 관광객 유치는 언감생심이었습니다. 더구나 대구공항의 활주로 2,750미터로는 6시간 이내에 비행하는 소형기만 이착륙할 수 있어서 미주와 유럽, 아프리카, 중동까지 갈 수 있는 직항노선의 운행은 불가능했습니다. 그래서 카자흐스탄 등 의료관광 우수고객이 많은 지역을 바로 연결하는 노선도 취항할 수 없었습니다. 항공 물류도 처리할 수 없어서 대구·경북권 항공 물류의 96퍼센트가 333킬로미터를 달려 인천공항에서 처리해야 했습니다.

산업화 시대의 핵심 인프라는 도로, 철도, 그리고 항만이었습니다. 그러나 4차 산업혁명 시대는 항만 시대가 아니라 항공 시대입니다. 국제 항공 물류가 가능한 경제 공항이 있어야 지역 경제가 발전할 수 있습니다. 통합신공항은 장래 항공 수요에 대응하고 물류 기능도 수행할 수 있는 제대로 된 경제 물류 공항으로 건설될 예정입니다.

K-2 군 공항의 이전이 대구의 오랜 숙제였다면 제대로 된 국제공항을 갖는 것은 대구·경북 시도민들을 비롯한 영남지역 주민들 모두의 꿈이었습니다. 영남권 신공항은 이미 2002년 노무현 대통령의 선거 공약으로 시작해 이명박, 박근혜 대통령까지 매번 대통령 선거 공약이었지만 번번이 실천되지 못했습니다. 그 실패의 배경에는 가덕도 공항을 원하는 부산과 밀양을 원하는 대구, 경북, 울산, 경남 간의 갈등이 원인이 됐지만 이러한 갈등을 조정하면서 해야 할 일은 해내는 지도자다운 지도자가 없었기 때문이라고 생각합니다.

박근혜 정부 들어서는 가덕도와 밀양을 둘러싼 갈등은 더욱 심화했습니다. 저는 박근혜 대통령만은 현명하고 용기 있는 결단을 하리라고 믿었습니다. 박정희 대통령의 따님이라는 믿음도 있었지만 한번 약속한 사항은 꼭 지키시는 분으로 알고 있었기 때문입니다. 당시 청와대 참모들을 통해서 신공항 입지 선정을 해외의 전문 용역기관에 맡기고 거기서 결과가 나오면 영남의 5개 광역단체장이 모두 승복하겠다는 합의만 하면 박근혜 대통령께서 정치적 고려 없이 반드시 선정할 방침이니 합의해 달라는 요청이 있었습니다. 그 요청에 따라 대구, 경북, 부산, 경남, 울산의 단체장들이 대구 수성관광호텔에 모였습니다. 그리고 문을 걸어 잠그고 오늘 우리가 합의하지 못하면 돌아가지 못한다는 각오로 임했습니다. 서병수 부산시장이 합의에 소극적이었지만 다른 시도지사들의 설득으로 합의서에 서명했습니다.

이제 영남권 신공항은 발표만 기다리고 있었습니다. 하지만 2016년 6월 21일 영남권 신공항 입지 선정 발표는 원칙과 상식을 완전히 벗어난 정치적 결정 이상도 이하도 아니었습니다. 박근혜 정부는 영남권 신공항 후보지로 가덕도나 밀양이 아닌 김해공항 확장안을 발표했습니다. 거기에 한술 더 떠서 대구공항은 현재 위치에 존치시키겠다고 발표했습니다. 믿는 도끼에 발등 찍힌다는 말이 이럴 때 쓰는 것 같았습니다. 가덕도와 밀양의 점수는 단연 밀양이 앞섰습니다. 점수대로라면 당연히 밀양이 영남권 신공항이 되는 것이 상식이었습니다.

그날 아침이었습니다. 발표를 한 시간 남짓 앞두고 강호양 국토부 장관으로부터 전화가 걸려 왔습니다. 이분은 대구 출신이라서 잔뜩 기대하고 전화를 받았습니다. "곧 용역 결과를 바탕으로 영남권 신공항 후보지 발표가 있을 테니 어떤 경우에도 지지를 표명해 달라."라고 저에게 요청했습니다. 제가 "장관님 밀양으로 결정되는 것이지요?"라고 묻자 같은 얘기만 반복하고 전화를 끊었습니다. 전화를 끊고 묘한 기분이 들긴 했지만 이미 가덕도와 밀양의 점수에서 밀양이 높게 나왔다는 것을 알고 있는 터라 발표를 기다려 보기로 했습니다.

그날의 발표 결과는 대구·경북의 민심을 들끓게 했습니다. 부산, 울산, 경남의 반응은 의외로 차분했습니다. 부산의 서병수 시장도 김해 확장안을 받아들일 수는 없다고 했지만 밀양이 되지 않은 것에 안도하는 분위기였습니다. 홍준표 경남지사는 그날로 정부의 안을 수용한다고 밝혔고 울산의 김기현 시장도 수용 입장을 밝혔습니다. 그러나 대구·경북 시도민의 박근혜 대통령과 정부에 대한 실망과 분노는 이만저만이 아니었습니다. 저 또한 배신감과 허탈감에 몇 날이고 잠을 이룰 수가 없었습니다. 대구 동성로에서 박근혜 정부를 규탄하는 집회가 연이어 열렸습니다. 며칠 후 김관용 지사와 제가 주관해서 대구·경북지역의 지도급 인사들이 한자리에 모여 대책을 논의하는 회의가 개최됐습니다. 이날 회의의 분위기도 뜨거웠습니다. "박근혜 대통령이 우리 대구·경북을 버렸다."라는 섭섭한 얘기들이 여기저기서 터져 나왔습니다. 마지막 결론은 대구·경북의 민심을 대통령이 알도록 다양한 경로를 통해 전달하되 이성적이고 차분하게 대응하자는 데 의견을 모았습니다. 다음 날 이러한 대구·경북의 분위기와 지역민이 느끼는 허탈감과 배신감을 모 수석을 통해서 대통령에게 전달하고 K-2 군 공항 이전과 대구공항에 대한 별도의 대책을 조속히 세워달라고 요구했습니다.

그로부터 얼마 후인 7월 초순 무렵으로 기억합니다. 해외 출장에서 돌아오려고 공항에 나가 있는데 모 수석에게서 전화가 걸려 왔습니다. K-2 군 공항과 대구공항을 통합 이전하는 방안으로 결정하고 오늘 발표가 있을 것이라고 했습니다. 귀국 후 지역사회의 많은 지도자와 정부의 대구·경북 통합신공항 건설 방안에 대한 의견들을 청취한 결과 영남권 신공항 결정의 부당함을 규탄하는 것은 하되 우리 대구·경북이 살길을 찾아야 한다면서 대체로 통합신공항 이전건설에 공감대를 표시했습니다.

청와대의 통합 이전 방침이 결정되자 사업은 급물살을 타고 진행됐습니다. 그해 8월에는 국무총리 산하의 국무조정실 주관으로 관련 부처와 대구시와 경상북도가 참여하는 대책 회의가 개최돼 K-2 군 공항과 민간 공항을 통합해 이전하는 방침을 확정하고 후보지 선정에 착수하기로 합의했습니다. 이때 합의의 골자는 군 공항은 특별법 절차에 따라 기부 대 양여 방식으로 이전하되 민간 공항은 국토부가 주체가 돼 부지 매각대금 '등'을 재원으로 건설해 동시에 개통시킨다는 것이었습니다. 이 회의에서 '등'자를 합의문에 넣는 문제를 두고 줄다리기가 있었으나 저는 끝까지 양보하지 않고 '등'자를 합의문에 넣는 것을 관철했습니다. 이 '등'자 한 자가 향후 민간 공항 건설 때 국비를 추가 투입할 수 있는 근거가 되기 때문이었습니다.

그해 10월에는 대구시가 제출한 이전 건의서가 정부에 수용됐고 12월에는 K-2 군 공항 이전과 관련해 국방부가 후보지 조사를 위한 연구용역에 착수하기에 이르렀습니다. 그리고 2017년 2월 후보지 선정을 위한 용역 결과 '군위 우보' 단독 지역과 '군위 소보-의성 비안' 공동지역이 예비후보지로 선정됐습니다.

대구 군 공항 이전 사업은 대통령 탄핵정국을 거치고 2017년 5월 대통령 선거에서 정권이 교체되면서 한동안 표류하게 됐습니다. 그러나 문재인 대통령도 후보 시절 대구·경북 통합신공항 건설을 약속했고 이후 대통령직인수위원회에서 국정과제로 선정됐기 때문에 중단될 수는 없었습니다.

2017년 12월 15일 '대구 군 공항 이전 부지 선정위원회'가 구성돼 첫 회의를 개최했습니다. 선정위원회는 위원장인 국방부 장관을 비롯한 기획재정부와 국토교통부 차관, 대구시, 경상북도, 군위와 의성군 단체장, 민간위원 6명 등 총 19명으로 구성됐습니다. 2018년 3월에는 예비후보지인 '군위 우보'와 '군위 소보-의성 비안' 2개 지역 모두를 이전 후보지로 선정한 후 대구시는 최종부지 선정의 첫걸음으로 이전 주변 지역에 대한 지원방안을 수립했습니다. 8월에는 군위와 의성 두 자치단체와 지원사업 규모에 대해 전

제3회 대구 군공항 이전부지 선정위원회 회의

격적으로 합의했습니다.

그러나 두 이전 후보지를 대상으로 최종 이전 터를 선정하기까지는 많은 곡절과 어려움이 있었고 시간이 오래 걸렸습니다. 군위는 단독후보지인 우보를 고집했고 의성은 군위 소보와 의성 비안의 공동후보지를 주장했습니다. 두 군은 서로 유치위원회를 구성해서 치열한 유치전에 돌입했고 한 치의 양보나 타협도 없는 것 같았습니다. 그 사이에 1년 6개월의 시간이 훌쩍 지나갔습니다. 속이 타들어 간다는 표현은 이때 하는가 봅니다. 저와 이철우 지사는 끝까지 포기하지 않고 군위와 의성을 설득해 나갔습니다.

2019년 11월 28일 국방부 장관을 위원장으로 하는 '대구 군 공항 이전 부지 선정위원회' 회의에서 최종부지 선정을 위한 부지 선정 기준(안)이 결정됐습니다. 선정 기준(안)은 군위군민과 의성군민을 대상으로 주민투표를 시행하되 최종 평가 기준은 숙의형 민주

신공항 특별법 제정 10만 서명

주의를 통해 시민참여단이 결정한 방식으로 하기로 한 것입니다. 즉 군위군민은 투표용지 2장으로 단독후보지인 군위 우보와 공동후보지인 군위 소보에 각각 찬반을 투표하고, 의성군민들은 투표용지 한 장으로 공동후보지에 찬반 투표를 시행해서 3 지역별로 주민투표 찬성률(1/2) + 투표 참여율(1/2)을 합산한 결과 군위 우보 지역이 높으면 단독후보지를 선정하고 군위 소보지역 또는 의성 비안지역이 높으면 공동후보지를 선정하기로 했습니다.

주민투표일은 2020년 1월 21일 실시됐고 다음날인 2020년 1월 22일에 '군위 소보-의성 비안' 공동후보지가 대구·경북 통합신공항 최종 이전 부지로 선정됐습니다. 투표 결과를 보면 총평가 점수에서 공동후보지가 89.52, 단독후보지가 78.44로 공동후보지가 압도적인 차이로 이겼습니다. 투표율도 의성군이 88.69퍼센트로 80.61퍼센트인 군위군을 앞섰습니다.

하나 된 힘으로 TK 신공항 시대를 열다

　천신만고 끝에 통합신공항 최종 이전 부지로 '군위 소보-의성 비안' 공동후보지가 선정됐지만 돌발 변수가 생겼습니다. 군위군이 주민투표 결과를 인정하지 않겠다고 한 것입니다. 군위군은 주민투표에서 패배한 단독후보지인 군위 우보만을 공항 이전 대상지로 유치 신청을 했습니다. 예상치 못한 불복에 신공항 이전 사업은 다시 안갯속을 헤매야 하는 상황이 벌어지고 말았습니다.

　2020년 11월 28일 후보지 선정 기준을 정할 때 주민투표 결과에 따라 최종 이전 부지를 선정하고 여기에 승복하기로 합의한 바가 있기 때문에 군위군수의 행위는 명백한 합의 위반이었습니다. 그러나 김영만 군위군수는 "선거 결과와는 관계없이 군민들의 뜻에 따라 우보만 유치 대상지로 신청했다."라면서 '군 공항 이전과 지원에 관한 특별법'상 유치 신청 권한이 군위군수인 자신에게 있기 때문에 군위 우보만을 공항 이전 대상지로 유치 신청하는 것이 아무런 문제가 없다고 주장했습니다.

　군 공항 이전과 지원에 관한 특별법에 따르면, 주민투표를 한 이전 후보지 지자체장에게 유치 신청 권한이 있고 국방부 장관은 신청한 후보지 중에서만 이전 부지를 선정할 수 있게 돼 있습니다. 그래서 군위군수가 유치 신청을 하지 않으면 공동후보지로 정한 주민투표 결과는 아무런 소용이 없어지게 되는 것이었습니다. 군위군수가 군위의 소보가 포함된 공동후보지 신청을 하지 않고 군위 우보 단독후보지를 신청하겠다고 나섰으니 주민투표는 괜한 헛수고가 되는 꼴이었습니다.

군위군의 돌발행동에 이후 신공항 이전 사업은 몇 달 동안 한 걸음도 떼지 못했습니다. 국방부가 단독후보지인 우보 지역은 선정위원회 회의 결과에 따라 이전 부지에서 탈락했기 때문에 선정될 수 없다는 의견을 전했지만 김영만 군위군수는 유치신청권이 자신에게 있다는 법 규정을 들어 계속 단독후보지인 우보를 고집했습니다. 서로의 의견이 평행선만 달리는 바람에 군 공항 이전은 무산 위기에 처하고 말았습니다. 국방부는 7월 3일 대구·경북 통합신공항 이전부지선정위원회를 열고 단독후보지인 군위 우보를 탈락시키고 군위군이 7월 31일까지 공동후보지에 대해 유치 신청서를 제출하지 않으면 공동후보지도 결국 탈락할 수밖에 없다는 최후통첩을 군위군에 보냈습니다. 이렇게 되면 군 공항 이전 사업은 다시 원점에서 제3의 후보지를 찾아야 하는 상황이었습니다.

저는 너무 어이가 없고 화도 났습니다. 이전 부지가 정해진다 해도 번번이 이런 식이라면 앞으로가 더 걱정이라는 생각이 들었습니다. 차라리 지금이라도 두 후보지 모두를 포기하고 새로운 후보지를 찾아보는 것이 사업을 성공시키는 것에 더 좋지 않을까 하는 생각도 들었습니다. 마침 뒤늦게 유치를 희망하는 대구 인근의 좋은 후보지도 있던 터였습니다. 이런 생각을 이철우 지사에게 말하고 뜻을 물었더니 "여기까지 와서 다른 곳으로 가면 경북 북부지역 주민들의 상실감이 너무 클 것 같다."라며 지역사회와 함께 군위를 설득해 나가자고 했습니다.

저와 이철우 지사는 서로 역할을 분담해서 군위군수와 군위군민들을 설득해 나가기로 다짐했습니다. 김영만 군수와의 소통창구는 제가 맡고 시도민 사회를 통한 군위의 설득과 압박은 지사가 맡기로 했습니다. 이철우 지사는 군위읍에 사무실을 마련하고 상주하기 시작했고 저는 김영만 군수와 군위군 유치위원들을 부지런히 만났습니다. 사람들의 눈을 피해 대구 수성구의 들안길 음식점과 한티재의 카페를 주로 이용했습니다.

김영만 군수는 저를 만나서도 "국방부 실무자들이 여러 차례 주민투표 결과와 무관하게 유치신청권은 자신에게 있다는 사실을 확인해 주었다."라고 하면서 "공동후보지로는 좋은 공항이 될 수 없으니 지금이라도 우보가 될 수 있도록 도와달라."고 했습니다. 저는 김영만 군수에게 "이대로 가면 모든 것이 수포로 되고 우리는 대구·경북 역사 앞에 죄인이 됩니다. 우보가 되지 못한 것은 저도 아쉬운 일이지만 이제는 되돌릴 수 없습니다. 초심으로 돌아가서 왜 공항을 유치하려고 했는지를 돌아보고 대승적인 차원에서 생각해 주십시오."라고 부탁했습니다. 김영만 군수는 자기가 결정할 수 없고 유치위원회 위원들을 설득해야 하는데 자신도 어쩔 수 없다고 했습니다. 그래서 저는 "공동후보지인 소보를 통해서도 군위가 새로운 미래를 열 수 있습니다."라면서 "현실적으로 불가능한 우보에 너무 집착하지 마시고, 군위 발전을 위한 실리를 찾는 것이 좋지 않겠습니까? 군민들을 설득할 수 있는 좋은 카드가 있으면 제게 말씀해 주십시오."라고 설득했습니다.

어느 날 한번은 김영만 군수가 50사단을 군위로 이전해 주면 군민들을 설득하는 데 도움이 되겠다고 하길래 그것은 같이 노력하면 가능할 수도 있겠다고 말하면서 군민들과 상의해 보라고 했습니다. 또 다른 어느 날에는 김 군수와 수성구 들안길에 있는 한 음식점에서 다시 만나게 됐는데 불쑥 "군위를 대구로 편입시켜주면 군민들을 설득해서 공동후보지를 신청할 수 있을 것 같다."라고 했습니다. 저는 "이 사안은 경상북도가 수용해야 하는 사안인데 제가 먼저 꺼내는 순간 성사될 수 없으니 오늘 얘기는 못 들은 걸로 하시죠."라고 말해 주었습니다. 김영만 군수도 무슨 뜻인지 알아듣는 것 같았습니다.

며칠 후부터 군위군의 대구 편입 얘기가 지역사회에 조금씩 떠돌기 시작했지만 저는 모른 척할 수밖에 없었습니다. 그로부터 며칠이 지난 뒤에 이철우 지사와의 만남에서 지사께서 "군위를 대구로 편입시켜달라는 조건을 들어주면 공동후보지를 받을 것 같다."라는 얘기를 꺼냈습니다. 저는 걱정스러운 마음으로 "저도 들었습니다만 형님과 경북도에서 받을 수 있겠습니까?"라고 했습니다. 그런데 지사의 대답은 단순명쾌했습니다. "대구·경북을 통합하자고 하는 마당에 군위의 대구 편입을 못 할 이유가 무엇이 있겠나? 이대로 공항이 무산되면 대구·경북의 미래는 없고, 우리 모두 역사의 죄인이 된다."라고 했습니다. 이철우 지사를 꽤 오랫동안 만났지만 그렇게 비장하게 말하는 것은 처음인 것 같았습니다.

자칫 무산 위기에 처했던 대구·경북 통합신공항 이전 사업은 운명의 날을 하루 앞둔 7월 30일에 극적으로 타결됐습니다. 김영만 군수는 막판까지 군위에는 달콤하지만 저와 지사에게는 잔인한 요구를 했습니다. 군위의 대구시 편입을 포함한 다섯 개 합의 사항에

TK 통합 신공항 이전지 최종 확정 발표

대해 대구·경북 국회의원 전원과 시도의원 등 100여 명의 서명을 받아달라는 요구였습니다. 우리는 그 요구대로 해 주었습니다. 국방부가 제시한 최후 통첩일인 7월 31일 군위군수는 공동후보지에 대해 유치 신청을 했고 무산의 위기는 일단락되는 듯했습니다.

그런데 이번에는 의성군이 반발하기 시작했습니다. 8월 14일 국방부에서 열릴 예정이던 통합신공항 이전부지선정위원회는 김주수 의성군수의 불참으로 2주 연기됐습니다. 이철우 지사의 간곡하고 헌신적인 노력으로 8월 24일 의성군도 대승적으로 합의안을 수용했습니다. 그리고 마침내 2020년 8월 28일에 열린 국방부 선정위원회에서 '군위 소보-의성 비안'이 대구·경북 통합신공항 이전지로 최종 확정됐습니다.

대구·경북 통합신공항 최종 이전지 확정은 진퇴유곡의 상황에서 탄생한 대구·경북 상생협력의 위대한 승리였습니다. 무엇보다 대구와 경북의 미래와 지역 발전을 위해 사업이 무산돼서는 안 된다는 절박한 심정으로 끝까지 함께해준 이철우 지사와 대구·경북 시도민의 한결같은 여망과 노력이 극적인 합의를 이뤄낸 것입니다.

TK신공항은 초유의 대역사다

최종 후보지 선정을 앞두고 일부 정치권과 시민단체에서 민간공항인 대구국제공항은 그대로 두고 K-2 군 공항만 옮기자는 여론이 있었습니다. 그러나 통합 이전이 아니면 다른 대안은 없습니다. 그래서 시민사회가 제기하는 의문에 대한 명확한 사실 확인이 필요했습니다. 군 공항만 옮기자는 주장이 현행법으로 과연 가능한 것인지, 불가능하다면 법 개정을 통해 국가재정사업으로 군 공항을 이전할 수 있는지 확인해야 했습니다. 또 설령 그게 가능하다고 해도 군 공항만 받아줄 데가 있는지도 알아봐야 했습니다. 그렇지만 중요한 문제가 있었습니다. 이 모든 게 다 해결되더라도 대구의 미래는 어떻게 될지 등 수많은 질문을 던졌고 사실 확인 과정을 거쳤습니다.

저는 군 공항만 옮기는 게 과연 가능한지 수없이 고민하고 검토했습니다. 결론은 시장으로서 누구도 책임질 수 없는 주장이라는 것이었습니다. 군 공항만 옮기자는 것은 모든 것을 포기하자는 이야기나 다를 게 없었습니다. 대구시장인 제가 포기하고 다시 옛날로 돌아가서 군 공항만 이전하자고 요구한다면 반대하는 사람도 없고 정치적으로도 인기몰이를 할 수 있었을 것입니다. 하지만 대구의 미래를 생각하면 아무런 의미가 없는 일입니다. 저는 한 번도 흔들린 적이 없습니다. 책임 있는 지도자는 자기가 떠나고 간 미래에 대해서도 역사 속에서 책임져야 하기 때문입니다.

군 공항 이전은 절대 쉽지 않은 일입니다. 광주광역시만 보더라도 군 공항 예비 이전 후보지 선정을 두고 전라남도 지자체들의 반대로 인해 한 걸음도 떼지 못하고 있었습니다. 광주광역시는 군 공항과 민간 공항이 겸용이라는 점에서 우리와 닮아 있습니다. 과거 광주에서도 통합 이전 논의가 있었으나 민간 공항은 두고 군 공항만 옮기자는 여론 때문에 중단됐습니다. 그 후 무안에 민간 공항이 생겼고 지금 광주는 민간 공항은 폐쇄할 테니 군 공항만 무안이든 전남의 어디에서 받아주기를 바라고 있습니다. 그러나 군 공항만을 받아줄 곳을 찾기란 참으로 어려운 일인 것 같습니다. 경기도 수원시는 더 어려울 것 같습니다. 군 공항만 옮겨야 하는데 경기도 어디에서도 군 공항을 받아줄 데가 없습니다. 수원이 바라는 화성시도 완강하게 반대하고 있어서 수년째 진척이 없는 상황이었습니다. 군 공항 이전 및 지원에 관한 법률에 근거해서 이전을 추진하는 대구, 광주, 수원 가운데 대구만 성큼 앞서가고 있습니다.

군 공항 이전과 통합신공항 건설을 추진하는 6년 동안 여러 가지 어려움이 많았습니다. 그러나 불가능하다고 생각한 적은 한순간도 없었습니다. 대구·경북 시도민의 간절한 염원과 저력을 알고 있었기 때문입니다. 만약 대구·경북 통합신공항 건설마저 무산된다면 우리의 미래는 없다는 절박함이 대구와 경북을 하나로 뭉치게 했습니다. 대구·경북 통합신공항 건설은 대구와 경북이 운명공동체로서 한목소리를 내고 하나로 행동한 값진 경험이 됐고 나아가 대구와 경북이 뭉치면 못해낼 일이 없다는 자신감을 품게 되는 소중한 경험이 됐습니다.

제가 대구시장에서 퇴임한 이후에도 대구·경북 통합신공항 사업은 홍준표 시장과 이철우 지사 그리고 지역 국회의원들의 노력으로 비교적 순항하고 있어서 참으로 감사하게 생각하고 있습니다. 2023년 4월 25일 '대구·경북 신공항특별법'이 제정됐고 8월 8일에는 시행령도 국무회의에서 의결됐습니다. 오랜 시간 동안 우리의 염원이었던 K-2 군 공항 이전과 제대로 된 국제공항 건설의 꿈이 현실로 다가오고 있습니다.

대구·경북 통합신공항 건설 사업은 그 자체가 대구와 경북이 생긴 이래 가장 큰 대역사입니다. 2020년 7월 말에 대구·경북연구원이 발표한 자료에 따르면 통합신공항 건설이 대구와 경북지역에 직접 미칠 경제적 파급효과는 생산 유발효과 25조 9,669억 원, 부가가치 유발효과 15조 3,171억 원 등 51조 원에 이르고 40여만 개의 일자리가 창출되는 것으로 분석됐습니다. 또한 고도 제한과 소음으로부터 완전히 해방된 동구의 공항 후적지와 주변 지역 개발로 얻을 경제적 파급효과도 신공항 건설 효과에 못지않을 것입니다.

대구·경북 통합신공항 건설은 대구와 경북의 미래 100년 먹거리를 창출하는 획기적인 전기이자 대구와 경북이 새롭게 도약할 수 있는 디딤돌이 될 것입니다. 대구시는 세계로 열린 제대로 된 국제공항을 갖게 됨으로써 글로벌 경제도시로 도약할 수 있고, K-2 후적지와 주변 지역 개발은 새로운 도시공간의 재창조와 더불어 대구의 신성장 동력이 될 것입니다. 경북은 공항신도시와 항

대구·경북 통합신공항 미래 비전 구상 릴레이 정책토론회

공 물류단지를 조성해서 침체된 지역경제를 다시 일으키고 소멸의 위기를 극복할 수 있을 것입니다.

통합신공항의 성공 열쇠는 항공 수요를 얼마나 확보하느냐에 달려 있습니다. 대구와 경북뿐만 아니라 충청, 강원, 경남권 등의 항공 수요를 흡수할 수 있는 여건을 만들어야 합니다. 현재의 저가 항공 단거리 노선에 더해서 미주와 유럽으로 가는 장거리 노선이 운영돼야 합니다. 그만큼 활주로 길이도 늘어나야 합니다. 대구·경북 통합신공항은 지금보다 두 배 넓은 10만 평 이상의 부지에 1,000만 명 이상 여객 수요를 처리할 수 있는 터미널과 부대시설을 갖출 계획입니다. 또한 현재 인천공항에 집중된 항공 물류를 분산해 대한민국 제2의 항공 물류 기능을 수행하는 최첨단 경제 물류 공항으로 구상하고 있습니다. 현재 우리나라 항공 물류의 98퍼센트를 인천공항에서 처리하고 있습니다. 인천공항의 수출입 화물 중 영남지역

화물량은 16퍼센트를 차지하는데 육로로 이동하는 시간까지 고려하면 엄청난 시간과 비용이 낭비되고 있습니다. 이러한 사회·경제적 기회비용을 줄이기 위해서라도 대구·경북 통합신공항은 대한민국 제2의 항공 물류 공항으로 건설돼야 합니다.

3
리더십이 도시공간을 창조한다

● ● ● ● ●
소통과 결단의 리더십으로 도시를 바꾼다

　대구의 도심에는 도시의 미래나 시민들의 행복과는 어울리지 않는 도심 부적격 시설들이 유난히 많았습니다. 그 대표적인 것이 K-2 군 공항일 것입니다. 그 외에도 대구에는 제2작전사령부, 제50보병사단, 제5군수지원사령부, 공군방공포병학교 등 유난히 군사시설이 많고 캠프 워커, 캠프 헨리, 캠프 조지와 같은 미군 부대도 셋이나 있습니다. 또 도심 한가운데에 100년이 넘은 자갈마당이라고 불리는 집창촌이 그대로 존치돼 있었고 그 인근에는 초등학교와 대규모 아파트 단지가 입주해 있었습니다. 동구 안심에는 연탄재와 시멘트 가루가 풀풀 흩날리는 안심연료단지가 오랫동안 존치돼 있었습니다. 제가 현장에 나가서 확인해 보니 그로 인해 주변에 사는 시민들의 삶은 너무나 고통스러웠습니다. 시민들을 대상으로 건강검진을 했더니 진폐증 환자도 다수 나왔습니다. 과거 탄광촌에서나 있을 수 있는 일들이 대구의 도심에서 일어나고 있었습니다. 한강 이남에서 가장 크다는 농산물도매시장도 시설이 노후화되고 공간이 비좁아서 교통과 환경문제 등으로 인해 도매시장 기능의 저하는 물론이고 주변 주민들의 생활환경에도 나쁜 영향을 미치고 있었습니다. 부적격 시설들을 정리하지 않고서는 살기 좋은 대구를 만들 수 없었습니다. 그러나 이들 시설을 없애거나 이전하는 문제는 하나하나가 매우 어려운 일입니다.

리더십은 문제를 해결하는 능력입니다. 문제가 있기 때문에 리더십이 필요한 것입니다. 저는 어려운 문제를 해결할 때 세 가지 유형으로 나누어서 임했습니다. 그 첫째는 시민적 결정에 맡기는 것입니다. 그 대표적인 예가 신청사를 건립할 터를 숙의형 민주주의에 근거해서 시민들이 결정하도록 한 것입니다. 신청사와 같이 공동체의 백년대계와 관련된 중요한 문제이지만 지역 간 이해관계가 첨예하게 충돌해서 정책 결정 과정이 시민사회의 갈등과 분열로 이어질 소지가 큰 경우 시민들의 집단지성을 믿고 시민들에게 결정을 맡기는 방식입니다. 물론 모든 공동체에서 가능한 일은 아닙니다. 대구가 가능했던 것은 그동안 시민원탁회의와 주민 참여예산제 등 숙의형 민주주의를 경험하면서 학습과 토의 그리고 공감과 승복이라는 성숙한 시민사회의 문화가 자리잡고 있었기 때문입니다.

두 번째 유형은 이해 당사자들의 합의를 기반으로 하는 결정입니다. 농산물도매시장의 현대화 계획을 결정한 것이 가장 대표적인 사례일 것입니다. 농산물도매시장을 이전하느냐, 현 위치에서 증·개축하느냐는 오랫동안 논쟁의 대상이었습니다. 도시 기능의 중요한 부분이긴 하지만 모든 시민이 같은 무게의 이해 당사자는 아닙니다. 도매시장 구성원들에게는 생존권의 문제이고 주변 주민들에게는 생활권의 문제입니다. 이런 문제는 시장의 결단이나 전문가적 판단으로만 해결할 수 없습니다. 가장 중요한 것은 이해 당사자들의 합의입니다. 좀 시간이 걸리더라도 이해 당사자들의 합의를 기다려주는 방식이 갈등을 최소화하면서 문제를 해결하는 방식입니다.

마지막으로는 시장이나 리더의 결단에 의한 결정입니다. 안심연료단지나 집창촌인 자갈마당 폐쇄와 같은 문제들을 해결하는 방식이었습니다. 소수의 기득권을 유지하기 위해 다수의 시민이 많은 고통과 희생을 감내해야 하는 경우, 공공의 이익을 지키기 위해서 빠른 결정이 필요할 경우 등 결단의 리더십이 필요할 때가 있습니다. 시민들께서 시장에게 위임해 준 권한을 동원해서 해결하는 방식입니다. 당사자들에 대한 설득과 합의를 바탕으로 문제를 해결하는 것이 가장 좋겠지만 이런 문제일수록 기득권을 가진 사람들의 저항으로 인해 설득과 합의에 따른 문제 해결이 쉽지 않습니다. 물론 강제력을 동원할 때도 무턱대고 밀어붙이는 방식으로 해결하려 하다가는 과거 용산 4구역 철거 현장 화재 사건에서 보듯이 돌발적인 사고 등 또 다른 문제가 발생할 수 있습니다. 마키아벨리가 저서 『군주론』에서 권력을 행사할 때는 숙고Prudence가 필요하다고 지적했듯이 결정은 단호하되 행동은 치밀한 사전 준비하에 신중하게 해야 할 것입니다.

도시 공간의 문제에서 제가 중요하게 생각하는 또 다른 철학이라면 '비움'입니다. 도시는 어디를 무엇으로 채울까 하는 것도 중요하지만 어디를 비워둘까도 못지않게 중요합니다. 비움은 도시를 개방적이고 여유 있는 공간으로 만들어줍니다. 그 속에서 시민들은 멀리 보고 포용하고 여유 있는 생각과 생활 습관을 갖게 될 것입니다. 또한 비움은 미래세대를 위한 배려이고 투자입니다. 이 도시는 우리만 살고 끝나는 곳이 아니라 후세들이 살아갈 터전입니다. 당장 우리 시대에 필요하다고 도시를 구조물들로 채워버린다면 정작 우리 후손들이 필요할 때는 땅이 없거나 땅값이 비싸서 아무것도 할 수 없게 될지도 모릅니다. 달서구의 두류정수장 터는 2009년 정수장 가동이 중단된 이후 다양한 개발 요구와 매각 필요성이 제기됐지만 4만 8,000평을 오롯이 공터로 지켜온 결과 대구시청 신청사 건립터로 활용할 수 있게 됐습니다.

제가 도시공간의 중요한 요소로 생각하는 것 중의 하나가 물과 수변입니다. 세계적인 도시들이 바다나 호수를 끼고 있는 것도 수변공간이 주는 매력 때문입니다. 그런 측면에서 보면 대구는 바다가 없는 내륙도시라는 한계를 안고 있습니다. 그러나 대구에는 강과 호수가 있습니다. 과거 대구에는 성당못, 배자못 등 큰 호수들이 많았다고 합니다. 그동안 개발 시대의 필요 때문에 호수들 대부분을 메우고 아파트와 상업지역 개발되고 지금은 수성못과 규모가 축소된 성당못 등 몇몇 작은 호수들만 남아 있습니다. 지금 생각해 보면 참으로 아쉽습니다. 이들 호수를 그대로 두고 수변공간을 잘 활용했다면 대구는 지금보다 훨씬 아름답고 매력적인 도시 공간을 갖게 됐을 것입니다.

　대구에는 바다가 없는 대신 도심을 관통해 흐르는 금호강과 신천 그리고 대구를 휘감아 도는 낙동강이 있습니다. 이러한 강 자원을 활용해서 수변도시로 만드는 것이 대구의 공간구조 혁신의 비전중 하나였습니다. 제가 시장으로 재임하던 시절 신천을 친환경 수변공원으로 만드는 프로젝트와 금호강의 수변을 대구의 관광 문화 자원으로 개발하는 금호강 르네상스 프로젝트가 계획됐습니다. 신천 프로젝트는 좀 일찍 시작해서 최근에는 눈에 띄는 변화들이 생겨나고 있습니다. 금호강 르네상스 프로젝트는 제 재임 시절에는 밑그림만 그렸습니다. K-2 군 공항의 후적지도 금호강 르네상스 프로젝트와 연계해 수변공간으로 재창조한다는 구상이었습니다.

캠프 워커가 시민 품으로 돌아오다

　대구는 도심에 군부대들이 유난히 많은 도시입니다. 대구의 지리적 여건이 군사요충지로서 알맞고 정주 여건이 좋기 때문입니다. 특히 대구의 남구에는 캠프 워커, 캠프 헨리, 캠프 조지 등 3개의 미군 부대가 있고 그 면적은 107만 제곱미터나 됩니다.

　미군 부대는 지난 반세기 이상을 대구 시민과 공존해 오면서 지역경제 활성화 등 많은 도움이 되기도 했지만 도심 한가운데 미군 부대가 넓은 면적을 차지하다 보니 도시공간 활용의 효용성 문제가 대두됐고 각종 규제로 인해 주변 지역 발전에 많은 걸림돌이 되기도 했습니다. 그 대표적인 사례가 대구 3차 순환도로가 미군 부대 앞에서 끊긴 채 오랫동안 미개통로로 남아 있는 것입니다. 대구 3차 순환도로는 도심 외곽을 순환하면서 방사선으로 도심을 연결하는 계획 도로로 대구의 중구와 달성군을 제외한 6개 구를 연결합니다. 그리고 도시철도 1호선, 2호선, 3호선을 연결하는 중요한 계획도로입니다. 그런데 아직도 미완성인 채로 남아 있습니다. 이처럼 미군 부대는 도심 부적격 시설로 여겨져서 시민들 사이에서는 미군 부대의 이전과 부지 반환을 요구하는 여론이 확산했습니다.

미군 부대 이전과 부지 반환을 바라는 대구 시민의 꿈은 캠프 워커 헬기장의 이전부터 실현되고 있었습니다. 캠프 워커 전체 면적은 78만 2,195제곱미터인데 전체 부지의 8.5퍼센트에 해당하는 헬기장 부지 6만 6,884제곱미터가 2020년 12월에 대구시로 반환됐습니다. 원래는 2007년까지 반환하기로 했지만 그동안 후속 협상이 난항을 겪는 바람에 반환이 미뤄졌다가 제 임기 중에 합의가 마무리돼 반환됐습니다. 저와 대구시는 캠프 워커 반환터에 대구를 대표하는 도서관과 지하 공영주차장, 대구평화공원을 조성하고 활주로 부지는 3차 순환도로 미완성 구간을 마무리하는 것으로 계획을 세웠습니다.

미군 부대에 대구를 대표하는 도서관을 짓게 된 것은 남구청의 요청 때문이었습니다. 제가 대구시장으로 재임하던 어느 날이었습니다. 하루는 임병헌 남구청장이 면담을 신청해 와서 만났는데 남구에는 도서관이 없으니 시립으로 도서관을 하나 지어달라고 요청해 왔습니다. 구립으로 지으면 국비도 받을 수 있는데 왜 시립으로 요구하는지를 물었습니다. 그랬더니 남구의 재정 형편이 열악해서 구립도서관을 지어도 운영할 예산을 조달하기가 어렵다면서

캠프 워커 부지 반환 기념행사

시립으로 지어서 운영비까지 지원해달라는 것입니다. 구청장의 청이 너무나 간절하기도 했고, 당시 남구에는 공공도서관이 하나밖에 없어서 꼭 필요한 시설이라는 생각에서 건립을 결정했습니다. 대구 대표 도서관 건립 사업은 이렇게 시작됐습니다.

캠프 워커 반환터에 공원과 대표 도서관을 건립하는 사업은 환경오염 문제가 발생하고 이를 정화하는 데 일정한 시간이 소요되는 등 예정보다 늦어지기도 했지만 비교적 순탄하게 진행됐습니다. 국방부에서도 기지 반환에 따른 후속 작업에 적극적으로 임해서 기지 내 환경오염정화 기본 용역과 실시 용역을 거쳐 정화업체와 검증업체를 선정했습니다. 최종 환경오염 정화작업 마무리는 2년 정도 걸릴 것으로 예상했는데 환경오염 정화작업과 건립공사를 병행함으로써 공기를 단축할 수 있게 됐습니다. 그리고 3차 순환도로 전체 25.2킬로미터 중 마지막 단절 구간으로 남아 있던 1.4킬로미터를 연결하기 위한 캠프 워커 서쪽 도로 600미터와 41보급소 부지 9,400제곱미터도 국방부와 협의해 최종 반환에 합의했습니다.

제가 현재 석좌교수로 있는 계명대학교 대명동 캠퍼스에서 멀지 않는 곳이라 가끔 주변의 식당이나 카페를 찾는 경우가 있는데 가볼 때마다 도서관 건물의 높이가 달라지고 있습니다. 이 사업들이 조속히 마무리돼서 오랜 세월 기다려주신 남구 주민들에게 좋은 힐링과 휴식 공간이 되고 남은 미군 부대들에 대한 반환 협의도 잘 진전돼서 하루속히 시민들의 품으로 돌아오기를 기대해 봅니다.

자갈마당 110년 만에 역사 속으로 사라지다

'자갈마당'은 대구광역시 중구 도원동에 자리하고 있던 성매매 집결지를 부르는 명칭입니다. 자갈마당의 역사는 일제 강점기로 거슬러 올라갑니다. 1905년 일본은 대한제국을 강압해 을사늑약을 체결한 뒤 외교권을 박탈하고 통감부와 이사청을 두어 내정을 장악했습니다. 을사늑약의 체결로 대한제국은 사실상 일본의 식민지가 됐습니다. 이후 일본인들이 한국으로 대거 몰려오면서 일본의 공창도 함께 들어왔습니다. 대구도 지금의 북성로를 중심으로 일본인들의 집단 거주지가 형성되면서 일본인들을 상대로 하는 공창이 생겨났습니다.

자갈마당이란 명칭에 대해서는 몇 가지 설이 있습니다. 하나는 '말의 재갈을 물리는 곳'이었다는 설이 있고 다른 하나는 일제 강점기에 유곽으로 잡혀 온 여성들이 도망치는 것을 막기 위해 자갈을 깔아 놓아서 그렇게 불렸다는 설도 있습니다. 유래가 무엇이든 자갈마당을 그냥 둘 수는 없었습니다. 이곳에서 300미터도 채 안 되는 곳에 대구 수창초등학교가 있고 인근의 옛 전매청 자리에는 대구역 센트럴자이 아파트가 신축 중인지라 더는 방치할 수 없었습니다.

저는 2014년 대구시장에 출마하면서 자갈마당 폐쇄를 선거 공약으로 발표했습니다. 그리고 대구시장으로서 업무를 시작하면서 자갈마당을 폐쇄하고 그 자리를 개발하는 계획을 세웠습니다. 하지만 자갈마당을 폐쇄하는 일은 그리 쉬운 것이 아니었습니다. 대구의 도심 한복판인데다가 면적도 다른 지역의 성매매 집결지보다 2~3배나 넓어서 지자체 차원의 공영개발이 쉽지 않았습니다.

자갈마당 폐쇄를 추진하겠다고 했더니 많은 사람이 우려했습니다. 종사자들과 소위 포주라고 하는 업주들의 극단적인 저항으로 자칫 큰 사고가 발생할 수 있다는 것입니다. 과거에도 폐쇄를 추진했다가 이들의 반발과 재정 부족을 이유로 실패한 경험이 있었습니다. 제가 취임한 이후에도 폐쇄를 추진하자 업주들이 2년여의 유예기간을 달라고 하면서 집단 거부 움직임을 보였습니다. 자갈마당의 폐쇄를 위해서는 치밀한 계획과 전략이 필요했습니다.

먼저 중구청, 중부 경찰서, 교육청, 그리고 시민단체가 참여하는 민관협업체계를 구축하고 자갈마당 폐쇄의 필요성과 대구시의 강한 의지에 공감대를 형성하는 것부터 시작했습니다. 본격적인 폐쇄 작전에 들어가기 전에 그 규모를 최대한 축소하기 위한 고사 작전부터 시작했습니다. 자갈마당 주변 지역을 최대한 밝게 하고 고성능 CCTV와 LED 경고판을 설치하고 불법 성매매에 대한 단속을 강화했습니다. 당연히 사람들의 발길이 줄어들고 장사가 잘

되지 않게 됐습니다. 위기에 몰린 업주 측에서 생존권을 보장하라며 집회와 시위를 벌였지만 눈 하나 깜짝하지 않았습니다. 다음은 성매매 피해 여성들의 전업과 자활을 지원해서 스스로 그만두게 하는 전략이었습니다. 시의회의 협조를 얻어 '성매매 피해자 등의 자활 지원 조례'를 제정했습니다. 이 조례에 근거해서 성매매를 중지하는 피해 여성들에게는 10개월간 생계 유지비 월 100만 원, 직업훈련비 300만 원, 주거 이전비 700만 원 등 최대 2,000만 원을 지원했습니다. 그리고 시민사회 단체와 협력해서 자갈마당 안에 피해 여성들을 위한 상담소를 설치하고 전업을 적극적으로 설득하고 지원했습니다. 2018년까지 57명이 상담을 받고 이 중 27명이 자활 지원을 받았습니다. 추정되는 성매매 피해 여성 110명의 4분의 1에 해당하는 인원이었습니다.

4년여 간의 노력 끝에 이제 자갈마당 폐쇄를 위한 마지막 관문인 민간 주도 개발사업을 추진했습니다. 이 사업은 민간 시행사인 주식회사 도원건설에 의해서 추진됐는데 2019년 5월에 80퍼센트 이상의 매수 동의를 받는 등 속도를 내고 있었습니다. 드디어 그해 6월 4일 자갈마당에 대한 철거작업이 시작됐습니다. 이렇게 해서 110년 만에 대구 도심의 성매매 집결지인 자갈마당은 역사 속으로 사라지게 됐습니다.

애물단지 안심연료단지가 뉴타운으로 변하다

2014년 9월 16일 동구 율암동에 있는 대성산업의 입구에 천막

이 설치되고 수백 명의 사람이 모였습니다. 안심연료단지 인근 주민들의 애로사항과 민원을 듣고 해결책을 모색하기 위한 현장소통시장실이 열린 것입니다. 저는 대구시장으로 일하면서 시청에만 있지 않고 공무원들과 함께 중요한 정책이나 시민들의 민원과 갈등이 있는 현장을 찾아가서 대화하고 토론하면서 함께 해결책을 찾는 현장소통시장실을 꾸준히 운영해 왔습니다. 현장소통시장실은 대구시장으로 임기를 시작한 지 보름이 되는 2014년 7월 15일 칠성시장에서 시작한 뒤부터 코로나19 팬데믹으로 인해 중단될 때까지 100차례 이상 진행됐습니다. 이날은 여섯 번째 현장소통시장실로 동구의 안심연료단지를 찾은 것입니다.

동구 율암동 일대의 옛 안심연료단지는 1970년에 한국연료조합연합회가 중소연탄 업계의 사업 효율성을 높이고 제품의 품질을 향상한다는 목표하에 연차적으로 대단위 연탄단지를 조성한다는 계획을 수립하고 그 시범사업으로 전국에서 가장 먼저 대구에 조성한 것이었습니다. 당시 안심 지역은 행정구역상 경산시 안심읍 일대의 농경지였습니다. 1971년 4월 북구 칠성동과 남구 대명동에 있던 대성연탄이 공장을 통합해 이전했고 나머지 대구 전역에 흩어져 있던 19개의 공장도 5개로 합병해 이전했습니다. 그리고 대구역 인근 칠성동에 있던 저탄장도 이곳으로 이전하면서 '반야월 저탄장'으로 불리게 됐습니다. 안심연료단지 주변은 연탄공장뿐만 아니라 한일시멘트, 대동레미콘, 쌍용양회 등 시멘트 공장들이 들어서면서 연탄과 시멘트를 생산하는 복합적인 연료 산업단지로 변모했습니다.

1981년 안심연료단지 일대가 대구광역시로 편입되면서 도시화가 급격히 진행되고 인구도 늘어났습니다. 이곳에서 발생하는 연탄 가루, 시멘트 분진 등 공해로 인한 인근 주민들의 고통은 이루 말할 수 없었습니다. 대구광역시는 연료단지 측에 스프링클러, 방진벽, 방진막 등을 설치해서 공해로 인한 주민 피해를 최소화하도록 했지만 근본적인 대책은 되지 못했습니다. 저는 선거운동 기간에 이곳을 찾으면서 주민들의 고통을 알게 됐고 제가 시장이 되면 다시 찾아와서 근본적인 해결책을 마련하겠다고 약속했습니다. 이 날 현장소통시장실은 그 약속을 지키는 날이었고 시민들로부터 절박하고 안타까운 많은 이야기를 들었습니다. 저와 대구시는 안심연료단지 이전방침을 세우고 먼저 대구시 예산을 들여서 인근 주민들을 대상으로 정밀 건강검진부터 했습니다. 두 차례에 걸친 주민 건강 영향조사 결과 인근 주민 168명이 폐 질환자로 판정받았습니다. 깜짝 놀랄 일이었습니다.

시민들의 고통을 하루라도 외면할 수는 없었습니다. 저와 대구시는 공장주들을 만나서 폐쇄를 설득했습니다. 주민들을 대상으로 한 건강검진 결과도 언론에 대서특필된 터라 대부분 사업주는 공감을 표시했습니다. 그런데 일부 연탄 공장과 아스콘 공장이 폐쇄를 완강히 거부했습니다. 제가 직접 나서서 대안 부지까지 찾아 주겠다고 설득했지만 도무지 듣지 않았습니다. 저는 대구시장에게 주어진 도시계획 권한을 행사해서 강제적으로 폐쇄할 수밖에 없다고 판단했습니다. 대구도시공사에 공영개발이 가능한지를 검토해 보라고 지시했습니다. 며칠 후 이종덕 사장이 검토해 본 사안을 제게 보고했습니다. 저는 단도직입적으로 "사장님, 도시공사의 입장에서 볼 때 사업성은 어떻습니까?"라고 물었습니다. 이종덕 사장은

"정확한 것은 사업을 추진해 보아야 알겠지만 대략 200억 원 정도의 적자는 감수해야 할 것 같습니다."라고 대답했습니다. 저는 속으로 '적자 사업은 아니겠구나.'라고 생각하면서 도시공사가 이 사업을 맡아서 추진할 것을 권유했습니다. 시예산을 투입해서라도 이 사업은 반드시 성공시켜야 한다고 확고하게 생각하고 있었지만 평소 신중하고 보수적인 판단을 하는 이종덕 사장의 업무 스타일상 '저 정도 말씀하시면 적자 사업은 아니겠구나.'라고 생각했던 것입니다.

2015년 대구시는 주민들의 열악한 생활환경을 개선하기 위한 안심연료단지 개발계획을 수립하고 2016년에는 대구도시공사가 주도하는 공영개발안을 확정했습니다. 이듬해인 2017년 11월부터 철거 공사가 시작됐습니다. 이전을 거부했던 업체는 명도소송까지 벌인 끝에 모두 문을 닫도록 했습니다. 이로써 안심연료단지 50년의 역사는 마침내 막을 내렸습니다.

지금 안심연료단지에는 연탄공장과 시멘트 공장들이 떠난 총 36만 제곱미터의 부지에는 주거, 문화, 상업 기능을 갖춘 주거복합단지인 안심뉴타운이 조성되고 있습니다. 안심뉴타운에는 2,000여 가구의 공동주택과 50여 채의 단독주택이 준주거지역 용지에 들어서고 유통·상업 용지에는 이케아 대구점이 입점할 예정입니다. 머지않아 안심뉴타운이 완성되고 대구공항이 이전하게 되면 안심연료단지가 역사 속으로 사라진 이 지역은 그야말로 상전벽해와 같은 변화를 보게 될 것입니다.

4
교통 인프라가 도시 공간을 혁신하다

● ● ● ● ●
철도망으로 도시의 공간을 넓히다

　도로와 철도는 공간과 공간을 연결해 줍니다. 경부고속도로가 개통되면서 대한민국의 공간은 일일생활권으로 바뀌었습니다. KTX 고속열차는 반나절 생활권으로 만들었습니다. 도시의 영토들이 그만큼 넓혀진 것이나 다름없습니다. 대구는 도로 교통만 놓고 보면 경부, 중앙, 대구-포항, 대구-부산, 대구-광주, 대구-마산 등 6개의 고속도로가 동서남북의 IC를 통해 사통팔달 연결돼 있습니다. 여기에다 2022년 3월 대구 4차 순환도로가 개통됨으로써 도심을 거치지 않고 대구 전역을 연결할 수 있게 됐습니다.

그러나 철도교통은 사정이 다릅니다. 서울과 부산을 연결하는 경부선의 중간 기착지이며 경부고속철도의 분기 기능 정도만 하고 있습니다. 또한 경부선 열차나 경부고속선 열차 모두 동대구역에만 정차함으로써 서대구 지역은 사실상 철도 교통망의 사각지대로 남아 있었습니다. 이는 대구 내부의 지역 간 불균형 발전의 커다란 요인이 됐습니다.

두 가지 과제를 동시에 해결해야 했습니다. 대구에서 전국으로, 나아가 세계로 뻗어나가는 철도망을 구축하고 그 시발점을 서대구 지역으로 해야만 했습니다. 이러한 목표를 가지고 추진된 사업이 서대구 KTX 역사 건립과 서대구역을 중심으로 대구와 경북을 연결하고 대구와 광주를 연결하는 철도를 건설하는 것이었습니다. 대구와 경북을 연결하는 대표적인 철도가 대구권 광역철도와 대구·경북 통합신공항 연결철도입니다.

구미와 대구를 거쳐 경산을 잇는 대구권 광역철도는 이미 공사가 막바지에 접어들었는데 2024년 말에 예정대로 개통되면 구미에서 경산까지 40분대에 갈 수 있을 것입니다. 서대구역에서 출발해서 신공항을 거쳐 경북 의성을 연결하는 통합신공항 연결철도는 제4차 국가철도망 구축계획에 반영됐고 비수도권 광역철도 선도사업으로 선정돼 시속 180킬로미터의 GTX급 열차로 운영될 예정입니다.

우리나라 철도의 대부분은 서울과 지방을 연결하는 남북으로 구축돼 있고 지방과 지방을 동서로 연결하는 철도는 없습니다. 이러한 철도망으로 인해 수도권의 집중화와 지방의 공동화만 심화하고 있습니다. 특히 추풍령 이남의 영호남을 연결하는 교통수단은 광주-대구 간 고속도로만 있지 철도는 없습니다. 광주-대구 간에는 1984년에 왕복 2차로 규모의 88올림픽고속도로가 처음으로 개통됐고 그 후 31년 만인 2015년 12월이 돼서야 왕복 4~6차로 규모로 확장이 완료됐습니다. 현재 88고속도로는 광주-대구 고속도로로 명칭이 변경됐습니다. 대구에서 광주까지 소요 시간도 3~4시간에서 2시간 정도로 단축됐습니다.

그러나 영호남의 교류를 실질적으로 증진하고 나아가 수도권 경제공동체에 필적하는 남부권 경제공동체를 만들기 위해서는 고속도로만으로는 한계가 있고 고속철도를 건설해야 한다는 요구가 꾸준히 제기됐습니다. 반대 논리도 만만치 않았습니다. 광주와 대구 간 고속철도를 건설해 봐야 수요가 없어서 경제성이 약하다는 논리에 막혀서 중장기 국가철도망 계획에도 반영되지 못했습니다. 새로운 전략이 필요했습니다. 달구벌 대구와 빛고을 광주가 하나가 되는 달빛동맹을 강화하는 것이 무엇보다 중요하다고 생각했습니다.

저는 두 번의 대구시장 재임 시절 내내 달빛동맹을 대구시정의 중심에 두었습니다. 저부터 광주를 자주 방문하고 시청 공무원 간의 교류 협력은 물론이거니와 민간 차원의 교류와 왕래를 적극적으로 권장하고 지원했습니다. 광주의 윤장현 시장님과 이용섭 시장님께서도 적극적으로 호응해 주셨습니다.

제가 대구시장으로 재임한 지난 8년 동안 달빛동맹은 크게 성장했습니다. 영호남의 기초자치단체 간 자매결연이 속속 이루어졌습니다. 학계, 의료계, 법조계 등 시민사회에서도 자발적인 교류를 활발히 추진했습니다. 심지어는 대구의 민주화 운동을 상징하는 228

번 버스가 광주 시내를 달리고 광주 민주화 운동을 상징하는 518번 버스가 대구의 도심을 달리게 됐습니다.

민선 7기 두 번째 시정이 시작되면서 저와 이용섭 광주시장은 달빛동맹을 경제동맹으로 발전시켜서 양 도시의 공동 번영뿐만 아니라 국가균형발전의 새로운 계기로 만들자는 데 합의했습니다. 그 첫 번째 프로젝트가 바로 대구와 광주를 1시간 만에 달리는 달빛고속철도를 건설하는 데 본격적으로 나서는 것이었습니다. 달빛고속철도는 대구의 서대구역에서 시작해서 고령과 합천(해인사), 거창, 함양, 남원, 순창, 담양 등을 거쳐 광주의 송정역까지 영호남 9곳의 주요 거점도시를 연결하는 총연장 191킬로미터의 노선입니다. 이 철도가 완성되면 대구와 광주는 1시간 생활권에 들게 되고, 영호남 1,300만 명을 아우르는 초광역 남부 경제권을 구축하는 핵심 인프라가 될 것입니다.

첫 번째 관문은 제4차 국가철도망 계획에 반영시키는 것이었습니다. 이를 위해 저와 이용섭 광주시장은 손을 맞잡고 국토부와 국회 그리고 청와대를 찾아다니면서 달빛고속철도의 필요성과 제4차 국가철도망 계획에 반영될 수 있도록 도와주실 것을 부탁했습니다. 그러나 첫 관문을 넘는 것조차 쉬운 일이 아니었습니다. 2021년 4월 22일 제4차 국가철도망 계획 공청회에서 공개된 초안에서 달빛고속철도는 빠져 있었습니다. 청천벽력 같은 소식이었습니다. 저는 다음날인 4월 23일 청와대 유영민 비서실장을 만나 초안의 부당성과 지역의 실망한 민심을 전달하면서 본안에는 꼭 반영되게 해줄 것을 간곡히 부탁드렸습니다. 이용섭 광주시장도 청와대와 국토부를 방문해서 설득하는 일을 계속했습니다. 그러면서 우리는 지방의 염원을 전달하는 특단의 대책을 준비했습니다.

그해 4월 29일 저를 비롯한 이용섭 광주시장, 이철우 경북지사, 송하진 전북지사, 김영록 전남지사를 대리한 송상락 행정부지사 등 영호남의 6개 광역단체장이 달빛고속철도의 중간 지점이 될 거창군청 광장에 모여서 문재인 대통령과 정부에 드리는 호소문을 발표했습니다. 거창 행사를 하루 앞둔 28일 이용섭 시장이 제게 전화를 했습니다. 거창 행사에 김경수 경남지사가 참석이 어렵다고 하는데 반드시 참석시켜야 하니 자신도 하겠지만 저에게도 직접 설득해봐달라는 요청을 해 왔습니다. 초안에서 빠진 것을 다시 살려내려면 대통령의 결단이 필요했고 이를 할 수 있는 사람은 김경수 지사라고 우리 두 사람은 판단했습니다.

우리 두 사람의 간곡한 부탁 덕분인지 김경수 지사는 다음날 행사에 참석했습니다. 드디어 2021년 6월 29일 달빛고속철도 건설은 제4차 국가철도망 계획에 반영됐습니다. 죽은 자식이 살아 돌아오는 기쁨이 이만만 할까 싶었습니다. 이제부터 과제는 하루속히 달빛고속철도를 건설하도록 하는 것이었습니다.

저와 이용섭 광주시장은 다음 단계의 전략을 실천하기로 했습니다. 그것은 달빛고속철도를 예비타당성 조사를 면제받는 사업으로 만들기 위해 아시안게임을 공동으로 유치하는 것이었습니다. 2021년 12월 7일 달빛고속철도 지자체 지역혁신협의회를 광주의 김대중컨벤션센터에서 개최하고 조기 착공과 예비타당성 조사 면제를 요구했습니다. 조기 착공과 예비타당성 조사 면제를 위한 노력은 민선 7기를 지나 민선 8기에서도 이어졌습니다. 2023년 4월 14일 홍준표 대구시장과 강기정 광주시장은 지리산 휴게소에서

달빛고속철도 국가계획 반영 환영 협약식

만나 하반기 중에 예비타당성 조사 면제 조항을 담은 달빛고속철도 특별법을 양 도시의 정치권이 공동으로 발의해서 연내 통과시키기 위한 협약을 맺었습니다.

2023년 8월 22일 달빛고속철도 건설을 위한 특별법이 헌정사상 최다인 261명의 국회의원이 서명해 발의됨으로써 연내 통과를 기대하고 있습니다. 국민의 힘 원내대표인 윤재옥 의원의 헌신과 노력 덕분이었습니다. 이 특별법이 통과되고 예정대로 공사가 진행되면 2030년이면 고속열차를 타고 한 시간 만에 광주를 가서 오전에는 무등산을 등반하고 다시 대구로 와서 오후에는 팔공산 등반을 할 수 있는 날이 올 것입니다.

통합신공항 연결철도와 달빛고속철도는 모두 서대구역을 중심으로 운영될 것입니다. 2030년이면 서대구역은 경부고속철도와 대구권 광역철도가 정차하고 대구 산업선 철도, 달빛고속철도, 통합신공항 연결철도가 출발하거나 종착하는 남부권 철도교통의 요충지가 될 것입니다. 서대구역을 중심으로 대구의 철도망이 방사선 형태로 뻗어나가면서 대구의 공간도 커지게 될 것입니다.

미래형 모빌리티 도시를 만들다

그동안 대구의 도시철도망은 주로 주택단지를 중심으로 연결됐고 산업 공간과 문화 공간을 연결하는 도시철도는 많은 사각지대를 남겼습니다. 그러다 보니 공간과 공간의 단절이 생겨났습니다. 대표적인 것이 달성의 국가산단과 테크노폴리스, 동구의 혁신도시와 첨단의료복합단지, 북구의 유통단지는 도시철도망의 사각지대입니다. 경북대학교, 대구스타디움, 시립미술관, 대구과학관 등 핵심 문화교육 인프라 지역도 도시철도가 없습니다.

대구는 도시철도망으로 연결된 공간의 재탄생이 필요했습니다. 저는 도시철도 사각지대를 해결하기 위한 몇 가지 프로젝트를 추진했습니다. 범물에서 끊어진 도시철도 3호선을 혁신도시까지 연장하는 것이 하나였고 다음은 수성구민운동장역에서 유통단지와 엑스코까지 연장하는 것이었습니다. 또한 서대구역에서 달성 국가산단까지를 지하로 연결하는 산업선 철도의 건설도 추진했습니다. 이중 엑스코선과 산업선 철도는 이미 정부의 예비타당성 조사를 통과하거나 면제를 받아냄으로써 본격적인 건설에 들어갈 수 있게 됐습니다.

도시철도 엑스코선은 수성구민운동장에서 동대구역, 경북대, 엑스코, 금호워터폴리스를 거쳐 이시아폴리스까지 12.3킬로미터 구간에 모노레일 방식으로 건설되는 것으로 계획돼 있습니다. 총사업비는 6,711억 원 정도로 추정되고 있습니다. 2020년 12월 29일 4년의 긴 기다림 끝에 대구 도시철도 엑스코선 건설 사업이 마침내 기획재정부의 예비 타당성 조사를 통과해서 본격적인 건설을 앞두게 됐습니다. 예비 타당성 조사를 통과하기까지는 많은 우여곡절이 있었습니다. 특히 경제성 분석이 기대만큼 결과가 나오지 않아서 기차역의 수를 줄여서 예산을 줄이는 등 경제성을 높이기 위해 여러 방면으로 노력했습니다. 저는 코로나19 대응 과정에서 잠시 건강을 잃었고 아주 초기이기는 하지만 위암 수술을 받고 병원에 입원까지 하게 됐습니다. 제가 병원에서 퇴원한 다음 날인 12월 21일에 예비타당성 조사의 마지막 관문인 재정사업 평가분과 위원회 회의가 세종시에 있는 한국개발연구원KDI에서 열렸습니다. 저는 주변의 만류에도 불구하고 평가위원들에게 이 노선의 필요성과 대구의 간절함을 직접 설명하기 위해 세종시 회의장을 찾아갔습니다.

제가 수술을 받고 입원해 있다는 사실이 언론을 통해서 알려진 터라 심사위원들도 적잖이 놀라는 눈치였습니다. 심사위원장께서는 저에게 제일 먼저 발언할 기회를 배려해 주었습니다. 저는 불편한 몸을 이끌고 시장인 제가 직접 와서 호소할 수밖에 없는 대구의 절박함과 대구 시민의 간절한 바람을 평가위원들에게 진솔하게 설명해 드렸습니다. 며칠 후 발표된 결과는 B/C 0.87, AHP 0.503점으로 예비타당성 조사를 통과하게 됐습니다. 통상 비용 대비 편익을 분석하는 B/C값이 1이 넘어야 통과되는데 엑스코선은 정책적

타당성과 지역 균형발전 등의 부가가치를 반영해 보완하는 AHP가 0.5보다 높게 나와서 극적으로 통과된 것입니다. 즉 엑스코선은 B/C에서는 기준치인 1 이했지만 AHP가 0.503으로 나와서 0.003점 차로 통과된 것입니다. 물론 저를 위로하는 말이겠지만 0.003점은 불편한 몸으로 직접 찾아간 대구시장을 배려한 점수라는 소문까지 나돌았습니다.

엑스코선이 개통되면 도시철도 사각지대 해소와 함께 동구와 북구 지역의 교통난 해소에 큰 도움이 될 것입니다. 이미 도심과 외곽지역을 연결하는 동북로, 공항로, 동대구로 등 간선도로 교통량이 포화상태인데다가 복현오거리 등 혼잡도로 주변에 대규모 개발사업이 진행되면서 향후 심각한 교통난이 예상되기 때문입니다.

또한 도시철도 엑스코선은 도심 개발을 촉진하고 상당한 경제적 효과도 창출할 것으로 예측됐습니다. 종합유통단지와 금호워터폴리스, 엑스코 등 지역의 물류 및 산업단지와의 접근성이 개선되고, K-2 종전터 개발과 경북도청 후적지에 조성될 도심 융합 특구와 윤석열 대통령의 공약으로 추진되는 국립 근대미술관과 국립 뮤지컬 콤플렉스의 건립과 운영에도 큰 도움을 줄 것입니다. 향후 엑스코선이 완공되면 K-2 종전터에 들어설 신도시까지 노선 연장도 추진될 것입니다.

그런데 최근에 엑스코선의 건립과 관련해 우려스러운 일이 생겨났습니다. 대구시가 애초 모노레일로 건설하려던 계획을 변경해 경전철 방식으로 건설하기로 했다고 발표했습니다. 모노레일 제작사인 일본의 히타치사에서 사업 불참 의사를 밝혔기 때문입니다. 히타치사가 불참하겠다는 이유는 2016년부터 철도안전법이 개정

됨으로써 국내에 도입하는 모든 차량의 설계와 부품의 설계에 대해 형식승인을 받아야 하는데 그 승인 비용을 요청자인 히타치사가 모두 부담해야 하고 모든 설계 도면과 특허 서류를 국토교통부에 제출하도록 입법됐기 때문입니다. 히타치사로서는 고작 9편성 18량을 생산하는데 이러한 비용과 절차를 감내하기 어렵다는 것이었습니다. 3호선이 도입되던 2010년에는 이러한 형식승인 절차가 없었기 때문에 차량이 도입될 수 있었습니다. 하지만 철도의 안전을 강화하기 위해 형식승인 절차가 새로이 도입되면서 엑스코선에 커다란 문제가 생긴 것입니다. 대구시는 형식 승인비를 차량가에 포함해 줄 테니 참여해 달라고 요청했지만 히타치사는 기술 유출을 이유로 사업에 불참하겠다는 의사를 최종 통보해 왔습니다. 다른 나라 정부에 설계 도면과 특허 서류를 그것도 돈을 내면서 제출하는 게 어렵다는 것이 완강한 히타치사의 입장이었습니다.

    모노레일과 경전철은 완전히 다른 시스템입니다. 모노레일은 0.85미터 크기의 궤도 빔 두 가닥만 얹어져 있으면 되지만 철제 자동 안내 주행 차량AGT, Automated Guideway Transit는 상판의 폭만 8미터에 이르는데다 폐쇄적인 구조라서 하늘을 가리는 면적이 너무 넓어서 경관과 일조권 침해라는 문제를 안고 있습니다. 사실상 10~15미터 높이의 고가도로가 수성구와 북구를 거쳐 동구까지 이어지는 것과 다름이 없는 형태입니다. 또한 철제빔으로 인한 소음 문제와 회전 반경이 모노레일의 두 배나 되는 점 등의 문제점도 해결해야 할 과제입니다.

    모노레일 사업이 이렇게 중단되면 비단 엑스코선의 문제뿐만 아니라 또 다른 문제도 생길 수 있습니다. 향후 3호선이 노후화로 교체해야 할 때 이번처럼 히타치사가 사업에 불참 의사를 밝힌다면 3호선은 운행 자체가 불가능하게 될 수도 있습니다. 현재의 도시철도 3호선이 건설될 당시에도 안전과 도시경관에 미칠 악영향과 소음 문제 등으로 인해서 시민들의 반대가 심했던 사실을 생각해보고 한 번 건설하면 쉽게 뜯어낼 수도 없는 만큼 이제라도 과연 이렇게 철제 AGT 방식으로 바꾸는 것이 대구의 미래와 시민들의 삶을 위한 최선의 길인지 숙고해야 합니다. 과연 다른 방법은 없는지를 다시 한번 신중히 검토해볼 필요가 있습니다. 이미 철제 AGT 방식의 경전철이 운영되고 있는 의정부나 부산 등의 사례들을 다시 한번 자세히 점검해 보고 시민들에게 투명한 정보를 공개하면서 시민적 논의와 의견을 수렴하는 일이 선행돼야 할 것입니다.

대구 산업선 철도는 서대구역에서 달성군청, 테크노폴리스 등을 거쳐서 대구국가산업단지를 잇는 노선으로 총 35.363킬로미터입니다. 서대구역을 제외하고는 전부 지하로 건설되며 총 9개 역사가 신설됩니다. 이 역사는 지하 40~50미터의 고심도 지하역으로 건설되기 때문에 건설 때 소음, 진동 보상과 토지보상비가 제외돼 2,600억 원의 건설비용이 절감됩니다. 산업선 철도는 서대구역과 국가산업단지 구간을 셔틀 운영하는 광역철도의 기능을 하면서 동시에 도시철도 1~3호선, 대구권 광역철도, 대구국가산업단지와 경부선을 연결하는 일반철도의 기능을 수행합니다. 대구시는 국가산업단지의 접근성을 개선하기 위해 애초에는 도시철도 1호선을 연장하는 방안을 추진했으나 예비타당성 조사를 통과하지 못해 난항을 겪다가 박근혜 정부 시절인 2015년에 산업선 철도 건설로 방향을 선회했습니다. 산업선 철도라는 명칭에서 알 수 있듯이 원래는 화물 수송을 목적으로 계획했으나 화물 수송의 비효율성 등을 고려해 여객 수송을 동시에 할 수 있도록 변경됐습니다. 대구시로서는 시비가 하나도 투입되지 않고 국비만으로 달성 국가산단의 접근성을 높일 수 있는 지하철을 갖게 된 것입니다.

대구 산업선 철도의 건립과 관련해서는 두 가지가 크게 쟁점이 됐습니다. 하나는 이런 사업에서 예외 없이 넘어야 하는 예비타당성 조사의 관문을 넘는 것이었습니다. 대구 산업선 철도는 1조 3,105억 원이 드는 초대형 국책사업이라서 좀처럼 예비타당성 조사를 통과할 정도의 경제성이 나오지 않았습니다. 경제성을 높이기 위해 노선을 7번이나 수정했고 노선 형태도 6번이나 바뀌었을 정도로 난항을 겪었습니다. 그렇다고 포기할 수도 없었습니다. 지성이면 감천이라 했나요. 문재인 정부가 출범하면서 뜻밖의 기회가 찾아왔습니다. 문재인 정부는 국가균형발전 프로젝트의 하나로 각 시도로부터 예비타당성 조사 면제사업을 신청받았는데 우리 대구는 일관되게 대구 산업선 철도를 예비타당성 조사 면제사업으로 건의했고 2019년 1월 29일 확정됐습니다. 10년이 넘는 세월을 씨름한 끝에 마침내 이루어낸 것입니다.

두 번째는 2개의 역사를 추가로 설치하는 문제였습니다. 산업선 철도의 건립이 가시화되자 달서구민들과 달성군민들이 노선변경과 애초 기본계획에는 없던 역사를 추가로 설치해달라는 민원이 빗발쳤습니다. 달서구에서는 성서산단 호림역을 신설해달라고 요구했고 달성군에서는 서재세천을 경유하는 노선변경과 역사신설을 요구해왔습니다. 이는 기본계획을 변경해야 하는 사안인데 변경 권한을 가진 국토부는 추가되는 비용이 기본계획 변경 요건을

경제부총리에게 호림역과 서재세천역 건의

초과할 뿐만 아니라 호림역은 계명대역과 불과 700미터 정도 밖에 떨어져 있지 않기 때문에 통상적인 역사 간 거리에 비추어 너무 짧은 거리라서 수용할 수 없다는 입장이었습니다. 그러나 대구의 미래와 해당 지역 주민들의 간절한 바람을 보면 반드시 들어주어야 할 사안이기도 했습니다.

저는 국토부에 역사 건립 승인만 해주면 역사 건립 비용은 대구시가 부담하겠다는 승부수를 던지고 추경호 국회의원 등의 지원을 받으며 전방위적으로 국토부를 설득하는 데 나섰습니다. 그리고 2021년 1월 11일 성서공단 호림역과 서재세천역이 최종 확정됐습니다. 총공사비는 당초 1조 3,105억 원에서 1조 5,000억 원으로 14.4퍼센트가 증액됐고 이 중에서 역 신설에 따른 비용 일부는 대구시가 부담하기로 했습니다. 대구 산업선 철도가 건설되면 국가산단, 달성산단, 성서산단 등 서부지역 산업 벨트의 물류 수송과 임직원들의 접근성이 획기적으로 좋아지고 기업 유치와 경쟁력 향상에도 크게 기여하게 될 것입니다.

2022년 3월 30일은 대구에 겹경사가 일어난 날입니다. 서대구 KTX 역사가 완공되고 대구 제4차 순환도로가 완전히 개통됐습니다. 4차 순환도로는 동쪽으로 신서 혁신도시, 서쪽으로 50사단 앞 호국로를 거쳐 중앙고속도로와 연결되는 대구 사통팔달 교통망 연결의 핵심입니다.

4차 순환도로는 2014년 3월부터 7개 구간으로 나눠 공사가 시작됐습니다. 도시 외곽의 총연장 61.6킬로미터인 제4차 순환도로 중 절반가량인 29.1킬로미터 구간은 먼저 완공돼서 이미 운영 중이었는데 나머지 달서구 성서에서 동구 안심 구간 32.5킬로미터가 공사를 마무리하고 완전히 개통됐습니다. 제4차 순환도로는 대구시가 직할시로 승격된 이후 1987년에 기본계획이 수립됐습니다. 하지만 대구 도심을 가로지르는 도시철도 1~3호선이 개통된 것에 반해 제4차 순환도로는 대구시 교통정책의 우선순위에서 오랫동안 밀려나 있었습니다.

그동안 늦어진 만큼 제가 시장으로 취임하면서 시민들의 불편을 조기에 해소하기 위해 대구의 외곽순환선이 될 제4차 순환도로 건설에 공을 많이 들였습니다. 저는 직원들을 독려해 국토교통부와 한국도로공사를 수없이 찾아가 빠른 공사를 당부했습니다. 노선변경을 요구하는 수많은 민원과 때로는 건설을 반대하는 저항도 있었습니다. 제가 직접 현장소통시장실을 운영하는 등 전면에 나서서 민원을 해결하고 시민들을 설득했습니다. 이렇게 해서 공사를 시작한 지 8년, 기본계획을 세운 지 34년 만에 완성됐습니다. 대구시가 직할시로 승격된 지 40년이 되는 해라서 더 의미가 큰 것 같았습니다.

　제4차 순환도로가 완성되자 대구의 교통지도는 확 바뀌었습니다. 고속도로 이용과 외곽 순환도로의 접근이 쉬워질 뿐만 아니라 도심 교통 혼잡도 개선됐습니다. 특히 정체가 심한 신천대로를 피해 대구 외곽으로 쉽게 갈 수 있게 됐습니다. 도시철도의 확충과 4차 순환도로의 개통으로 대구는 도시공간의 단절을 극복하고 시민이 더 빨리, 더 편하게, 더 자유롭게 이동할 수 있는 미래형 모빌리티 도시로 성큼 나아갈 수 있게 됐습니다.

5
공간구조 혁신이 산업의 경쟁력이다

● ● ● ● ●
산업단지 대개조에 나서다

대구에는 국가산업단지 1개, 일반산업단지 16개, 도시첨단산업단지 3개, 농공단지 2개 등 모두 22개의 산업단지가 있습니다. 산업단지의 전체 면적은 4,456만 제곱미터입니다. 입주해 있는 기업은 9,900여 개에 이르고 고용된 근로자 수는 11만 5,000여 명에 달합니다. 산업단지는 제조업 생산의 88.5퍼센트, 수출의 80.4퍼센트, 고용의 68.1퍼센트를 책임지는 대구 경제의 심장입니다.

그러나 대구의 산업단지는 과거의 명성을 뒤로한 채 차츰 쇠퇴하고 있습니다. 과거 대한민국 섬유생산의 50퍼센트 이상을 차지하면서 대구 경제의 주력산업이었던 섬유산업은 1990년대 들어 중국과의 경쟁에서 밀리면서 급격히 쇠퇴하게 됐습니다. 섬유산업의 쇠퇴는 지역 경제의 침체와 성서산업단지를 비롯한 전통 산업단지의 노후화로 이어졌습니다. 대구 경제를 살리기 위해서는 산업구조 혁신과 더불어 노후화된 산업단지의 공간구조를 혁신하는 것이 반드시 해야 할 과제였습니다. 이 두 혁신의 과제는 짧은 기간 내 성과를 낼 수 있는 일이 아니라 10년, 20년 앞을 내다보면서 장기적인 관점에서 접근해야 할 과제였습니다.

2020년 5월에 좀처럼 침체의 갈림길에서 벗어나지 못하던 대구의 산업단지에 기분 좋은 소식이 들려왔습니다. 대구의 심장을 다시 뛰게 할 희소식이었습니다. 국토교통부와 산업통상자원부의 '산단 대개조' 사업지로 성서산업단지가 최종 선정된 것입니다. 기분 좋은 소식은 또 있었습니다. 성서산업단지가 산업통상자원부에서 지원하는 '스마트 산단' 사업을 동시에 추진하게 됐습니다.

산단 대개조 사업은 정부가 제조공정과 공간구조 혁신을 통해 미래형 산단을 구현하는 사업이었습니다. 2024년까지 44개 단위사업에 총 8,813억 원의 국비를 투입할 예정이었습니다. 지역에서 가장 큰 규모인 성서산업단지를 거점으로 제3산업단지와 서대구 산업단지를 인근의 경북대와 삼성창조캠퍼스 등 혁신경제벨트를 연계해서 '제조공정혁신 기반 기업 지원 및 창업 지원' '일자리 미스매치 해소' '안전하고 편안한 산단 조성' 등 크게 3가지 유형의 사업을 추진하는 것으로 계획됐습니다.

제조공정혁신과 창업 지원을 위해서는 제조 로봇 선도보급과 실증, 스마트 공장 구축과 고도화, 뿌리기업 맞춤형 공정 환경 개선 지

산단 대개조 사업 설명회

원과 좋은 일터 만들기 지원, 산단 휴폐업 공장 리모델링 등 25개 사업에 4,322억 원이 투입될 계획이었습니다. 일자리 미스매치 해소를 위해서는 근로자 지원과 교육을 연계하는 캠퍼스 혁신파크 조성, 스마트제조 고급 인력 양성, 복합문화센터와 스마트 공장 특화 캠퍼스 구축 등 7개 사업에 985억 원이 투입될 예정이었습니다. 그리고 안전하고 편안한 산업단지 조성을 위해서는 경제권 정비, 에너지 환경과 정주 여건 개선을 위한 산단형 스마트시티, 산단 생활권 재생, 활력 있고 아름다운 거리 조성, 편의시설 확충 및 공장 에너지관리시스템FEMS 구축 등 12개 사업에 3,506억 원이 투입될 예정이었습니다. 이처럼 산단 대개조는 기술공정 혁신과 더불어 노후화된 산업단지의 공간구조를 혁신하는 사업들을 동시에 추진하는 것으로 기획됐습니다.

산단 대개조 사업이 성공적으로 완료되면 양질의 일자리 5,000개가 창출되고 기업의 생산액이 1조 6,000억 원이 증가하는 등 대구

경제에 새로운 역동성이 뿌리내릴 것으로 분석됐습니다. 산단 대개조와 스마트 산단 사업이 성공적으로 마무리된다면 대구 경제의 심장인 제조업이 다시 한번 힘차게 도약하고 노후화된 산업단지의 공간들이 쾌적한 삶의 공간으로 탈바꿈하게 될 것입니다.

판교밸리의 꿈이 도심 융합 특구에서 피어나다

창업의 성공을 꿈꾸는 세계의 청년들에게 실리콘밸리가 동경의 대상이듯이 대한민국에는 판교밸리가 있습니다. 판교밸리를 향한 도전이 대구에서 시작됐습니다. 2020년 12월 22일에 옛 경북도청 터, 삼성창조캠퍼스, 경북대를 잇는 트라이앵글 공간이 정부의 도심 융합 특구 선도 사업지로 선정됐습니다.

도심 융합 특구는 국토교통부가 지역 균형발전 정책의 하나로 추진하는 플랫폼 사업입니다. 경기도의 판교밸리처럼 지방 대도시의 도심에 기업과 인재가 모일 수 있는 기업과 주거, 문화 등 복합 인프라를 갖춘 고밀도 혁신 공간을 조성하는 사업입니다.

대구의 도심 융합 특구는 그야말로 도심 한가운데 있는데다 인근에 교육, 문화 등 좋은 인프라가 집중돼 있고 대상 부지 3곳이 반경 1킬로미터 내 인접해 있어서 인프라와 지원 프로그램을 공동으로 활용할 수 있는 장점도 갖고 있습니다. 그만큼 성공 가능성을 크게 평가받았습니다.

대구시는 국토교통부가 도심 융합 특구 조성계획을 발표하자 발빠르게 공모 준비에 나섰습니다. 경북대, 기업지원기관, 한국지능 정보사회진흥원과 한국산업기술평가관리원 등 이전 공공기관이 함께 힘을 합쳐서 도심 융합 특구 전담반TF을 구성하고 데이터Data와 네트워크Network, 인공지능AI 등 이른바 'D.N.A' 중심의 밑그림을 그렸습니다.

  도심 융합 특구 선도 사업지 선정은 대구에 내재한 혁신 역량이 모이면 큰 시너지를 발휘할 수 있다는 것을 보여줄 좋은 기회였습니다. 지방소멸 위기에 직면해 활력을 잃어버린 도시가 아니라 잠재된 역량을 끌어올려 미래도시로 혁신하는 것입니다. 이러한 전략이 주효해 대구가 전국에서 가장 먼저 사업대상지로 선정될 수 있었습니다. 대구 도심 융합 특구는 일차적 목표를 입주 기업 500개 사, 신규 일자리 1만 개, 20~30대 청년들의 고용률 65퍼센트 달성입니다. 도심 융합 특구가 계획대로 조성된다면 우리 지역에서 배우고 성장한 청년들이 도심 내에서 원하는 일자리를 찾고 즐길 수 있는 '대구형 실리콘밸리'로 재탄생할 수 있을 것입니다.

  2023년 11월 6일에 도심 융합 특구 조성의 근거가 되는 특별법이 제정돼서 도심 융합 특구는 법적 뒷받침을 받으면서 추진에 탄력을 받게 됐습니다. 대구 도심 융합 특구가 지역경제 활성화와 혁신성장의 마중물이 되고 나아가 한국형 뉴딜의 본보기가 될 수 있기를 기대해봅니다.

대구에서 출발해서
위대한 대한민국을 만들어간다

2장

산업구조 혁신이
도시의 미래이다

1
블루골드 물 산업의 시대를 열다

• • • • •
물의 위기를 기회로 만들다

21세기에 가장 주목받는 산업 가운데 하나가 바로 '물 산업'입니다. 물 산업은 생활용수와 공업용수의 생산, 공급, 상·하수 처리 등과 관련된 제조·건설·엔지니어링 산업을 뜻합니다. 그런데 도시화와 산업화에 따라 지구촌의 물 문제가 점점 더 심각해지면서 관련 산업은 '블루 골드'라고 불릴 만큼 큰 세계시장을 형성했습니다. 세계은행 부총재 이스마엘 세라젤딘은 "20세기 전쟁이 석유를 차지하기 위한 전쟁이었던 반면에 21세기 전쟁은 물을 차지하기 위한 전쟁이 될 것"이라며 물 산업의 중요성을 강조했습니다. 실제로 세계의 물 시장이 해마다 큰 폭으로 급성장하면서 최근 물 산업은 국내 43조 원이고 세계적으로는 800조 원에 이르는 거대시장으로 성장했습니다. 2025년이 되면 1,000조 원까지 커질 거라는 전망도 있는 것을 보면 물 시장이 반도체 시장보다 훨씬 커질 날이 머지않은 듯합니다.

물 산업이 발전한 국가나 도시들은 물과 관련된 역사나 경험이 있다는 공통점을 보여줍니다. 미국 밀워키시는 20세기 최악의 수질사고를 겪었고 싱가포르는 한때 물의 40퍼센트를 말레이시아에서 수입하던 대표적인 물 부족 국가였습니다. 대구도 마찬가지였습니다. 30여 년 전까지만 해도 대구의 한가운데를 흐르는 금호강은 섬유산업으로 인한 오·폐수로 오염돼 물고기 한 마리 살 수 없는 '죽음의 강'으로 불렸습니다. 특히 1991년에 발생한 낙동강 페놀 오염 사고는 시민들 스스로 물의 중요성을 인식하는 계기가 됐습니다. 대구시는 이러한 환경과 사고로 인해 물 관련 정책을 최우선 순위에 두고 관심을 가졌습니다.

대구시는 오염된 하천을 복원하는 동안 중요한 통찰을 얻었습니다. 인간이 파괴한 물을 기술로 복원할 수 있다는 희망뿐만 아니라 낙동강 옆에 대구국가산업단지 조성이 시작되면서 물이 돈이 되고 산업이 된다는 지혜를 깨달았습니다. 물 산업을 대구의 미래산업으로 키워야 한다는 수많은 전문가의 조언도 있었습니다.

대구시는 대구를 중심으로 물 산업을 육성하기 위해 오랜 시간 공을 들였습니다. 제가 대구시장에 취임하기 전부터 대구국가산업단지에 국내 유일의 '국가물산업클러스터'를 유치하기 위해 노력하고 있었습니다. 저는 2014년 대구시장에 취임하고 난 후 21세

국가물산업클러스터 개소식

기 '블루 골드'로 떠오르는 물 산업을 대구의 5대 신성장 동력 산업 중 하나로 정하고 이를 체계적으로 육성하기 위해 꾸준히 노력했습니다. 먼저 물 산업 기업들이 집적화될 수 있도록 '국가물산업클러스터'를 조성하는 데 집중했습니다. 국가물산업클러스터는 2016년 11월에 착공해서 2년 7개월 만인 2019년 완공됐습니다. 그다음은 국가물산업클러스터를 기반으로 물 산업을 집중적으로 육성할 수 있도록 법적 뒷받침을 하기 위해 '물산업진흥법'을 제정하고 물산업진흥원을 설립하는 것이었습니다.

'물산업진흥법'의 제정은 참으로 힘든 과정을 거쳤습니다. 국회의원들이나 환경부 장관조차 물 산업에 대한 이해가 부족해서 물이 무슨 산업이 되냐고 반문할 정도였습니다. 환경부 장관 중의 한 분은 "물이 무슨 산업이 되냐?"면서 "수돗물을 민영화하자는 것이냐."고 말했을 정도였습니다. 또 2016년 '물산업진흥법'이 처음 발의됐을 때는 야당인 민주당이 '박근혜법'이라고 하면서 한사코 반대하고 기획재정부에서는 새로운 연구기관을 만드는 데 완강히 반대했습니다.

'물산업진흥법'은 새누리당이 야당이 되고 나서 당시 원내 수석부대표였던 윤재옥 국회의원이 수정법안을 제출하고 물기술진흥원을 물기술인증원으로 성격과 기능을 변경해서 2018년 6월에 '물관리기술 발전 및 물산업 진흥에 관한 법률'이 제정됐습니다. 이 과정에서 김성태 원내대표가 나서서 여당인 민주당의 당론으로 추진했던 '물관리 일원화 법안'을 통과시켜 주는 결단을 내림으로써 '물산업진흥법'에 대한 민주당의 동의를 끌어내주었습니다.

2019년 8월부터 본격적으로 가동에 들어간 물 산업 클러스터에서는 국내 물 산업을 성장시키고 관련 기업의 글로벌 경쟁력을 높이기 위해 연구개발과 기술 성능 확인, 실적 확보, 사업화에 이르는 과정을 원스톱으로 지원하고 있습니다. 2019년 5월 10일 '물산업진흥법'에 따라 설립된 핵심 시설인 한국물기술인증원까지 입주가 확정되면서 국가물산업클러스터의 마지막 퍼즐이 완성됐습니다. 한국물기술인증원은 수도용 제품의 위생 안전 인증을 비롯해 물 분야 기술과 제품의 성능을 확보하기 위한 인·검증 업무, 연구개발, 물 기업 해외 진출 지원 등을 담당하고 있습니다.

대구시는 그동안 국내 유일의 한국물기술인증원의 독자성을 확보하는 데 주력하고 유체성능시험센터 건립과 실험기자재 확충, 분산형 테스트베드 시범사업 착수 등 인프라 확충, 기업 육성에 진력해서 한국뿐만 아니라 전 세계의 물 산업을 선도하는 도시로 우뚝 서기 위해 꾸준히 노력해 왔습니다.

물밀듯이 몰려오고 물 샐 틈 없이 지원하다

국가 물 산업 클러스터는 국비 2,409억 원을 투입해 2016년에 착공하고 2019년 6월에 완공됐습니다. 환경부 산하 한국환경공단에서 운영을 맡고 있습니다. 국가물산업클러스터가 가동을 시작하자 국내외 강소 물 기업들이 물밀듯이 대구를 찾아왔습니다. 2018년 24개였던 유치기업이 2023년 3월을 기준으로 133개 기업으로 늘어났습니다. 단기간이지만 성장 속도도 눈에 띄게 빠릅니다. 이 기업들의 매출액은 코로나19라는 위기에도 불구하고 2021년 기준으로 1조 원에 이르고 창업 7년 미만의 기업 매출액은 2020년 102억 원에서 2021년 223억 원으로 117퍼센트나 성장했습니다. 이 기업들이 창출한 일자리도 2,000개가 넘어섰습니다. 수출은 570억 원으로 전년보다 16.5퍼센트의 성장률을 기록했습니다. 2023년에는 수출액 1,000억 원 달성이 목표이고 2025년에는 7,000억 원에 이를 것으로 기대합니다.

현재 우리나라에서 수돗물은 100퍼센트 지방자치단체의 상수도 관련 공무원들이 생산해서 국민에게 원가 이하로 제공하고 있습니다. 생활하수나 공장폐수와 같이 쓰고 버린 물은 공기업인 환경공단이 처리합니다. 물 관리 업무를 공공이 맡아서 하고 있습니다. 그러다 보니 국내 물 시장은 넓지만 민간 기업들이 뛰어들 수 있는 시장은 한계가 있는 게 현실입니다. 우리나라의 물 산업 기업들은 대부분 중소기업이고 세계시장을 뚫고 나가는 데도 어려움이 있습니다.

국가물산업클러스터는 이러한 국내적인 한계를 극복하고 우리 기업들이 넓은 세계 물 시장으로 진출하기 위해 입주 기업 간 성과 공유제를 통해 함께 성장하며 시너지 효과를 내고 있습니다. 전국 최초로 누수 검증 시스템을 공동으로 개발하고 관로상 정밀여과장치를 개발한 것이 대표적인 사례입니다. 또한 4차 산업혁명 기술의 총합인 '스마트워터시스템' 개발도 상당한 진전을 이루고 있습니다. 국가물산업클러스터와 한국물기술인증원 등 국내 유일의 기본 인프라를 갖추고 있는 대구의 물 산업은 더 많은 기업이 와서 기술력을 높이고 새로운 제품들을 만들어 꾸준히 성장하면서 새로운 세계시장을 개척해 나갈 것입니다. 머지않아 지역산업을 넘어 우리나라를 이끄는 미래산업이자 글로벌 비즈니스로 성장하리라고 확신합니다.

세계 물 산업 중심 도시를 꿈꾸다

지난 2020년 9월이었습니다. 대구에서 코로나19 상황에도 '제1회 세계 물 산업 클러스터 리더스 포럼 및 세계 물 도시 포럼'이 개최됐습니다. 코로나19로 인해 해외 참가자들은 부득이 온라인으로 참여했지만 14개국 9개 도시와 7개 클러스터, 4개 기관 등에서 120여 명이 참가한 국제적인 행사로 치러져 물 산업에서 선도적인 입지를 확인할 수 있었습니다. 우리 대구가 중심이 돼 창설된 '세계 물 산업 클러스터 리더스 포럼'은 세계 물 기술 공동연구뿐 아니라 아시아와 아프리카 등 세계의 물 문제를 공동으로 해결하

세계 물 도시 포럼 개회식

는 소중한 기회의 장이 될 것입니다.

대구는 세계적인 물 산업 중심도시를 향해서 한 걸음씩 나아가고 있습니다. 2015년부터 매년 개최하는 '대한민국 국제 물 주간'과 '세계 물 도시 포럼'은 해를 거듭하면서 더욱 내실 있게 운영되고 있고 '세계 물 도시 포럼'을 통해 구축된 선진국과 개발도상국 간의 협력관계를 바탕으로 협력 플랫폼을 만드는 등 글로벌 도시 간 물 산업 협력도 주도할 수 있게 됐습니다. 미국의 대표적 물 산업 클러스터 도시인 밀워키시와 자매결연을 체결하고 중국 이싱시 등과도 협력을 강화했습니다.

물 산업의 성장 가능성은 매우 큽니다. 대구시는 도시의 물 문제를 해결하는 구체적인 프로젝트를 발굴하고 우수한 물 기업들이 해외 시장을 선점할 수 있도록 꾸준히 지원해 왔습니다. 고무적인 것은 물 산업 클러스터 입주 기업들의 기술력이 상당하다는 것입니다. 2017년 11월에는 베트남에 하루 상수 400톤을 처리할 수 있는 시설을 처음으로 기증했습니다. 이러한 기증사업으로 대구의 물 산업을 홍보하는 동시에 관련 기업의 해외 진출도 뒷받침할 수 있었습니다.

이제 물 산업을 대한민국 미래산업으로 만들겠다는 우리의 꿈이 하나하나 영글어 가고 있습니다. 저는 2025년까지 세계적인 물 기술 10개, 수출 1조 원, 일자리 5,000개를 만들겠다는 목표를 세웠습니다. 큰 언덕 대구大邱가 명실상부 글로벌 물 산업 중심 도시가 되고 미래 대한민국을 뛰게 하는 심장이 될 날이 머지않았습니다.

2
로봇산업으로 최첨단 도시를 만들다

로봇산업이 1위로 성장하다

대구와 인근 지역에는 기계금속, 전자, 철강 등 로봇의 기초산업들이 집중적으로 분포돼 있습니다. 게다가 로봇산업진흥원을 비롯한 연구 인프라와 경북대, 대구경북과학기술원DGIST, 영남대, 계명대 등 대학이 밀집돼 있어 로봇산업에 필요한 인재 육성에도 유리합니다. 대구시는 이러한 인프라와 인적자원을 바탕으로 일찍부터 로봇산업을 적극적으로 육성했습니다. 2010년에는 국내 유일의 로봇 관련 국책기관인 '한국로봇산업진흥원'을 유치했고 2017년에는 '로봇산업 클러스터'를 조성하는 등 로봇산업의 성장과 로봇

로봇산업 클러스터 출범식 현장

부품의 경쟁력 강화에 앞장섰습니다.

'로봇산업 클러스터'에는 제품개발에서부터 제품 설계, 시제품 제작, 디자인, 성능평가인증, 사업화, 수출 지원에 이르는 통합기업 지원 체계가 구축돼 있습니다. 덕분에 로봇기업의 경쟁력을 강화하는 것은 물론이고 지역의 로봇 관련 기계와 부품 산업의 경쟁력을 높이는 데 기여하고 있습니다.

대구는 미래를 선점하기 위해 강력한 로봇산업 육성정책을 시행했고 비수도권 중 로봇 분야에서 가장 앞서가는 도시가 됐습니다. 제 임기 중이던 2017년에는 산업용 로봇 생산 분야에서 국내 1위 기업인 현대로보틱스가 울산에서 대구로 이전해 왔습니다. 글로벌 로봇 기업들도 속속 대구를 찾았습니다. 스위스의 ABB와 스토브리, 일본의 야스카와전기, 독일의 쿠카 등이 대구에 터를 잡았습니다. 대구는 국내외 로봇기업이 2014년 48개에서 2021년 말

233개로 확 늘어났습니다. 매출액은 9,194억 원이고 고용인원은 2,700여 명입니다. 2021년을 기준으로 최근 4년 동안 국내 로봇기업의 연평균 매출액은 6.1퍼센트가 늘어났지만 대구의 로봇기업은 43.7퍼센트나 증가하며 매우 빠르게 성장하고 있습니다.

저와 대구시는 로봇산업의 핵심역량을 강화하는 동시에 '글로벌 로봇 네트워크'의 이니셔티브를 확보하는 데도 공을 들였습니다. 그 첫 번째가 세계적인 로봇 클러스터들이 한자리에 모여 글로벌 로봇 시장의 동향과 기술 발전을 협의하고 공동의 발전을 모색하는 '대구 글로벌 로봇 비즈니스포럼'을 개최하는 것이었습니다. 2017년 4개국 5개 로봇 클러스터가 참여한 포럼은 이듬해에 미국, 프랑스, 중국, 러시아, 싱가포르 등 7개국 9개 로봇 클러스터가 참여하는 것으로 확대됐습니다.

이를 바탕으로 2018년 11월에는 대구를 중심으로 출범한 글로벌 로봇 네트워크인 '글로벌 로봇 클러스터'를 창설하고 그 사무국을 대구에 두도록 했습니다. 2023년 현재 23개국 28개의 로봇 클러스터GRC가 가입돼 있고 대구 기업인 아진에스텍의 김창호 대표가 회장을 맡고 있습니다. 글로벌 로봇 네트워크가 세계 최대 규모의 로봇 클러스터로 성장하면 글로벌 로봇 선도도시로서 대구의 위상도 세계에서 더욱 공고해질 것입니다.

글로벌 로봇 기업들이 대구에 둥지를 틀다

앞서 말했듯이 지난 2017년에 국내 1위 로봇 기업인 현대로보틱스 본사가 대구테크노폴리스로 이전했습니다. 좋은 기업을 유치하고 일자리를 창출하기 위해 끊임없이 발로 뛴 지 4년이 채 안 돼 대기업을 대구에 유치할 수 있었습니다. 대구로서는 오랜 한을 풀 수 있었던 순간이었습니다. 시장으로서도 감개무량했습니다. 자꾸만 지역을 떠나 서울을 비롯한 수도권을 찾는 기업들을 허망하게 볼 수는 없었기 때문입니다.

현대중공업 로봇사업부가 독립해서 설립한 현대로보틱스는 당시 중국 진출을 고민하고 있었습니다. 저로서는 민선 6기로 시장에 취임할 때부터 로봇산업을 역점 사업으로 추진하던 터라 이를 놓칠 수 없었습니다. 1년여의 협의를 한 끝에 마침내 현대로보틱스는 대구를 선택했습니다. 5개의 협력업체도 함께 대구에 정착했습니다.

현대로보틱스가 대구를 선택한 배경에는 저를 비롯한 대구시 공무원들의 노력이 전부가 아니었습니다. 그동안 대구가 구축한 자산이 한몫했을 것입니다. 대구에는 로봇산업진흥원이 있어 다양한 로봇산업 진흥정책을 추진하고 있었고, 로봇 기업들을 집적화시키기 위한 로봇산업 클러스터도 조성됐습니다. 이미 로봇산업 분야 세계 3위의 일본 야스카와전기와 세계 4위인 독일의 쿠카 등도 대구를 선택했을 만큼 로봇기업이 연구 활동을 하기 좋은 토양을 갖추고 있었습니다. 우리는 "원하는 용지를 제대로 제공하고 인력수급도 잘되게 하겠다."라며 설득했고 그 약속을 이행하려고 물심양면으로 노력했습니다.

현대로보틱스가 대구를 선택한 또 다른 이유도 있습니다. 그동안 심혈을 기울여 일궈온 노사평화의 도시 이미지와 문화입니다.

로봇산업 육성 전략 보고회(현대로보틱스 공장 내)

현대중공업이 노사문제로 어려움을 겪었던 만큼 현대로보틱스도 독립할 때 지역 선정에 고민이 많았다고 합니다. 우리는 대구시의 노사평화 문화를 적극적으로 설명하고 혹시라도 문제가 생기면 대구시가 함께 해결해주겠다고 약속하면서 설득했습니다.

대구는 오래전부터 노사와 민정이 머리를 맞대고 함께하는 전통이 자리잡고 있었습니다. 노사평화 도시를 만들기 위해 일주일에 한 번씩 시장과 부시장이 노사 지도자를 만나 꾸준히 대화했습니다. 또한 '노사민정 평화 대타협 선언'을 하거나 해외 기업 유치를 위해 외국 출장을 갈 때도 대구상공회의소 회장과 한국노총 대구지역 의장이 동행하면서 '노사평화의 도시'라는 것을 널리 알려왔습니다. 이런 실제적인 노력과 성과가 있었기에 현대로보틱스는 믿음을 갖고 대구로 올 수 있었습니다.

이동식 협동 로봇 규제자유특구로 지정되다

지난 2021년에 문을 연 대구 메리어트 호텔에는 명물 로봇이 있습니다. 대구 메리어트 호텔을 배경으로 인공지능 로봇이 고객의 요청사항을 신속하고 정확하게 제공하는 상황을 보여주는 KT 광고에 등장한 호텔 로봇입니다. 대구에서는 인공지능 호텔 로봇이 맹활약하는 광고 속 상황을 실제로 만나볼 수 있습니다. 대구는 다른 곳에서는 보기 힘든 로봇을 볼 수 있을 만큼 로봇산업이 발전했습니다.

2020년 7월 대구가 미래 로봇산업을 이끌 '이동식 협동 로봇 규제자유특구'로 지정됐습니다. 이동식 협동 로봇 규제자유특구는 2022년까지 국비 148억 원, 시비 63억 원, 민자 29억 원 등 총 240억 원을 들여서 제조업의 생산 현장과 비대면 서비스 현장에서 기존의 규제를 받지 않고 이동식 협동 로봇을 실증하는 사업이었습니다. 이를 위해 2020년 11월에 현대로보틱스, 두산로보틱스, LG전자, 한화기계 등과 협약을 체결했습니다. 2021년 9월부터는 시청 별관과 엑스코에서 이동식 협동 로봇의 비대면 방역 살균 서비스 실증을 시작했습니다. 움직이면서 일하는 서비스 로봇 산업을 대기업과 손잡고 대구가 선점하게 된 것입니다. 대구시는 이동식 협동 로봇의 안정적인 실증을 통해 국내외 표준을 선도하고 융복합 로봇의 활용을 확산시킴으로써 대구뿐만 아니라 국가 로봇산업의 경쟁력 강화에 긍정적인 파급효과를 실현할 것입니다. 이를 통해 대구는 글로벌 로봇산업을 선도하는 명실상부한 로봇 도시가 될 것입니다.

이동식 협동 로봇 규제자유특구는 로봇 분야에서 대기업과 중소기업이 상생 협력하는 시스템을 조성하는 데도 기여하게 될 것입니다. 또한 대구시가 추진하는 물, 의료, 미래 자동차 등 신산업과의 시너지 효과도 기대됩니다. 경제적 효과도 만만치 않습니다. 당시 추산한 바에 따르면 경제적 파급효과가 생산유발효과 2,359억 원, 부가가치 642억 원, 고용 648명에 이를 것으로 예상했습니다.

대구는 대한민국 로봇산업의 선도도시가 됐습니다. 2019년 3월에 문재인 대통령은 '로봇산업 선도도시 육성방안'을 발표하면서 대구를 '로봇산업 선도도시'로 인정했습니다. 이와 때를 맞추어 대구시는 '사람과 로봇이 공존하는 로봇산업 선도도시, 대구'를 비전으로 로봇산업 육성방안을 발표했습니다. 로봇을 통한 삶의 질 개선, 로봇 기반 제조혁신, 서비스 로봇 개발, 스마트 제조혁신 등을 추진하고 있습니다.

2020년 7월에는 대구가 '5G 기반 첨단 제조 로봇 실증기반 구축사업' 공모에도 선정됐습니다. 5G 기반 첨단 제조 로봇 실증기반 구축사업은 5G를 기반으로 한 첨단 제조 로봇 실증센터와 테스트베드를 구축하는 사업입니다. 이를 바탕으로 로봇 소프트웨어의 신뢰성을 검증하고 규제에 대응하면서 표준을 개발해 기술사업화 기업을 지원하는 것입니다.

국가로봇테스트필드를 유치하다

2021년 8월 13일 국가로봇테스트필드 최종입지로 대구가 선정됐습니다. 서울특별시, 부산광역시, 대구광역시, 광주광역시, 경상남도 창원시, 충청남도 등 6개의 광역시·도가 경합을 벌인 끝에 선정된 쾌거였습니다. 국가로봇테스트필드 사업은 로봇계가 공통으로 요구하는 개발단계 로봇의 업무 수행 능력, 안전성 실증 등을 제공함으로써 로봇 제품이 비즈니스로 연결되도록 서비스 로봇 생태계 구축 목적으로 국가적인 차원에서 대규모 로봇 실증인프라를 구축하는 사업입니다. 이로써 대구는 제조 로봇과 협동 로봇에 이어 서비스 로봇산업을 육성할 새로운 기회가 열렸습니다.

글로벌 시장조사업체 카운터포인트가 발표한 연구에 따르면 2021년도 전 세계 서비스 로봇 시장의 출하량은 25퍼센트 성장했으며 향후 2025년까지 4년간 연평균 성장률은 27퍼센트에 달할 것으로 내다봤습니다. 국가로봇테스트필드가 완성되면 대구시는 로봇산업 육성을 위한 전방위적인 인프라를 갖춘 로봇 도시로 도약하게 될 것입니다.

국가로봇테스트필드 사업은 2023년 8월 23일 과기부 산하 과학기술기획평가원에서 진행한 예비타당성 조사를 통과됐고 2024년부터 2028년까지 5년간 1,997억 5,000만 원을 투입해 166,973제곱미터 규모로 구축될 예정입니다. 이를 위해 지난 11월 2일에는 산업통상자원부, 대구시, 한국산업기획평가원, 한국로봇산업진흥원 등 관계기관이 참여하는 국가로봇테스트필드 사업 준비 테스크

포스팀이 구성됐습니다. 테스크포스팀은 국가로봇테스트필드 사업이 우리나라 첨단 로봇산업 육성과 스타트업 비즈니스 활성화의 핵심적인 인프라가 되는 만큼 사전에 추진계획을 구체적으로 마련하고 현장에 맞게 보완하는 한편 사업을 최대한 빠르게 실행하기 위해 구성된 것입니다.

3
미래차 선도도시로 발돋움하다

● ● ● ● ●
전기차 시대를 예감하다

요즘 길에 나가면 전기자동차를 뜻하는 파란색 차량번호판을 단 차들이 곳곳에서 눈에 띕니다. 지금 세계는 친환경 전기자동차 시대로 빠른 속도로 가고 있습니다. 기후환경협약에 따라 이산화탄소가 발생하는 화석연료를 줄여나가야 하는 만큼 친환경적인 전기자동차로 전환해 나가는 것은 막을 수 없는 대세입니다.

세계 자동차 산업을 이끌어온 미국은 적극적인 친환경 정책을 펴겠다고 공언한 바이든 대통령 당선 이후 전기차 시대를 기정사실로 받아들이고 있고 대기오염으로 골머리를 앓는 중국도 친환경적인 전기자동차를 적극적으로 생산해 보급하고 있습니다. 미국과 중국이 가면 세계가 가지 않을 도리가 없습니다. 불과 10년 전만 해도 디젤에 모든 것을 쏟아부었던 유럽의 자동차 메이커들도 2025년 이후에는 내연기관 자동차를 만들지 않겠다고 공약하고 있습니다. 세계 자동차 시장이 축의 변화를 거듭하고 있는 셈입니다.

대구는 우리나라 100대 자동차 부품기업 중 11개 기업이 있는 자동차 부품 산업의 메카입니다. 자동차 부품 산업은 지역 제조산업 중 가장 큰 비중을 차지하는 주력산업입니다. 엔진을 중심으로 2만 개가 넘는 자동차부품을 생산하며 승승장구했습니다. 그러나 디젤이나 휘발유 차량 등 내연기관 자동차가 사라지고 전기자동차로 바뀐다면 어떻게 될까요? 기존의 엔진과 내연기관 등의 부품에만 초점을 맞춰온 기업들은 하루아침에 경쟁력을 잃게 될 게 분명합니다.

대구시장으로 첫 임기를 시작한 이듬해인 저는 2015년 1월 미국 라스베이거스에서 열린 국제전자제품박람회CES에 참여했습니다. 여기에서 저는 문명의 충돌과도 같은 충격을 받았습니다. 세상은 참으로 빠르게 변화하고 있다는 것을 실감할 수 있었습니다. 미국소비자기술협회CTA 주관으로 매년 1월 미국 라스베이거스에서 개최되는 세계 최대 규모의 가전 전시회인 국제전자제품박람회CES는 그해의 정보기술과 전자업계의 화두를 제시하고 시장을 선도할 신기술을 선보이는 전시회입니다. 전 세계 IT와 전자업체 등이 참가해 첨단 기술력과 혁신 제품을 공개하는 각축장입니다. 2015년 제가 본 국제전자제품박람회CES는 미래형 자동차가 메인이었습니다. 세계 최대 규모의 가전 전시회에서 가전제품은 뒤로 밀리고 친환경 전기차들이 주요 부스를 차지하고 있었습니다. 이제 자동차는 기계제품이 아니라 전자제품이 돼버린 것입니다.

대구시는 2013년에 처음으로 대구테크노파크가 9개 기업 규모로 국제전자제품박람회CES에 참가하기 시작했습니다. 2017년부터 대한민국 최초로 대구공동관 부스를 세웠고 2020년부터는 대구·경북공동관을 운영하고 있습니다. 그 해에 430만 달러, 2018년에는 351만 달러, 2019년에는 728만 달러의 현지 수출계약을 체결하며 다른 지역 기업들의 부러움을 사기도 했습니다. 코로나19 대유행으로 디지털 방식으로 개최된 2021년에도 33개 기업이 참여해 340만 달러의 계약을 체결했습니다.

국제전자제품박람회CES 참가는 수출계약뿐만 아니라 앞서 말한 것처럼 미래 신산업을 위한 초석을 다지는 자리입니다. 예컨대 '국제전자제품박람회CES 2020' 행사에서 우리는 모빌아이 창업자인 암논 샤슈아 최고경영자와 자율주행 자동차 기반의 '통합이동서비스산업 육성을 위한 업무협약'을 체결했습니다. 이스라엘에 본사를 둔 모빌아이는 자율주행용 카메라 모듈 업체로 자율주행 핵심 기술인 연상 인식 분야에서 세계 최고의 기술력을 가진 기업입니다. 이 협약을 통해 모빌아이 측은 대구시에 자율주행 솔루션과 서비스 등을 제공하기로 했습니다. 그리고 우리 지역 기업들이 참여해서 자율주행 서비스를 운영하고 대구시는 자율주행 서비스를 위한 제반 사항을 지원하기로 했습니다. 저는 2015년 미국 출장에서 돌아온 뒤 미래형 자동차에 대해 더 많은 공부하기로 마음먹었습니다. 관련 서적을 읽고 전문가들을 만나 토론하고 그리고 글로벌 현장으로 달려가기도 했습니다.

2015년 가을 프랑스와 독일 등 유럽 출장길에 올랐습니다. 미래형 자동차산업과 로봇산업의 글로벌 현장을 둘러보고 협력 방안을 모색하려 했습니다. 당시만 해도 독일과 프랑스를 중심으로 한 유럽 자동차 업계는 디젤차에 집중하고 있다고 알려지던 시기였습니다. 그러나 현장은 듣던 것과는 달랐습니다. 보쉬 등 유럽의 자동차 부품기업들은 우리가 먼 미래라고 생각하던 전기차와 자율차의 연구개발에 박차를 가하고 있었습니다. 지금도 보쉬 엔지니어링사에서 전기차와 자율차의 부품을 탑재하고 도로 테스트를 나서는 자동차들의 행렬을 본 기억이 생생합니다. 그리고 중국 출장에서는 중국이 내연기관을 뛰어넘어서 전기자동차에 집중하고 있음을 확인했습니다.

저는 그 현장을 보고 적잖은 충격을 받았습니다. 당시까지만 해도 국내에서는 내연기관차 생산에 몰입하고 있었고 전기자동차가 상용화된다는 것은 아주 먼 미래의 일로 여겼습니다. 하지만 제가 직접 세계를 다니고 변화의 현장에 가보니 이미 미래가 아니었습니다. 내연기관 부품에만 안주하다가는 대한민국 자동차 산업은 물론이고 대구의 주력산업인 자동차 부품 산업도 완전히 붕괴할지 모르겠다는 생각이 들자 모골이 송연했습니다.

변화와 혁신은 절박함에서 나온다

저는 전기자동차를 비롯한 미래형 자동차 시대가 거부할 수 없는 흐름이라면 대구에서부터 시작해야겠다고 생각했습니다. 우리

기업들이 내연기관 부품 생산 일변도에서 벗어나서 미래형 자동차 부품개발과 생산으로 조속히 전환해 나가야 하기 때문입니다. 그렇게 시작한 것이 미래 자동차 선도 기술개발 사업입니다.

대구시는 한국자동차연구원과 함께 대구의 주력산업인 자동차 부품 산업의 미래차 전환을 위해 2016년부터 5년간 시비 148억 원을 투입해서 우리 기업들이 미래차 선도 기술을 개발하도록 지원했습니다. 23개 기업에 24개 연구개발 과제를 지원해서 75건의 지식재산권을 확보할 수 있었습니다. 2020년부터 2024년까지는 200억 원을 추가로 투입해 전기차와 수소차, 자율차의 핵심부품 개발을 지원하고 있습니다. 국비 지원 없이 시비를 투입한 것은 미래차 부품 산업 육성에 대한 대구시의 의지를 보여주기 위함입니다.

그러나 미래차 산업으로 가는 주체는 기업입니다. 공공은 여건을 조성하고 지원할 수 있을 뿐입니다. 미국과 유럽 그리고 중국 출장을 다녀온 이후 대구를 대표하는 자동차 부품회사 회장님들과 간담회 자리를 마련했습니다. 저는 미국과 유럽의 출장 경험을 소개하면서 하루속히 미래형 자동차 부품 개발에 함께 나설 필요성과 대구시의 지원 방향에 대해 말씀드렸습니다. 하지만 기업들의 반응은 그다지 긍정적이지 않았습니다. 한 기업의 대표가 "시장님의 뜻은 좋으나 우리는 현대자동차가 가지 않으면 갈 수가 없습니다. 현대차가 전기차로 가지 않는데 우리 혼자서 간들 무슨 소용이 있겠습니까?"라고 말했습니다. 솔직한 대답이고 맞는 말이었습니다.

제주도에서 개최된 친환경 자동차 콘퍼런스에서 현대자동차의 기술 담당 임원을 만나서 "세계 자동차 시장은 전기자동차로 급속히 가고 있는데 현대차가 늦은 것 같아서 걱정"이라고 말했더니 대

대구 국제 미래 자동파 엑스포 DIFA

뜸 그분 말씀이 "시장님 우리는 전기차 한 대를 팔면 500만 원을 손해 봅니다."라고 답했습니다. 참 걱정스러워서 "그렇다고 안 가실 겁니까? 현대가 작심하고 만들면 500만 원 남는 전기차를 만들 수 있지 않습니까?"라고 말해 주었습니다.

변화와 혁신은 절박함에서 나옵니다. 현대자동차와 지역의 기업 모두 다가올 미래에 대해 둔감했고 변화와 혁신을 할 만큼 절박하지 않았습니다. 그렇다고 포기할 수는 없었습니다. 변화와 혁신의 의지가 있는 기업을 중심으로 기술개발을 시작하면서 세계적인 자동차 시장의 흐름과 기술 수준을 한눈에 볼 수 있는 기회가 필요했습니다. 또한 기업들에는 새로운 비즈니스의 장을 제공한다면 더할 나위 없이 좋을 듯했습니다. 그래서 글로벌 전시 콘퍼런스부터 만들어서 시작하기로 했습니다. 그래서 만든 것이 대구 국제 미래 모빌리티 엑스포DIFA였습니다.

2017년 대구광역시와 한국자동차 공학회가 주최하고 지능형자동차부품연구원이 주관하는 대구 국제 미래 모빌리티 엑스포DIFA의 첫 번째 콘퍼런스가 대구 엑스코에서 개최됐습니다. 2023년으로 7회를 맞는 대구 국제 미래 모빌리티 엑스포DIFA는 2023년부터 정부 행사로 격상돼 대구시, 국토교통부, 산업통상자원부가 공동주최하는 행사로 규모와 격이 높아졌고 명칭도 대한민국 미래 모빌리티 엑스포로 변경됐습니다. 대구 국제 미래 모빌리티 엑스포DIFA는 그동안 어려운 여건 속에서도 한 번도 중단되지 않고 꾸준히 개최됐습니다.

코로나19의 대유행도 미래 자동차 선도도시를 향한 대구의 꿈과 열정을 막지는 못했습니다. '대구 국제 미래 모빌리티 엑스포 2020'은 온라인과 오프라인이 결합한 하이브리드 형태로 개최됐습니다. 특히 '뉴노멀'을 주제로 8개국 48개 기업과 57명의 연사가 참여한 가운데 열린 전문가 포럼이 눈에 띄었습니다. 이 포럼의 관심사는 단연 자율주행차였습니다. 이때 전 세계 자율주행차 소프트웨어 시장에서 격돌하고 있는 엔비디아와 모빌아이 관계자가 전문가 포럼의 기조 강연자로 참여해 주목받기도 했습니다.

'뉴 모빌리티'를 주제로 열린 전시회에는 지역 자동차부품업체들이 총출동했습니다. 국내외 영업 활동이 위축된 상황을 고려해서 지역 기업을 위한 비즈니스 프로그램도 운영했습니다. 해외 바이어 상담을 위해 온라인 상담장을 별도로 마련했는데 특히 중국 상하이에 상담장을 만들어 엑스포 상담장과 실시간 연결했습니다. 이러한 노력과 지원 덕분에 지역 기업 51개와 7개국 37개의 기업 바이어가 참여해 1,700만 달러의 계약이 성사됐습니다.

2020년 대구 국제 미래 모빌리티 엑스포DIFA에는 세계 1위의 전기자동차 업체인 테슬라가 참여했습니다. 지난 2017년에 열린 국제전자제품박람회CES 참관을 위해 미국을 방문 중이었던 저와 대구시 사절단은 샌프란시스코에 있는 테슬라의 본사를 방문한 적이 있었습니다. 당시 테슬라는 외부인에게 한 번도 공개한 적이 없는 공장 생산라인을 우리에게 직접 안내했고 대구가 미래차 선도 도시로 도약하는 데 협력하겠다고 약속했습니다. 테슬라가 대구와의 협력을 약속했다고 하니 많은 사람이 놀라워했습니다.

테슬라는 그 약속을 지켰습니다. 2017년 대구시가 사상 처음으로 개최한 '대구 국제 미래 모빌리티 엑스포'에 참가한 것입니다. 테슬라는 국내 전시회에서 처음으로 내부에 자체 부스를 마련해 관람객들의 눈길을 사로잡았습니다. 이후 테슬라는 매년 대구 국제 미래 모빌리티 엑스포에 참가했습니다. 2018년에는 신형 전기차 모델X를 국내 최초로 선보이기도 했습니다.

대구 국제 미래 자동차 엑스포는 테슬라, 르노삼성, 닛산, 현대, 기아 등 국내외 완성차 기업뿐만 아니라 자동차부품 기업과 자동차 산업 인재를 양성하는 대학들도 참가하는 국내 최대 규모의 미래 자동차 박람회가 됐습니다. 전기자동차 말고도 전 세계의 미래형 자동차들을 한눈에 만날 수 있었고 완성차 업체 외에도 부품 업체와 튜닝 업체까지 참여해 다양한 볼거리를 제공해주었습니다. 대구지역 부품회사들도 대거 참여해 미래형 자동차의 신부품과 기술을 전시했습니다. 시장을 미리 읽고 준비해온 자랑스러운 지역 기업들의 열정과 노력을 통해 새로운 미래를 볼 수 있어 매년 기대가 더 해 가는 박람회가 되고 있습니다.

무엇보다 대구 국제 미래 모빌리티 엑스포DIFA의 커다란 성과는 지역의 기업들이 전기자동차를 비롯한 미래형 자동차로 전환해야 할 필요성을 절감하게 했고 나아가 우리나라 자동차 산업의 혁신을 이끄는 데 기여할 수 있었다는 것입니다.

세계가 인정하는 전기차 모범도시가 되다

2019년 5월이었습니다. 대구시는 프랑스 리옹에서 열린 제32회 세계전기차학술대회EVS 폐막식에서 '전기차 모범도시상'을 수상했습니다. 그동안 대구시가 전기자동차 보급과 확산에 앞장서고 전기차 연구개발과 생산에 꾸준히 투자하는 등 산업 육성에 기여한 공을 인정받아 수상의 영광을 안게 됐습니다.

세계전기자동차협회는 전기구동 차량의 연구, 개발, 보급의 촉진을 목표로 1990년에 설립된 비영리단체입니다. 유럽AVERE, 미주EDTA, 아시아EVAAP협회로 구성된 세계 최대의 전기자동차협회입니다. 2003년부터 전기자동차산업 발전에 지대한 공헌이 있는 도시와 지역, 커뮤니티에 '전기차 모범도시상'을 수여하고 있습니다. 미주와 유럽, 아시아·태평양 지역에서 전기차 모범도시를 한 곳씩 선정해 2년마다 세계전기차학술대회가 열리는 도시에서 전기차 모범도시상을 주고 있습니다. 2019년에는 아시아 태평양지역은 대구, 유럽은 스페인 마드리드, 미주는 미국 캘리포니아 롱비치가 선정됐습니다.

대구시는 2016년 민간 대상 전기차 보급을 시작한 지 3년여 만에 보급된 전기차가 누적 1만 대를 돌파했습니다. 그리고 2021년 기준 대구의 등록 전기차는 2만 5,000대를 넘어섰습니다. 특·광역시 중에서 인구수 대비 전기자동차 등록 비율이 1위를 유지하고 있습니다. 향후 2030년까지 대구시 등록 차량의 50퍼센트 수준인 50만 대 보급을 목표로 했습니다.

대구시는 전기차를 운행하기에 가장 좋은 도시로도 자리매김했습니다. 2019년에는 국내 최초로 급속 충전 시간이 기존 40분에서 10분으로 단축되는 충전소가 대구에 설치됐습니다. 얼마 전까지 상상조차 할 수 없었던 '전기차 10분대 완충'의 꿈이 세계 최초로 대구에서 실현된 것입니다. 또한 전기차 8대를 동시에 충전할 수 있는 '한전 초급속 멀티 전기차 충전소'를 최초로 유치하고 전기차 공용충전기 3,746기를 구축하는 등 전기차 충전 인프라를 확충했습니다. 동시에 지자체 최초로 설치한 충전기 관제센터를 24시간 운영해서 이용자들의 불편을 빠르게 해결하고 있습니다. 대구시는 2030년까지 전역에 5만 기의 충전기를 설치할 계획입니다.

전기차와 관련한 발 빠른 대응은 지역 기업에도 큰 영향을 끼쳤습니다. 전기차 부품과 관련된 핵심기술을 가진 지역 기업들도 놀라운 발전을 거듭하고 있고, 특히 충전사업 부분은 대구 기업이 전국을 휩쓸고 있습니다. 이러한 전기차 관련 산업의 육성으로 대구는 2018년부터 2022년까지 5년 연속으로 국가 브랜드 대상 '전기차 선도도시' 부문에 선정됐습니다. 대구가 전기차 선도도시라는 사실은 이제 부인할 수 없는 하나의 공식이 됐습니다.

자율주행차의 테스트베드로 주목받다

저와 대구시가 주목한 또 다른 미래형 자동차는 '디지털 융합 산업의 꽃'으로 불리는 자율주행 자동차입니다. 과거에는 공상과학 영화에서는 볼 수 있었던 자율주행 자동차가 이제 눈앞의 현실로 다가왔습니다.

자율주행 경진대회

최근 여러 나라의 자동차기업들이 무인 자율주행 자동차 시험 주행에 성공하는 등 전 세계에서 자율주행 자동차 개발 경쟁이 뜨겁습니다. 글로벌 자동차 시장조사업체 IHS 마킷에 따르면 전 세계 자율주행 자동차 판매는 2021년 5만 1,000대에서 2040년 3,370만 대로 급증할 거라고 합니다. 시장 규모도 2035년 1,348조 원에 이를 것으로 전망하고 있습니다. 대구는 이러한 미래에 대비하기 위해 기꺼이 자율주행 테스트베드가 되기로 했습니다.

2021년 12월에는 테크노폴리스, 대구국가산업단지, 수성알파시티 등 3곳이 국토교통부에서 추진하는 '자율주행 자동차 시범운행 지구'로 선정됐습니다. 이에 따라 민간 기업이 3개 지구에서 규제 특례 허가를 받아 탑승자에게 요금을 받으면서 자율주행을 실증할 수 있게 됐습니다. 대구시는 이를 바탕으로 2021년 산업통상자원부의 '5G 기반 자율주행 융합기술 실증 플랫폼 사업'과 정부의 디지털 뉴딜사업 일환인 '미래차 디지털 융합산업 실증 플랫폼 구축 사업'에도 선정됐습니다.

대구가 자율주행차 테스트베드로 주목받는 것은 이미 갖춰놓은 자율주행 시험 환경 덕분입니다. 대구는 이미 전국에서 유일하게 자율주행 관련 기술개발과 상용화 연구까지 전 주기 기술을 지원할 수 있는 인프라를 갖추고 있습니다. 2014년 대구 달성군 구지면에 국내 최초로 조성된 지능형교통체계ITS 기반 주행시험장인 '지능형 자동차부품 시험장'에서는 첨단 운전자 지원 시스템ADAS 등 차량의 자율주행 기술을 테스트하고 있습니다. 2018년에는 세계적인 자동차기업인 프랑스의 르노그룹이 아시아·태평양 지역에서 최초로 이곳에 차량 시험 센터를 개소할 정도로 높은 신뢰도와 우수한 테스트 시설을 갖추고 있습니다. 르노그룹은 지능형 자동차부품 시험장에서 전기차와 운전자 지원 시스템, 자율주행 등 첨단 기술을 시험하고 개발하는 중입니다.

대구를 미래형 자동차를 위한 테스트베드로 만들고 전폭적인 지원을 한 이유는 분명합니다. 세계적인 미래형 자동차기업을 대구에 유치하기 위한 목적 때문입니다. 대구는 이미 연구개발 능력과 인력, 그리고 기술을 테스트할 수 있는 시험 장소까지 모두 갖췄습니다. 이제 자동차를 생산하면 판매할 수 있는 초기 시장이 열리는 일만 남았습니다.

대구 시민은 전기차에 대한 선호도가 강한 편입니다. 최근 전기차 보급률이 전국에서 단연 1위입니다. 대구가 전기자동차를 생산하는 도시가 되고 대구에서 개발하고 생산하는 전기차가 전국을 넘어 세계로 나아갈 날이 얼마 남지 않았습니다.

4
의료가 도시의 미래 산업이 되다

● ● ● ● ●
의료가 미래산업을 꿈꾸다

지난 2009년 대구시는 의료산업을 미래 먹거리로 정하고 '메디시티 대구'를 선포했습니다. 그때부터 첨단의료복합단지를 조성하고 의료기업과 해외 의료관광객을 유치했습니다. 글로벌 수준의 의료 인프라를 구축하고 원스톱 기업지원시스템을 운영하는 등 의료산업 발전을 위해 여러모로 노력했습니다.

대구는 인구 10만 명당 병원과 의료진, 의과대학생 수가 가장 많은 도시입니다. 상급 종합병원 5개, 종합병원 11개 등 3,700여 개의 병의원과 3만 5,000개가 넘는 병상, 2만 1,000여 명의 보건 인

메디시티대구협의회 이사회

력 등 풍부한 의료 인프라를 가지고 있습니다. 또한 의료 수준도 높습니다. 아시아에서 두 번째로 팔 이식 수술을 성공한 사례를 비롯해 모발이식, 성형, 피부, 한방, 치과, 건강검진 등에서 우수한 의료기술을 보유하고 있습니다.

대구는 양방과 한방이 서로 인정하고 존중하면서 협진하는 도시이기도 합니다. 이러한 상호존중과 협력 문화는 직역과 업종을 넘나들며 손을 맞잡게 했습니다. 대구는 의사회, 치과의사회, 한의사회, 약사회, 간호사회 등 5개 보건 의료 단체, 7개 대형병원, 의료기기협회, 첨복재단 등이 '메디시티대구협의회'로 똘똘 뭉쳐 있는 대한민국에서 유일한 도시입니다.

대구시는 메디시티대구협의회와 함께 시의 중요한 의료정책을 결정하고 병원 간 협업사업을 추진하는 등 의료기관의 경쟁력을 높이고 병원 의료서비스를 혁신하기 위해 힘써왔습니다. 그리고 의료산업도시로 도약하는 데 핵심 기능을 담당하는 대구경북첨단의료복합단지와 의료 연구개발R&D 지구에 국책기관 13개, 의료기업 144개를 유치했습니다. 2020년까지 129개 기업이 입주를 완료했는데 단지 내 본사가 위치한 기업들의 매출액이 연평균 14퍼센트 이상 증가하는 등 지역경제 성장의 견인차로 역할을 하고 있습니다.

메디시티 대구가 대한민국 대표 브랜드가 되다

메디시티 대구는 이제 대한민국을 대표하는 브랜드로 자리매김했습니다. 지난 2015년부터 2022년까지 무려 8년 연속으로 의료도시 부문 '대한민국 대표브랜드 대상'에 선정됐습니다. 대한민국 대표 브랜드 대상은 고객이 대한민국 최고의 브랜드를 직접 평가해 선정하는 국내 최고의 브랜드 시상입니다.

대한민국 대표 브랜드 대상에서 메디시티 대구는 브랜드 선호도와 의료도시 최초 상기도, 인지도, 마케팅 활동 등에서 타 도시에 비해 우수한 평가를 받았습니다. 특히 2021년에 대한민국 대표 브랜드 대상을 받은 것은 코로나19의 대유행으로 큰 위기를 겪었음에도 대구가 그동안 쌓아온 의료도시의 강점을 바탕으로 잘 극복해냈다는 사실을 인정받은 것 같아 더 기쁘게 다가왔습니다.

메디시티 대구가 대한민국 대표 브랜드가 되기까지 지역 의료기관과 산학연이 큰 역할을 했습니다. 2020년 2월에 갑작스럽게 발생한 코로나19 대유행 당시 공공의료만으로 이 재난을 대처할 수 없는 상황에서 오랜 기간 다져온 대구시와 민간 및 공공의료 간의 신뢰와 협력이 위기를 극복하는 바탕이 됐습니다. 신천지 신도 1만여 명 가운데 유증상자 1,243명을 3일 만에 파악하는 등 집단 감염원에 대한 신속한 대응, 드라이브 스루와 이동 검진을 통한 대량 전수조사, 대구시의사회의 비대면 환자 모니터링, 중증 환자와 경증 환자의 분리를 통한 의료자원 관리는 모두 대구가 세계 최초로 적용한 코로나19 대응입니다. 이런 모델이 나올 수 있었던 것은 지난 10여 년간 대구시와 의료계가 운영한 메디시티대구협의회 구성원들의 창의적인 대응과 노력, 헌신 덕분이었습니다. 우리 대구가 'K-방역 모델'을 선도했던 것입니다.

메디시티 대구는 이제 아시아를 넘어 세계적으로 인정받는 첨단 의료도시로 도약해야 합니다. 저는 메디시티대구협의회와 코로나19 대응과 지역 의료산업 활성화 등 여러 부문에서 협업하면서 그 가능성을 봤습니다. 대구의 미래 먹거리는 차곡차곡 쌓이는 중입니다.

첨단의료복합단지의 성장 속도에 놀라다

대구가 첨단 의료산업의 메카 도시, 메디시티로 도약하려는 밑그림에는 첨단의료복합단지가 중심에 있습니다. 대구경북첨단의료복합단지는 대한민국 의료산업을 세계적인 수준으로 도약시키기 위해 지난 2009년부터 조성 중인 산업단지입니다.

동구 신서동 대구혁신도시 내 105만제곱미터의 부지에 있는 첨단의료복합단지에는 임상과 허가, 생산, 마케팅까지 이어지는 의료산업 생태계가 조성돼 있습니다. 정부 지원기관, 연구소, 커뮤니케이션센터와 의료 관련 기업들을 총망라한 곳입니다. 한국뇌연구원, 한의기술응용센터, 첨단의료유전체연구소 등 15개 국책 연구기관과 신약개발지원센터와 첨단의료기기개발지원센터, 의약생산지원센터 등 첨단 기자재를 갖춘 국가 차원의 연구지원시설이 이곳에 자리잡았습니다. 그리고 2021년에는 임상실험센터가 건립되고 대구지방식품의약품안전청까지 입주하면서 임상과 인증 기능까지 모두 갖추게 됐습니다.

2014년만 해도 54개에 불과했던 첨단의료복합단지 입주 기업은 2020년 기준으로 145개로 늘었습니다. 매출도 2014년 1,795억 원에서 2019년 3,385억 원으로 두 배 가까이 증가했습니다. 또한 최근 5년간 고용인원이 27퍼센트 증가했고 2019년 기준으로 전년 대비 의료기기 생산액 증가율 전국 2위, 수출액 증가율 전국 1위를 차지했습니다.

이제 신약과 의료기기 생산을 위한 마지막 단계인 임상시험도 첨단의료복합단지 내에서 진행할 수 있습니다. 60개의 임상 연구 병상을 갖춘 임상시험 전문시설인 '첨단임상시험센터'가 완공돼 첨단의료복합단지의 의료산업 생태계가 더욱 탄탄해질 것입니다. 그뿐만 아니라 첨단의료복합단지에서는 빅데이터와 인공지능을 기반으로 한 고부가가치 의료기술도 집중적으로 육성하고 있습니다.

최초로 외국인 환자 3만 시대를 열다

코로나19 대유행으로 잠시 멈춤의 시간을 가져야 했지만 지난 10여 년간 의료관광을 위해 대구를 찾은 외국인 환자는 꾸준히 증가했습니다. 대구시는 지난 2016년에 전국 비수도권 지방자치단체 중에서 처음으로 의료관광객 2만 명을 유치했고 2019년에는 대구를 찾은 외국인 환자가 비수도권 최초로 3만 명을 돌파했습니다. 2009년에 외국인 환자 유치를 시작한 이후 11년 만이었습니다. 이로써 명실상부한 메디시티 대구의 저력을 확인할 수 있었고 외국인 의료관광객 5만 명 시대를 향한 교두보를 마련할 수 있었습니다.

한국보건산업진흥원이 발표한 '외국인 환자 유치 실적 통계'에 따르면 2019년 한국 의료를 이용한 외국인 환자는 전년 대비 31.3퍼센트 증가한 497,464명이었습니다. 이 중 대구시의 외국인 환자 수는 전체의 6.3퍼센트로 서울과 경기도에 이어 세 번째로 많았습니다. 진료과별로는 피부과와 성형외과가 각각 136퍼센트, 115퍼센트의 높은 증가율을 보였습니다. 국적별로는 중국이 가장 많이 차지하는 가운데 피부와 성형 분야의 주 고객인 베트남과 태국 등 동남아 의료관광객의 증가가 두드러졌습니다.

대구의 외국인 의료관광이 늘어난 것은 그동안 가장 큰 시장인 중국권 의료관광 시장을 확대하기 위한 노력 덕분입니다. 그리고 의료관광 시장 다변화를 위해 동남아권 시장에 공격적인 마케팅을 펼친 결과이기도 합니다. 특히 전체 의료관광객의 21퍼센트를 차

서대구 KTX 역사

지하는 중국은 경제 발전으로 높아진 중국인의 고급 의료 욕구와 여성들의 미용 분야 관심도 증가 등 의료관광 고객층의 수요를 집중적으로 공략한 전략도 주효했습니다. 한한령의 여파로 감소했던 중국인 의료관광객이 2019년 역대 최대 규모로 증가하는 가시적인 성과로 이어진 것입니다.

대구는 접근성의 한계를 가진 내륙도시입니다. 그런데도 전국에서 세 번째로 많은 외국인 의료관광객을 유치할 수 있었던 것은 풍부한 의료서비스 인프라를 적극적으로 활용할 수 있었기 때문입니다. 2009년부터 의료관광산업 육성에 뛰어든 대구시는 메디시티대구협의회와 대구의료관광진흥원, 대구의료관광 창업지원센터 등 전국 유일의 전문기관을 운영하고 있습니다. 그리고 10개국 25개소에 해외 홍보센터를 개소하는 등 선도적이고 적극적인 정책 운용을 통해 대한민국 의료관광산업을 이끌고 있습니다.

코로나19 대유행 등으로 대구의 의료관광산업도 어려움을 겪었습니다. 그러나 코로나19를 극복하며 한층 높아진 메디시티 대구의 위상을 발판으로 포스트 코로나를 대비했습니다. 우선 외국인 환자들이 많이 찾는 의료기관과 관련 인프라가 모여 있는 중구와 수성구 일원을 '의료관광특구'로 지정하는 작업을 추진했습니다. 그 결과로 2021년 11월에 중소벤처기업부 지역특화발전특구 중 '글로벌 의료특구'로 지정됐습니다. 또한 중국인 환자들이 많이 이용하는 치과 의료관광 확대를 위해 특화된 전략을 수립하는 등 차별화된 의료 관광상품과 다양한 의료 체험 공간을 개발하기 위해 노력했습니다. 이와 함께 의료기술의 질을 높여 경쟁 도시와 차별화된 성장 전략으로 대구를 세계적인 메디시티로 만들어가겠다는 의지를 임기 내내 다지고 성과를 창출했습니다.

5
에너지 산업을 신성장 동력으로 삼다

●●●●●
에너지 자립 도시를 꿈꾸다

저는 대구가 에너지 자립 도시가 되기를 바랐습니다. 대구의 신산업 가운데 투자유치와 일자리 창출 효과를 기대하는 분야 중 하나는 에너지 산업입니다. 대구는 일찍이 에너지에 주목했습니다. 2011년에 발생한 전국적인 순환 정전사태를 경험하고 2013년에 세계에너지총회를 개최하면서 분산 전원의 필요성과 에너지 산업의 구조변화에 일찍 눈을 떴습니다. 선도적으로 관련 정책을 추진했습니다.

2021년 '신新기후체제 출범'을 앞두고 온실가스 감축 목표를 설

국제 그린에너지 엑스포 개막식

정하는 등 화석연료 비중을 낮추기 위한 대구시 스마트에너지 자립 도시 확대 정책을 추진했습니다. 대구시 스마트에너지 자립 도시 확대 정책은 '안전하고 깨끗한 에너지'를 통해 온실가스와 기후변화 등 지구의 환경문제를 해결할 수 있는 고효율·저소비 에너지 구조로 전환하는 것입니다.

저는 대구가 도시에서 소비되는 전력 에너지 100퍼센트를 자립화하는 에너지 자립 도시로 조성되는 것을 목표로 했습니다. 대구시는 신재생에너지 등 친환경적인 에너지를 생산하고 이용을 확대하면서 안정적이고 효율적인 에너지 자립 도시의 확고한 기반을 마련했고 에너지 효율화 사업에도 총력을 기울였습니다. 2016년부터 '스마트그리드 확산사업'에 착수해 지역 내 434개소에 전력 에너지 절감 시스템 설치를 완료했습니다. 스마트그리드는 기존 전력망에 정보통신기술을 적용해 전력 공급자와 소비자가 실시간 정보를 교환함으로써 에너지 효율을 극대화하는 전력망입니다. 이 사업으로 평균 7.1퍼센트의 전력을 절감할 수 있었습니다.

'국가산업단지 블록형 마이크로그리드 구축사업'도 2019년 3월에 완료했습니다. 326억 원이 투입된 마이크로그리드 구축사업은 미래 에너지 위기와 기후변화에 대응하려고 전 세계가 강력히 추진하고 있는 신기술입니다. 소규모 지역에서 전력을 자급자족할 수 있는 작은 단위의 지능형 전력 시스템입니다. 새로운 부가가치를 창출하고 에너지 산업의 변혁을 가져올 것으로 기대되는 혁신적인 전력 공급 시스템으로 평가받고 있습니다.

대구시가 에너지 자립과 관련한 다양한 사업을 펼친 덕분에 2014년 3.5퍼센트에 불과했던 전력 자립률을 2019년에는 19퍼센트까지 끌어올릴 수 있었습니다. 그리고 2030년까지 대구의 필요 전력 2.5기가와트를 태양광, 연료전지, LNG 발전 등 청정에너지로만 자체 생산해서 전력 에너지 100퍼센트 자립하는 것을 목표로 삼았습니다. 대구 전역에 청정에너지 시설과 스마트그리드 시스템을 설치하면 대구는 모든 미래 청정에너지 기술을 총망라하는 산업관으로 변모하게 됩니다. 그뿐만 아니라 청정에너지를 생산하는 세계의 기업들이 신기술을 개발할 때 대구에서 비교하고 평가받는 등 자사의 기술개발과 접목을 시도할 수 있는 환경을 구축해 전 세계에서도 주목받는 에너지 자립 도시를 만드는 게 계획이었습니다.

탄소중립 선도도시로 거듭나다

　지금 전 세계는 포스트 코로나 시대에 대비해 친환경을 추구하고 지속가능한 성장을 도모하며 저탄소 경제로 전환하는 추세입니다. 스웨덴, 영국, 프랑스, 덴마크, 뉴질랜드, 헝가리 등 세계 곳곳에서 '탄소중립'을 법제화했습니다. 그밖에도 유럽, 중국, 일본 등 주요국들은 탄소중립Net-Zero 목표를 선언했습니다. 탄소중립은 온실가스 발생량에 상응하는 온실가스 감축 활동을 통해 온실가스 순 배출량을 '제로'로 만드는 것입니다. 2016년에 발효된 파리기후협정 이후 121개 국가가 '2050 탄소중립 목표 기후동맹'에 가입하는 등 전 세계의 화두가 됐습니다.

　지구는 지난 110년 동안 기온이 0.8도 상승하는 기후변화를 겪었습니다. 그러자 자연으로부터의 경고 메시지가 강력하게 울렸습니다. 폭염, 한파, 폭설 등 이상 기후로 나타났습니다. 특히 코로나19 대유행을 통해 인류가 자연을 파괴하면 어떤 혹독한 대가를 치르게 되는지 뼈저리게 깨달아야만 했습니다. 이제 기후변화에 대한 적응과 탄소중립은 남의 일이 아닌 우리 모두의 문제가 됐습니다. 인류생존에 필수적인 요소로 받아들여야 합니다. 경제, 사회, 환경 등 모든 분야에서 바뀌어야 합니다. 기후 위기로부터 시민의 건강과 안전을 지키는 것이 정부의 최우선 과제가 됐습니다.

　2020년 12월, 우리 정부도 '2050 탄소중립 비전'을 선언하고 '2050 탄소중립 추진전략'을 발표했습니다. 또한 정부는 '그린뉴딜 정책간담회'를 통해 '국내 RE100 이행 지원방안'을 발표하고 기업 등 전기소비자가 재생에너지 전기를 선택적으로 구매해 사용할 수 있는 '한국형 RE100 제도'도 본격적으로 도입했습니다. 'RE100'은 기업이 사용하는 전력의 100퍼센트를 재생에너지로 충당하겠다는 캠페인입니다. 이 캠페인에 SK그룹 8개 기업, LG화학 등 우리나라 대기업들도 가입했습니다. 대구에서도 엘앤에프 등 지역 2차전지 핵심 부품기업들이 RE100에 대한 대응을 준비했습니다.

지방 정부들도 탄소중립을 위해 힘을 모았습니다. 2020년 7월에 대구시의 주도로 자발적 탄소중립 활성화를 위한 '탄소중립 지방정부 실천연대'를 발족했습니다. 제가 2020년과 2021년에 시도 대표로 선임됐습니다. 탄소중립 지방정부 실천연대가 출범한 이후에 17개의 모든 광역지자체와 63개 기초지자체가 2050년까지 탄소중립 실현을 위해 기후 위기로부터 안전하고 행복한 삶을 영위하도록 모든 행정력을 동원하고 있습니다.

대구는 자타가 공인하는 탄소중립의 선도도시입니다. 국내에서뿐만 아니라 해외와의 연계에도 적극적으로 나섰습니다. 2021년 4월에는 탄소중립 이행을 다짐하는 국제 캠페인인 '레이스 투 제로Race To Zero'에도 가입했습니다. 레이스 투 제로Race To Zero 캠페인은 세계 각국의 지방정부와 기업, 도시, 지역, 투자자 등 비국가 주체들이 2050 탄소중립 달성 목표를 공표하고 이행을 약속하는 캠페인입니다. 2022년 6월 기준으로 총 1만여 개의 주체들이 참여했습니다. 1,200여 개의 도시와 1,100개 교육기관, 550여 개의 금융기관, 52개 지역 등으로 구성됐습니다. 우리나라도 2022년 7월 기준으로 21개의 도시가 참여했는데 그중에서 대구는 이 캠페인에 국내 최초로 참여했습니다.

대구시가 첫발을 내디딘 레이스 투 제로 캠페인은 탄소중립의 미래로 가는 장거리 레이스가 될 것입니다. 레이스 투 제로 가입 도시는 친환경적인 생활 확산, 친환경 연료로의 전환, 탄소 제로 건물의 보급, 청정에너지 생산 등을 약속하고 이행해야 합니다. 또한 매년 탄소중립 이행 성과를 국내외에 공개하고 우수 사례를 공유합니다.

대구시는 앞으로 '2050 탄소중립 전략'을 수립해 탄소중립 지방정부 실천연대 사업을 발굴해 현장에 계속 적용해나갈 것입니다. 대구의 산업과 교통 분야 등에서 사용되는 화석에너지를 친환경 그린에너지로 전환하고 자원 재이용과 도시재생을 도시 문화로 정착시키는 것이 밑그림이었습니다. 또한 도시 숲 조성과 제로 에너지 인프라 구축을 통해 지역이 주도하는 탄소중립 선도도시 대구를 시민들과 함께 만들어가는 것으로 미래를 지향하는 대구의 기틀을 다졌던 것입니다.

수소와 2차전지 산업을 육성하다

최근 전 세계적으로 친환경 에너지인 태양광과 풍력 등 재생에너지, 수소에너지, 2차전지 시장이 급성장하고 있습니다. 유럽연합과 미국 등 주요국들은 새로운 시장을 선전하려고 투자를 확대하는 중입니다. 특히 불과 2~3년 전만 해도 생소했던 수소 산업은 탄소중립의 핵심으로 꼽히며 산업 지형도를 바꾸고 있습니다. 수소는 연소시켜도 산소와 결합한 후 다시 물로 바뀌기 때문에 고갈될 우려가 없고 배기가스도 나오지 않습니다. 환경 규제 강화로 수소 에너지 수요가 급격히 증가하면서 앞으로 친환경 에너지원인 수소 없이는 지탱하기 힘든 산업생태계가 조성될 것으로 보입니다.

수소 산업은 차량, 열차, 선박, 드론, 건설기계 등 수송 분야와 전기, 열 등 에너지 분야에 이르기까지 다양한 미래 산업을 창출할 수 있습니다. 또한 수소의 생산, 저장·운송, 활용 등 가치사슬 전반에 걸쳐 다양한 산업과 연계할 수 있습니다. 특히 협력 부품이 많기 때문에 대부분 중소기업인 수소차와 연료전지 협력 부품업체들의 성장과 고용 창출로도 연결될 수 있습니다.

대구는 수소 산업을 주도할 수 있는 핵심 기업인 한국가스공사 본사가 있습니다. 수소 산업을 육성할 수 있는 좋은 여건을 확보한 것입니다. 우선 대구시와 한국가스공사는 2024년 준공을 목표로 하는 900억 원 규모의 'K-R&D 캠퍼스 구축사업'은 에너지 연구, 수소 유통, 기술 지원, 홍보·교육, 상생협력 기능이 집적된 복합공간을 건립하는 프로젝트입니다. 한국가스공사의 수소 인프라 핵심 사업이자 지역 수소 산업생태계 구축의 디딤돌이 될 중요한 사업으로 대구의 수소 사회 진입을 알리는 신호탄이 될 전망입니다. 앞으로도 한국가스공사와 협력해서 연구개발 분야, 부품개발 중점 투자, 인력양성 등 수소 산업 지원 기반을 강화하면서 장기적으로 암모니아와 바이오가스를 활용하는 그린수소 기반 구축, 에너지 저장 등 수소 산업 융합 신산업 거점화를 추진해 대구를 친환경 에너지 산업 육성의 기반 도시로 만드는 게 꿈입니다.

친환경 에너지 산업으로 2차전지 산업도 빼놓을 수 없습니다. 흔히 '배터리'라고 불리는 2차전지는 외부의 전기 에너지를 화학 에너지의 형태로 바꾸어 저장해 재사용할 수 있게 만든 전지입니다. 2차전지는 스마트폰을 비롯한 휴대기기와 전기자동차 등에 사용되고 2021년 현재 가장 쉽게 접할 수 있는 리튬이온충전지가 2차전지에 해당합니다. 2차전지는 재사용이 불가능한 1차전지보다 경제적이고 환경친화적인 장점을 갖고 있습니다.

대구시는 2차전지 산업 기반 조성을 위해 2021년 1월에 대구기계부품연구원DMI 내 에너지정책 컨트롤타워 기능을 수행하는 '에너지산업지원센터'를 설립했습니다. 또한 달성2차 폐기물 부지에는 '에너지융합산업클러스터'를 조성할 계획을 세웠습니다. 에너지융합산업클러스터에는 2차전지 기업 5~10개 곳을 유치하고 테스트베드를 구축해서 제조 기반 2차전지 기업을 집적화하고 연관 산업을 융합화하게 됩니다. 그리고 한국기계전기전자시험연구원, 지역 기업 등과 힘을 합쳐 2차전지 재사용RE-USE 인증센터도 건립할 예정입니다. 인증센터에는 2차전지 재사용 인증을 위한 장비와 테스트-플랫폼을 구축하게 됩니다. 그뿐만 아니라 신뢰성과 안정성이 보장된 2차전지 재사용 기술을 확보해 신산업을 육성하도록 했습니다.

지역 기업도 친환경 에너지 산업에 적극적으로 뛰어들었습니다. LG화학과 삼성SDI 등에 전기차 배터리의 핵심 소재인 양극재를 제조해 납품하는 지역 기업인 엘앤에프는 2,500억 원을 투자해 대구국가산업단지에 2차전지용 양극재 생산 공장을 추가할 예정입니다. 엘앤에프는 전기차 시장이 확대되면서 급성장해 대구의 산업지도를 바꾸어놓고 있습니다. 현재 우리 대구 기업 중에서 주식시장에 상장한 기업은 53개가 있는데 시가 총액 1위는 엘앤에프입니다. 몇 년 전만 하더라도 대구은행이나 자동차 부품기업이 1위를 차지했던 것과 비교하면 놀라운 변화입니다. 최근 엘앤에프는 대구시와 대규모 투자협약을 체결했습니다. 그동안 엘앤에프는 구지1, 구지2, 구지3 공장 4만 4,000여 평에 1조 1,000억 원을 투자했는데 이번 협약으로 엘앤에프는 2조 5,500억 원을 추가 투자해서 대구국가산업단지 2단계 구역의 17만 평 부지에 대규모 2차전지 소재 클러스터를 신규 조성키로 했습니다.

세계가스총회를 성공시키다

지난 2014년 4월이었습니다. 독일 베를린에서 열린 국제가스연맹IGU 총회에서 진행된 '제28차 세계가스총회WGC' 차기 회장 및 개최국 결정을 위한 투표에서 대구가 과반이 넘는 득표를 얻어 최종 유치국으로 선정됐습니다.

세계가스총회는 국제가스연맹이 주최하는 3대 국제회의 중 하나입니다. 1931년에 시작돼 3년마다 세계 각국에서 5일간 개최됩니다. 세계가스총회는 전 세계 90개 나라에서 에너지 장관, 기업 CEO, 가스 전문가 등 6,000여 명이 참여해 가스와 에너지에 관한 정보를 나누고 가스 산업의 발전을 도모하는 자리입니다. 1만 5,000여 명의 전시 관람객이 찾는 세계 가스업계 최대 행사로 1,200억 원의 경제적 파급효과와 함께 2,500여 명의 고용 유발 효과가 기대됩니다.

대구시는 세계가스총회를 유치하기 위해 중앙부처인 외교부와 산자부 그리고 한국가스공사 등과 협조체제를 구축해 개별 국가를 대상으로 적극적인 유치 활동을 펼쳤습니다. 국제가스연맹총회에 참가한 정회원 80여 개의 나라 가운데 한국, 노르웨이, 러시아, 중국 등과 치열한 경합을 벌인 끝에 대구가 제28차 세계가스총회 개최도시로 선정됐습니다.

대구가 세계가스총회를 유치하면서 우리나라는 2018년부터 2021년까지 3년간 세계가스총회 의장국이 돼 국제사회에서 위상을 높일 수 있었습니다. 특히 대구는 2013년 세계에너지총회에 이어 2개의 에너지 관련 세계적인 총회를 개최하게 되면서 명실상부한 에너지 중심도시의 명성을 다지게 됐습니다.

세계가스총회 개최 시기가 다가오면서 대구시의 고민은 깊어졌습니다. 애초 총회를 유치하면서 현재 1만 5,000여 제곱미터인 1층 전시 면적을 두 배인 3만 제곱미터 이상으로 확장하기로 세계가스연맹과 약속했기 때문입니다. 그 약속을 지키려면 현재의 전시관 규모의 제2전시관을 지어야 했습니다. 단기간에 대구시에서 2,000억 원가량의 재정을 마련하는 것도 부담스러웠지만 과연 세계가스총회 이후에 전시관 활용의 수익모델을 만들 수 있느냐도 걱정거리였습니다. 그러나 세계가스연맹과의 약속을 이행하지 못하면 세계가스총회를 반납해야 하는 상황이었습니다. 세계가스총회 개최지가 대구로 결정되자 그동안 파리, 동경, 워싱턴 등 주요국들의 수도에서 주로 개최됐는데 대한민국의 지방 도시인 대구에서 개최하는 것에 대한 회의론이 이미 생겨나던 무렵이었습니다. 대구의 자존심이 걸린 문제이기도 했습니다.

많은 고민과 대내외 전문가 대책 회의 끝에 제2전시관을 짓기로 했습니다. 무엇보다 그렇게 치열한 경쟁을 통해서 유치했고 세계와 약속했던 사안을 인제 와서 무산시킬 수는 없었습니다. 그리고 이 총회를 통해서 대구가 수소를 중심으로 한 미래 에너지 산업의 선도도시로 도약할 수 있는 발판을 만든다면 충분한 경제적 가치도 있을 뿐만 아니라 향후 전시장 활용과 수익모델에 대해서도 긍정적인 대안들을 마련했습니다. 엑스코 제2전시관의 위치로는 여러 장소를 검토한 끝에 제1전시장 바로 옆의 상업지역 부지 전체를 매입해서 짓기로 했습니다. 비록 부지 매입대금은 다른 부지에 비해 비쌌지만 제1전시관과의 편리한 이동 동선이 가능하고 향후 활용도 면에서 훨씬 더 큰 이점이 있다는 것을 고려했습니다. 제2전시관을 건립하는데 대략 2,800억 원의 예산이 2년여에 걸쳐서 투자됐습니다. 이로써 세계가스총회 개최를 위한 공간적 준비는 마쳤습니다.

코로나19로 인해 2021년에 개최될 예정이었던 제28차 세계가스총회는 1년 연기돼 2022년 5월에 개최됐습니다. 전 세계 80개국에서 해외 4,500여 명을 포함한 약 2만 명 이상이 참석했습니다. 코로나19 대유행에서 일상 회복이 된 이후 국내에서 대면으로 열린 행사로서는 최대 규모의 국제행사였습니다. 개회식은 윤석열 대통령을 비롯한 정부 부처 관계자들과 관련 기관 및 기업 대표들이 참석해 성황리에 이루어졌습니다. '싱크 어 뉴 에너지THINK a NEW ENERGY'라는 슬로건으로 다양한 차별화된 친환경 에너지 기술이 소개되는 등 '천연가스가 이끄는 지속 가능한 미래'를 위해 여러 정부, 기업, 단체 등에 속한 전문가들이 천연가스 역할을 분석하고 실현할 수 있는 탄소중립을 위한 방안을 논의했습니다. 특히 우크라이나-러시아 전쟁으로 글로벌 자원 수급의 불확실성이 커짐에 따

세계가스총회 개회식

른 가스 시장의 변화와 에너지 안보 확보에 대해 글로벌 가스업계 리더들이 한자리에 모여 활발하게 토론하기도 했습니다.

  이제 에너지 산업의 패러다임이 급속도로 바뀌고 있습니다. 제28차 세계가스총회는 이 시기에 천연가스의 잠재성과 환경 리더십, 시장 확대, 가치 창출 등을 모색하면서 대구가 국내뿐만 아니라 전 세계에서도 앞서가는 친환경 에너지 산업의 선두 주자로 자리매김하는 중요한 분기점을 마련한 행사였습니다.

6
스마트 시티 대구의 꿈이 영글다

••••• 스마트 시티 선도도시를 꿈꾸다

　스마트시티는 첨단 정보통신기술을 이용해 도시에서 유발되는 교통 문제, 환경문제, 주거 문제, 시설 비효율 등을 해결함으로써 시민들이 편리하고 쾌적한 삶을 누릴 수 있도록 하는 '똑똑한 도시'를 뜻합니다. 하지만 그동안 기술적인 관점에서만 접근하다 보니 시민 참여가 부족하고 삶의 문제와 결합이 안 되는 등 기술만 구현하고 사장된 사례가 많았습니다. 스마트 시티는 시민의 삶과 밀접하게 결합해야 성공할 수 있고 지속가능한 도시가 될 수 있습니다. 그래서 대구시는 기술 구현에만 그치지 않고 10년을 내다보

스마트 시티 국제표준 인증서 수여식

고 스마트 시티를 구축하기로 했습니다.

대구시는 2016년부터 '시민이 행복한 대구형 스마트시티 구현'이라는 비전을 품고 스마트 시티 사업을 선도적으로 추진했습니다. 그때는 아직 다른 도시들은 관심을 가지지 않을 때였습니다. 대구시는 지자체 최초로 2017년 1월에 스마트 시티 전담 조직을 신설하고 2018년에는 '대구 스마트시티 조성 및 운영 조례'를 제정했습니다. 이를 토대로 '2030 미래성장 플랜' 등 체계적이고 지속가능한 스마트시티 추진전략을 수립해 스마트 시티 기반 조성에 나섰습니다.

다른 도시보다 빨리 시작한 덕분에 대구는 스마트시티 선도도시로 우뚝 설 수 있었습니다. 2020년 11월에는 국내 도시 중에서 처음으로 세계경제포럼의 'G20 글로벌 스마트시티 연합'에 가입하며 영국 런던과 스페인 바르셀로나, 캐나다 토론토 등 전 세계 스마트시티들과 어깨를 나란히 하고 있습니다.

　이러한 대구의 선도적인 행보는 국내외에서도 인정할 정도였습니다. 2018년에는 국토교통부의 '스마트시티 혁신성장동력 프로젝트 실증도시'와 과학기술통신부의 '기가코리아 5G 실증도시'로 선정됐고 2019년에는 국토부로부터 스마트도시 시범 인증도 획득했습니다. 또한 글로벌 시장분석 전문기관 IDC가 주관하는 '스마트시티 아시아태평양 어워드'에서 2018년과 2019년, 2021년에 최우수상을 받았습니다. 스마트시티 아시아태평양 어워드에서 3회 수상한 도시는 전국 지자체 중에서 대구가 유일합니다. 2020년에는 스마트시티 국제 인증기관인 영국표준협회BSI로부터 스마트시티 국제표준(ISO37106)을 인증받았습니다.

쿠팡이 최첨단 물류센터를 짓다

　2019년 4월 17일 전자상거래업체 쿠팡이 대구국가산업단지에 3,100억 원을 투자하겠다고 공식 발표했습니다. 감개무량했습니다. 4년간 흘린 구슬땀이 마침내 결실을 보았기 때문입니다. 대한민국에서 새로운 도전을 하려면 발목을 잡는 것들이 정말 많다는 것을 4년 동안 무수히 겪어야 했습니다. 첫 만남부터 걸림돌이 됐던 규제를 푸느라 백방으로 뛰어다니고 투자유치까지 받아내는 데 꼭 3년 5개월이 걸렸습니다.

　쿠팡과의 첫 만남은 2015년 11월 11일로 거슬러 올라갑니다. 쿠팡이 최첨단 물류센터를 대구에 짓겠다며 투자 의사를 밝히자마자 한달음에 서울 강남구에 있는 쿠팡 본사를 찾아갔습니다. 이날 쿠팡의 김범석 대표를 만나 대구의 입지 강점 등을 설명한 후 쿠팡과 투자협약MOU을 체결했습니다.

투자협약까지 전광석화로 맺었지만 일이 순탄하게 흘러간 것은 아닙니다. 금세 '규제'라는 장벽에 부딪혔습니다. 쿠팡은 대구 달성군 대구국가산업단지 내 '산업시설용지'에 입주하기를 원했습니다. 하지만 산업통상자원부로부터 제동이 걸렸습니다. '전자상거래업'은 입주할 수 없다고 통보한 것입니다. 현행법에 따르면 국가산단에 입주할 수 있는 업종은 제조업뿐이기 때문에 물류 시설은 입주할 수 없었습니다. 이후 대구시는 산업통상자원부를 상대로 부당함을 호소했지만 번번이 퇴짜를 맞기만 했습니다.

더 이상 입지 규제가 풀릴 것 같지 않자 우리는 고민 끝에 묘책을 내놓았습니다. 산단 내 산업시설용지를 지원시설 용지로 바꾸는 방안이었습니다. 입지 규제를 없애는 것 자체가 안 되니 '용지 변경'을 통해 투자를 끌어내겠다는 발상의 전환이었습니다. 그러나 이마저도 소관 부처인 국토교통부가 난색을 드러냈습니다. 계속된 정부 부처들의 퇴짜에 좀처럼 출구를 찾지 못했지만 우리는 포기하지 않았습니다. 용지 변경을 위해 2년 넘게 설득했고 결국 2018년 12월 국토교통부는 산업입지정책심의회를 통해 '지원시설 용지' 변경을 승인했습니다. 마침내 쿠팡은 대구국가산업단지 지원시설 용지에 연 면적 27만 5,800제곱미터 규모의 최첨단 물류센터를 짓겠다고 공식 발표했습니다. 쿠팡 대구센터는 축구장 46개 크기로 엄청난 규모를 자랑합니다. 기존 물류센터 전체면적의 4분의 1이나 되는 쿠팡 역대 최대이자 최고의 물류센터입니다.

쿠팡 대구첨단물류센터 준공식

쿠팡 대구센터는 산업단지에 대한 규제개혁의 모델이자 큰 성취입니다. 대한민국 기업사에 새로운 획을 긋는 과감한 규제개혁을 이뤄냈고 기업의 새 터전을 만들 수 있었습니다. 이처럼 대구시의 규제개혁 성과는 지역경제 활성화의 마중물 역할을 톡톡히 했습니다. 빠르게 변화하는 산업생태계와 달리 법령이나 제도가 변화를 따라가지 못하면서 일선 현장에서 부딪히는 규제를 개혁하기 위해 대구시가 적극적으로 나선 끝에 이뤄낸 성과입니다.

대구경북연구원은 총사업비 3,200억 원이 투입되는 쿠팡 대구센터 건립이 8,300억 원 규모의 생산과 부가가치 유발효과를 끌어낼 수 있을 것으로 분석했습니다. 아울러 신규 일자리 창출과 여성·중장년층을 중심으로 한 지역민 채용도 늘어나 달성지역과 대구시민들의 가계소득 증대에도 크게 기여할 것입니다.

수성알파시티를 테스트베드로 만들다

대구시가 스마트시티 정책을 추진하면서 가장 중요하게 생각한 것이 있습니다. 바로 시민이 체감할 수 있는 스마트시티 서비스 모델을 개발하고 테스트베드 전략을 통해 산업을 육성하는 것입니다.

먼저 세계 최고의 스마트시티 테스트베드를 목표로 30만 평에 이르는 수성알파시티에 스마트시티를 시범적으로 조성했습니다. 2017년부터 2018년까지 진행된 1단계에는 교통과 에너지, 생활, 안전, 기반 시설 관리 등 5개 분야에서 자율주행, 지능형 도보 안전 시스템, 도로 위험 정보제공, 불법 주정차 단속 CCTV, 전기차 충전기, 스마트워킹, 스마트가로등, 차량번호 인식 CCTV, 지하 매설물 관리시스템 등 13개 서비스를 구축했습니다. 이후 1단계 구축을 기반으로 과학기술통신부에서 추진하는 '5G 기반 스마트시티 서비스 개발사업'에 'CCTV 기반 지능형 도로 안전 지원 서비스'와 '드론 기반 공공시설물 관제 서비스' 등 두 개 과제가 선정돼 2018년부터 3년간 328억 원 규모의 스마트시티 서비스를 지역에서 실증할 수 있었습니다. 또한 국토교통부 국가 실증도시로도 선정돼 2018년부터 5년간 도시문제를 해결하고 시민 중심의 혁신 모델과 도시 데이터를 통합적으로 관리하는 '혁신성장동력 프로젝트 연구개발'도 실증하고 있습니다.

또한 대구는 도시 전체를 스마트시티 테스트베드로 만든다는 계획을 추진해왔습니다. 카카오모빌리티 등과 함께 인공지능 기반 도심 교통서비스 스마트시티 챌린지에 선정돼 인공지능 기반 신호

대구시-경찰청 스마트교통 및 사회안전체계 구축 협력 업무협약

제어, 교통 분산 유도, 보행자 주의 알림 서비스 등을 실증하고 있습니다. 그리고 수성알파시티를 대구형 스마트시티 선도모델로 조성한 후에 안심뉴타운과 금호워터폴리스, 대구대공원, K-2 군 공항 이전부지 등으로 확산시켜 완성형 스마트시티로 만들어나갈 것입니다.

● ● ● ● ●
정보통신기술로 융합 생태계를 확대하다

코로나19의 영향으로 전 세계적으로 제조업이 침체를 겪고 있습니다. 반면에 정보통신기술ICT을 활용한 사회문제 해결 관련 시장은 확대될 전망입니다. 우리나라에서도 뉴노멀 시대 경제와 환경 변화에 대응하기 위해 데이터, 네트워크, 인공지능 인프라 구축,

대한민국 ICT 융합 엑스포 개막식

비대면 산업 육성, SOC 디지털화, 인공과 클라우드 등 강점 분야를 집중적으로 육성하고 있습니다. 2025년 정보통신기술 산업은 약 495조 원 규모로 성장할 것으로 전망합니다.

현재 전국의 7만 3,000여 개 정보통신기술 융합기업 중 절반 이상이 서울과 경기에 집중돼 있습니다. 대구는 3.7퍼센트인 2,741개 기업이 있습니다. 최근 사물인터넷 등 디지털 기술의 융·복합화로 대구의 정보통신기술 융합산업 연평균 부가가치 성장률은 25.88퍼센트입니다. 전국 평균인 7.6퍼센트를 대폭 상회합니다. 특히 2014년 이후의 성장세가 높습니다. 그 배경에는 비수도권 최대의 소프트웨어 집적단지인 'SW 융합클러스터'가 있습니다. 수성 알파시티에 들어선 'SW 융합클러스터'에는 2021년 현재 68개 기술 기업이 있습니다. 소프트웨어 품질 검증과 인증 지원 등 소프트웨어 산업의 품질 역량 강화에 필요한 서비스를 지원하는 핵심 시설인 'SW융합기술지원센터'와 공공 임대형 지식산업센터인 'SW

융합테크비즈센터' 등 우수한 기업 지원 기반 시설을 갖추고 있습니다.

　SW 융합클러스터는 앞으로 대구를 대표하는 정보통신기술 기업을 육성하기 위해 인공지능, 사물인터넷, 클라우드 등 신기술 중심으로 전환할 수 있도록 지원하고 성장세에 있는 기업을 집중적으로 육성해나갈 계획입니다. 또한 'SW진흥단지' 지정 등을 통해 SW 융합클러스터가 전국적인 차원의 지역 거점이 될 수 있도록 다양한 지원 정책을 강화해 스마트시티의 모범도시이자 선도도시로 발돋움할 것입니다.

대구에서 출발해서
위대한 대한민국을 만들어간다

3장

혁신의 목표는 시민행복이다

1
민생을 최우선으로 삼다

대구행복페이가 대박을 치다

'대구행복페이'가 흥행 돌풍을 일으키며 다 함께 잘사는 상생의 가치가 실현되고 있습니다. 대구행복페이는 지역 자금의 역외 유출을 막고 지역경제를 활성화하기 위해 대구시가 발행하고 대구지역에서만 사용할 수 있는 지역화폐입니다.

2020년 6월에 출시된 대구행복페이는 2021년 6월 중순 기준 47만 3,856명이 사용했습니다. 충전 금액은 5,256억 원에 달했습니다. 2021년 발행 규모 1조 원의 50퍼센트 이상이 반년도 지나지 않아 소진된 것입니다. 행복페이를 이용하면 충전 금액의 10퍼센

삼성전자 대구행복페이 모바일 간편결제 도입 협약식

트가 할인돼 90퍼센트만 실제 부담하면 되는 혜택이 인기 비결로 꼽혔습니다.

대구행복페이 1,000억 원을 발행하면 경제적 파급효과는 2,000억 원, 소상공인 매출 증가에 따른 고용 증가는 2,100명으로 예상됐습니다. 2020년에는 3,507억 원이 발행돼 생산유발효과 3,582억 원, 부가가치유발효과 1,870억 원, 취업 유발효과 5,811명, 지역내총생산 0.36퍼센트 개선 효과가 발생한 것으로 분석됐습니다. 특히 코로나19로 어려움을 겪는 시민들과 소상공인에게는 희망이 되고 지역경제의 활력소로 작용했습니다.

대구행복페이가 흥행에 성공하면서 대구행복페이 공카드 발급 장소도 다양해졌습니다. 기존의 DGB대구은행 영업점과 DGB 셀프창구에서만 발급하던 것이 141개 행정복지센터와 7개 관광안내소 등 공공기관으로 확대돼 접근성이 좋아졌습니다. 대구시는 시민들의 카드 사용 불편을 줄이는 방안도 계속 모색했습니다. 마그

네틱 카드 방식인 대구행복페이에 IC칩을 탑재해 결제 편의성과 보안을 동시에 강화하고 QR결제와 삼성페이 등록 기능도 도입을 추진했습니다.

2021년 2월에는 코로나19로 인한 사회적 거리두기로 매출 감소 등의 피해를 겪은 소상공인을 위해 행복페이 카드 수수료를 환급했습니다. 그리고 그 해에 대구행복페이 가맹점 가운데 식당과 실내 체육시설, 학원 등 집합 금지와 영업 제한 업종도 연 매출 기준 제한 없이 대구행복페이 매출로 발생한 카드 수수료 전액을 지원했습니다. 지원 대상 가맹점 수는 모두 6만여 업체로 지원 금액은 35억 원이었습니다.

전통시장과 골목상권을 살리다

대구에는 무려 151개의 전통시장이 있습니다. 그러나 그동안 침체할 대로 침체해 있었습니다. 전통시장은 많은 서민이 뿌리를 내린 서민 경제의 한 축입니다. 반드시 활기를 되찾아야만 했습니다. 저는 시설 현대화와 공동마케팅에 치중하던 기존의 전통시장 활성화 정책에서 벗어나 경쟁력을 높이기 위한 다양한 방안을 놓고 고민을 거듭했습니다. 그리고 시장마다 특성을 살려 차별화해보기로 했습니다. 바로 2015년부터 11곳의 시장을 대상으로 진행한 '1전통시장 1특성화' 정책입니다. 그러자 차츰 전통시장이 활기를 되찾기 시작했습니다.

대구의 대표적인 전통시장인 서문시장은 야시장으로 제2의 전성기를 맞이하며 글로벌 명품시장으로 거듭났습니다. 한국관광공사의 야간관광 100선에도 선정됐습니다. 서부시장은 프랜차이즈 특화거리로 정착했고 약령시장은 인근의 문화 자원인 대구 근대골목 투어와 연계하고 관광객을 위한 시설을 확충하면서 새로운 명소로 떠올랐습니다.

전통시장의 변화는 한 번의 이벤트로 그치지 않았습니다. 전국 1호로 '상권 르네상스 프로젝트'에 선정된 칠성시장은 주변 상권을 개선하면서 대구를 대표하는 관광명소로 새롭게 자리매김하고 있습니다. 2019년 11월에 개장한 '별별야시장'도 상권 활성화에 힘을 보탰습니다. 야시장 점포의 대표자와 종사자 중에서 청년층의 비율이 높은 점을 고려해 칠성시장에 야시장을 개장해 청·장년 창업을 활성화하고 야간명소화한 것입니다. 또한 전통시장의 경쟁력을 강화하기 위해 비대면 주문 및 결제를 할 수 있는 스마트상점 시스템을 도입하고 온라인 배송시스템도 구축했습니다.

대구시는 전통시장을 지키기 위해 지난 2015년 11월에 전국 최초로 '서민 경제 특별 전용지구 지정 및 운영 조례'를 제정했습니다. 2016년 6월에는 전국에서 처음으로 전통시장 전문관리기관 '전통시장진흥재단'을 설립했습니다. '서민 경제 특별 전용지구 지정 및 운영 조례'는 시장 1킬로미터 범위 안에 식자재 마트를 규제하는 권고적 성격의 조례입니다. 대형 기업이 운영하는 마트로 인해 서민들의 가계가 위협받는 일이 생기지 않도록 점포 수가 100개 이상인 전통시장이나 300개 이상이 밀집된 상점가의 경계로부터 1킬로미터까지를 '서민 경제 특별 전용지구'로 지정한 것입니다. 이로써 대구 전역 145개 상권 중 112개소가 보호 구역에 들어갈 수 있었습니다.

　전통시장의 보호와 활성화는 상생의 틀에서도 이뤄졌습니다. 대구시내 주요 백화점이 인접한 전통시장 1곳씩을 전담 지원하는 '1백화점 1전통시장 전담지원제'가 2021년 7월부터 시작됐습니다. 대구 신세계백화점, 현대백화점 대구점, 롯데백화점 대구점 등 지역의 대형백화점이 동서시장, 염매시장, 번개시장과 업무협약을 맺고 상호 협력을 추진해 나가기로 한 것입니다. 각 백화점은 시장의 환경을 개선하고 시장 상품 마케팅을 강화하는 등 실질적인 지원 사업을 통해 전통시장에 재도약의 기회를 제공하고 있습니다.

　코로나19의 장기화로 피해가 집중된 골목상권들도 활력을 회복하고 경쟁력을 확보하기 위해 새롭게 변신했습니다. 중구 종로 일대 골목상권은 '지금은 종로시대'로 평화시장 닭똥집 골목은 명품 테마로드로 업그레이드됐고 행정안전부의 '골목 경제 회복지원사업'에 선정된 수성구 범어먹거리타운과 달서구 두류먹거리타운도 청년들과 외지인들이 즐겨 찾을 수 있는 명품 골목상권으로 도약 중입니다.

　저는 전통시장과 골목상권의 활성화가 서민 경제와 직결한다고 판단했기에 '골목 경제 활성화 추진단'도 만들었습니다. 대구시, 구·군의 유관부서, 사회적경제지원센터, 도시재생지원센터, 창조경제혁신센터 등 골목 경제 육성 크리에이터들이 광범위하게 참여했습니다. 골목 경제 활성화 사업을 점검하고 효율적인 골목 경제권 육성을 위한 새로운 모델을 찾고자 한 것입니다. 그리고 코로나19로 어려움을 겪고 있는 골목상권의 위기를 극복할 수 있도록 '골목상권 조직화 및 사업화 지원사업'을 대구시 예산으로 지원했습니다.

농수산물도매시장 이전이냐 확장이냐

코로나19의 어려움 속에서도 대구농수산물도매시장이 전국 거점 도매시장으로 우뚝 섰습니다. 개장 32년 만에 처음으로 연간 거래액이 1조 원을 넘어선 것입니다. 1988년 개장 당시와 비교하면 거래금액이 8배 이상 증가했습니다. 격세지감입니다.

대구농수산물도매시장은 시설 현대화를 앞두고 있습니다. 서울 가락농수산물시장과 강서농수산물시장에 이어 거래량이 전국에서 세 번째로 많지만 환경이 열악해 2007년부터 생산자, 소비자, 유통종사자들로부터 도매시장의 시설 개선 요구가 꾸준히 제기됐습니다. 그러나 여러 차례 연구용역에도 불구하고 일이 해결되지 않았습니다. 유통 종사자, 지역 주민, 해당 지역구 정치인들 간의 첨예한 이해관계 대립으로 10여 년간 해결의 실마리를 풀지 못하고 갈등만 지속됐습니다.

저는 이 문제의 해결책을 찾기 위해 2017년 3월부터 경제부시장을 위원장으로 유통종사자와 관련 전문가 등 22명으로 구성된 도매시장 시설 현대화 추진협의회를 운영했습니다. 15차례의 난상토론과 수십 차례에 걸친 이해 당사자들의 개별 상담이 진행됐습니다. 토론과 상담은 요식행위가 아니었습니다. 그리고 일방적으로 방침을 만들고 밀어붙이기식으로 통보하는 것은 갈등만 더 키울 뿐입니다. 이 또한 참여와 숙의로 문제를 풀어가는 게 순리였습니다. 2018년 4월 1년여에 걸친 논의 끝에 현 부지를 확장해 리모델링하는 것으로 합의를 보았습니다. 10년 넘게 끌어왔던 대구농수산물도매시장 현대화 방향이 이해 당사자들의 합의로 결정된 것입니다.

시설 현대화에는 1,075억 원의 재정을 투입할 계획이었습니다. 주변에 있는 화물터미널 부지를 대구시가 매입해서 관련 상가동을 이전하고 지하공간을 개발해 지하 주차장, 냉동시설 등 부족한 시설물을 확충할 계획이었습니다. 도매시장 남쪽으로 도로와 출입문을 개설하고 현 부지와 확장 부지 사이에 교량을 설치해 물류 흐름도 개선합니다. 또한 수산동 냉동시설 증축, 엽채류 거래 구역 정비, 폐기물처리장 이전, 서비스동 정비, 외벽 단장 등 시설물도 정비해 고객서비스의 질을 향상시키려고 계획됐습니다.

농수산물도매시장 현대화 결정은 상인들, 지역사회 등 여러 이해 당사자 간에 갈등이 심한 문제를 민주적 절차에 따라 이해 당사자들이 오랜 논의 끝에 전원 합의로 해결책을 도출했다는 데 큰 의의가 있습니다. 그 이후 대구농수산물도매시장 현대화사업은 농림축산식품부로부터 사업인가와 국비 지원을 받고 주변 화물터미널 부지도 매입을 완료하는 등 속도감 있게 추진됐습니다. 그러나 민선 8기 대구시정이 시작되면서 현대화사업의 방향이 현 위치에서 리모델링을 하는 게 아니라 달서군 하빈면 대평리로 이전해 신축하는 것으로 변경됐습니다. 사업비는 4,099억 원으로 늘어나게 됐고 애초 2026년에 현대화사업이 완료될 예정이었던 것도 2031년으로 변경됐습니다.

오랜 기다림과 치열한 논의, 아름다운 합의로 추진되던 도매시장현대화 사업이 시장이 바뀌면서 또다시 사업 방향이 바뀌고 사업 기간도 5년 이상 늘어나게 된 것은 아쉬운 일입니다. 그러나 이제부터라도 사업이 잘 추진돼 대구농수산물도매시장이 대한민국 최고의 도매시장으로 활성화되기를 기대해 봅니다.

전국 최고의 사회적 경제 도시를 만들다

우리는 자유민주주의와 시장경제를 기반으로 눈부신 발전을 성취했습니다. 그러나 급속한 발전의 이면에는 늘 그늘이 존재합니다. 사회적 양극화의 심화, 공동체의 해체, 지나친 경쟁이 낳은 사회적 낙오와 소외 등의 문제가 우리 사회의 지속가능한 발전과 국민 행복을 가로막고 있습니다. 사회적 경제는 시장경제의 그늘을 치유하고 보완하기 위해서 필요한 것입니다.

저는 민선 6기와 7기 시장으로 재임하는 동안 사회적 경제의 기반을 다지는 데 주력했습니다. 서울과 강원에 이어 전국에서 세 번째로 '사회적경제과'를 신설했고 '사회적경제지원센터'를 설치했습니다. 전국 최초로 시민 공익활동 지원센터와 청년센터까지 통합한 '시민행복센터'도 만들었습니다. 또한 '함께 잘사는 도시, 사회적 경제 도시 대구'라는 슬로건 아래 '사회적 경제 육성 및 지원에 관한 조례'를 제정했습니다. 또한 대구 사회적 경제 민관협의체를 출범시키고 사회적 경제 5개년 종합발전계획도 수립했습니다.

대구의 사회적 기업은 2015년 기준으로 400개 사에서 2021년에는 1,069개 사로 2배 이상 늘어났습니다. 일자리 수도 4,200명에서 8,177명으로 2배 가까이 증가했습니다. 특히 사회적 기업들의 시장 개척과 판로 확대를 위해 설립한 '무한상사 사회적 협동조합'은 매출액이 2018년 14억 원에서 2020년 91억 원으로 늘어나며 성공적인 공공시장 연계 모델로 전국에서 주목받았습니다. 2020년에는 처음으로 사회적 경제 온라인 박람회를 개최하며 변화하는 시장에 부응하는 행사로서의 발전 가능성을 확인할 수 있었습니다.

대구는 최단기간에 전국 최고의 사회적 경제 도시로 평가받았습니다. 물론 대구시와 같은 공공의 관심과 지원도 한몫했을 것입니다. 그러나 대구가 단기간에 전국 최고의 사회적 경제 도시로 발돋움할 수 있었던 것은 민간 차원에서 사회적 경제 역량이 축적돼 있었기 때문입니다. 저와 대구시는 '지원은 하되 간섭하지 않는다.'라는 원칙을 일관되게 지켰습니다. 공무원들이 이끌고 가는 방식이 아니라 민간의 자율성을 최대한 보장하고 행정은 보조하는 역할을 했습니다. 민과 관이 꾸준히 소통하며 쌓은 신뢰가 바탕이 됐기 때문에 좋은 민관 협치 모델을 만들어낼 수 있었습니다.

대구시와 현장을 잇는 매개자인 대구사회적경제지원센터가 큰 역할을 했습니다. 대구사회적경제지원센터는 고용노동부와 기획재정부의 '사회적 기업·협동조합 통합 지원사업 평가'에서 최우수 사회적 경제 중간 지원기관으로 선정되기도 했습니다. 대도시라는 어려운 여건 속에서도 정부정책과 연계한 대구형 사회적 기업 발굴, 협동조합 모델 발굴과 육성에 대한 노력, 핵심사업을 기반으로 하는 지역 네트워킹 구축과 자원의 연계 성과 등 다양한 부분에서 높은 평가를 받았습니다. 또한 전문 리서치 기관을 통해 지역의 조

사회적 경제 유통지원센터 개소식 및 장보기

합원과 직원 등을 대상으로 조사한 고객만족도에서도 타 기관보다 월등히 높은 것으로 나타났습니다.

2021년부터는 사회적 경제의 혁신성장을 통해 코로나19의 파고를 넘고 대구형 뉴딜사업과 발맞춘 사회적 경제 활성화 정책을 구현하는 데 주력했습니다. 코로나19로 사회적 경제 조직도 예외 없이 경영 위기가 심각해졌기 때문입니다. 단기적으로 긴급 사태를 관리해 협동조합 등 사회적 경제 조직들이 생존할 수 있도록 돕고 중장기적으로는 출구 전략을 세워 사회적 경제의 기반을 다질 수 있도록 정책을 추진했습니다. 이를 위해 사회적 경제를 통한 '지역경제 활성화와 사회안전망 강화'를 비전으로 2025년까지 포스트 코로나 시대를 준비하기 위한 '제2차 사회적 경제 종합발전계획'을 마련했습니다. '사회적 경제 지역자원 조사' 결과와 현장과의 지속적인 소통 결과를 바탕으로 대구시와 사회적경제지원센터가 함께 지역의 사회적 경제 발전을 위한 밑그림을 완성한 것입니다.

제2차 대구 사회적 경제 종합발전계획은 향후 5년간 1,500억 원을 투입해 지역경제의 선순환 환경 마련, 지역사회 개발, 사회적 경제의 지속가능성 제고 등 3가지 전략을 중심으로 10대 핵심과제를 추진하는 것이었습니다. 우선 온라인 공공 플랫폼을 구축해 지역 생산제품과 사회적 기업의 제품을 등록하고 퀵서비스 종사원, 음식배달원, 대리 운전기사 등 플랫폼 종사자들을 사회적 경제 조직에 유입시킬 예정이었습니다. 사회적 기업의 자립 기반 조성에 가장 중요한 요소인 사회적 금융 활성화와 사회적 경제 기금 조성을 위해 사회적 금융 중개 기관을 구성하고 사회적 경제의 지속가능성을 높이기 위해 사회적 경제 혁신 타운 조성도 차질 없이 진행토록 했습니다. 또한 프랜차이즈 육성과 협업적 규모화 지원, 종사자에 대한 업무역량 강화에 중점을 뒀습니다. 그리고 노무, 세무, 법무 등의 전문가를 구성해 지속적인 경영지원을 통한 소득안전망과 고용 안전망을 제공하기로 했습니다. 이토록 잘 나가던 대구의 사회적 경제가 최근 들어 위기를 맞고 있다고 합니다. 안타까운 일입니다.

2
쾌적하고 안전한 도시를 만들다

●●●●●●
미세먼지 줄이기 정책을 선도하다

1972년 '유엔 세계 환경의 날'이 제정된 후 세계 각국의 시민들은 환경파괴와 자연환경의 남용을 막기 위해 큰 노력을 기울여왔습니다. 하지만 미세먼지 확산과 대기오염, 물 부족, 이상 기후와 같은 환경 난제는 더욱 심각해졌고 이를 해결하기 위한 지구촌 공동의 노력이 절실한 실정입니다. 그동안 대구시는 '숨, 물, 숲의 도시 대구'를 건설하겠다는 야심 찬 포부를 갖고 지속 가능한 환경도시를 만들기 위해 역량을 키웠습니다.

언젠가부터 '삼한사온'이라는 말보다 '삼한사미'라는 말을 더 자주 하게 됐습니다. 삼한사미는 삼일은 춥고 날씨가 풀리면 미세먼지가 4일간 이어진다는 말입니다. 이런 신조어가 생길 정도로 미세먼지는 우리 일상에 깊숙이 자리잡았습니다. 미세먼지는 국경과 행정구역을 초월한 문제입니다. 대구시 차원에서만 해결할 수 없습니다. 그러나 저는 지구촌의 구성원으로서 더욱 쾌적한 도시로 만들어가야 하는 소명을 저버릴 수 없었습니다. 이 문제를 내부에서 조금이라도 해결해야 할 수 있다면 노력을 멈출 수는 없다고 생각했습니다. 그래서 '대구광역시 미세먼지 저감 및 관리에 관한 조례'를 제정하고 지역 실정에 맞는 미세먼지 종합대책을 수립해서 추진했습니다.

2017년 6월에 열린 '제22회 환경의 날 기념식'에서 저는 무절제하게 소모되는 석탄이나 석유와 같은 화석연료로 인한 기후변화와 대기오염 등 위기에 직면한 지구 환경을 되살리기 위해 대구의 산업구조 전환 정책 등 대구 환경 비전을 제시했습니다. 애초 대구시가 세운 미세먼지 20퍼센트 감축 계획을 대폭 상향해서 2017년부터 2021년까지 미세먼지 30퍼센트를 감축하는 것으로 목표를 다시 조정했습니다. 특히 미세먼지와 온실가스와 악취를 배출하는 산업구조를 미래형 자동차, 사물인터넷, 첨단 의료, 물, 청정에너지, 스마트도시로 대표되는 '5+1 미래 신산업' 구조로 전환하기 위해 다각도로 노력했습니다. 4차 산업혁명과 어우러진 자연과 생명, 환경의 가치가 건강한 일자리와 지속 가능한 성장 동력으로 거듭나도록 대구의 경제성장 패러다임을 대전환하기 위한 주춧돌을 놓으려 했습니다. 또한 성서소각장과 하수슬러지 건조 연료화 시설 등 폐기물 처리시설의 조기 완공을 통해서 자원순환 체계도 조속히 구축하고자 했습니다.

　시민들이 생활 속에서 체감할 수 있는 미세먼지 감축 정책도 발빠르게 실행했습니다. 대구시의 미세먼지 발생량의 44퍼센트가 도로와 차량에서 발생한다는 연구결과가 나왔습니다. 도로에서 발생하는 미세먼지부터 과감히 줄여야만 했습니다. 이를 위해 대구시는 전기자동차 보급을 늘리고 '경유차 저공해화' 사업을 꾸준히 추진했습니다. 경유차 조기 폐차를 권장해 2,250대를 폐차했고 1,244대에 매연 저감장치를 부착했습니다. 그리고 어린이 통학 차량을 친환경적인 LPG 차량으로 바꾸는 사업도 추진했습니다. 또한 고농도 미세먼지가 가장 빈번하게 나타나는 시기인 12월부터 3월까지를 미세먼지 계절 관리 기간으로 정해서 평소보다 강화된 미세먼지 저감 조치를 시행했습니다. 2019년부터 분진 흡입차 21대를 운영하고 미세먼지 중점 집중 관리도로 18개소도 지정했습니다.

　앞서도 말했지만 대구는 대한민국 전기차 선도도시입니다. 2016년부터 민간 대상 전기차 보급을 시작한 지 3년여 만에 대구는 보급된 전기차가 누적 1만 대를 돌파했습니다. 그리고 2021년 기준 대구의 등록 전기차는 2만 5,000대를 넘어섰습니다. 우리나라에서 제주도를 제외하고 인구수 대비 전기자동차 등록 비율이 가장 높은 도시가 대구입니다. 대구는 2030년까지 대구시 등록 차량의 50퍼센트 수준인 50만 대 보급을 목표로 하고 있습니다. 그만큼 대구의 미세먼지는 줄어들고 대기질은 좋아지게 될 것입니다.

도시의 허파인 도심공원을 지키다

도시공원은 사회적, 환경적, 경제적으로 무한대의 가치를 갖고 있습니다. 시민에게 건강, 휴양, 여가 등 삶의 질 향상을 도모하는 소중한 공간입니다. 그리고 도시생태계를 보전하는 목적으로 조성된 공간이기도 합니다.

하지만 1999년 헌법재판소의 판결에 따라 공원 지정 후 20년간 조성사업을 시행하지 않은 도시공원은 지정효력에서 해제됐고 유예기간을 거쳐 2020년 7월 1일부터 적용됐습니다. 대구시는 2011년 실효 위기의 도시자연공원 6,700만 제곱미터 중 64퍼센트인 4,300만 제곱미터를 선제적으로 도시자연공원구역으로 전환해 공원 기능을 유지하도록 했습니다. 또한 공원으로 지정된 167개소 2,300만 제곱미터 중 121개소 1,100만 제곱미터에 해당하는 부지를 실제로 매입한 후 공원으로 조성해서 시민에게 돌려 드렸습니다. 그러나 대구에는 여전히 39곳의 도시공원이 미집행 부지로 남아 있었습니다. 이 모든 곳을 사들이려면 무려 1조 3,000억 원이나 필요했기 때문에 시 재정 여건상 매입이 불가능한 상황이었습니다. 그렇다고 해서 도시공원의 무한한 가치를 그대로 상실할 수는 없었습니다.

2019년 8월에 대구시는 시민건강과 생활권 확보를 위해 도시공원 20곳(340만 제곱미터)을 2022년까지 매입하는 내용 등을 담은 '장기 미집행 공원 해소를 위한 종합대책'을 발표했습니다. 전체 매입비 4,846억 원 중에서 87퍼센트에 달하는 4,240억 원은 지방채

장기 미집행 공원 해소 관련 브리핑

로 충당하기로 하고 전문가 용역과 구·군을 통한 주민 의견 수렴을 통해 상대적으로 매입이 시급한 곳을 우선 가려냈습니다. 그렇게 해서 도시계획시설로 결정된 후 장기 미집행으로 일몰 대상이 된 도시공원 39곳 중 범어공원 등 시민 이용이 상대적으로 많은 26곳(655만 제곱미터)을 매입할 수 있었습니다. 지역 도시공원의 73퍼센트를 각종 난개발 위협으로부터 지킬 수 있게 됐고, 대구지역 도심 공원 전체 면적 2,033제곱미터(160개) 중 1,483제곱미터(147개)를 시민 휴식 공간으로 계속 남겨둘 수 있게 됐습니다.

　장기 미집행 공원 해소와 함께 20년 넘게 표류한 '대구대공원 조성'도 민간 특례사업을 통해 본궤도에 올랐습니다. 대구대공원은 수성구 삼덕동 일대 187만 제곱미터 규모의 개발제한구역 내 근린공원입니다. 이 일대는 대구미술관 등 일부 부지를 제외하고는 오랫동안 개발되지 못한 채 장기 미집행 공원으로 남아 있었습니다. 대구시는 지난 2017년 5월에 일부 부지를 공동주택으로 개발하고 나머지는 공원으로 조성해 기부 채납하는 '민간 공원 특례사업'을 추진하겠다고 발표한 바가 있었습니다.

대구대공원 조성사업은 장기 미집행 공원을 조성한다는 의미만 있는 게 아닙니다. 달성공원 동물원 이전, 달성토성 복원 등 지역의 숙원사업을 한꺼번에 해결할 수 있다는 점 때문에 주목받고 있습니다. 달성토성은 1963년에 지정된 사적 제62호 법정 국가 문화재입니다. 삼국시대 신라 초기의 성곽이 있던 곳입니다. 달성토성 복원사업은 1991년부터 추진됐지만 동물원 이전지를 찾지 못해 여러 차례 좌절을 겪어야 했습니다. 그러나 대구대공원 조성으로 대구 시민의 30년 숙원사업이 동시에 해결될 전망입니다. 달성공원 동물원을 대구대공원으로 이전하고 나면 달성토성도 옛 모습을 찾아 복원할 수 있게 된 것입니다.

시민들의 요구가 많았던 '범안로 무료화'와 '도시철도 3호선 혁신도시 연장사업' 등도 탄력이 붙을 것입니다. 공원 조성이 마무리되면 대구대공원은 삼성라이온즈파크, 대구스타디움, 대구미술관 등과 연계해 관광자원으로 활용할 계획입니다.

교통사고 사망자를 '30+30' 줄이다

2013년 대구의 교통사고 사망자는 188명에 이르렀습니다. 전국에서 교통사고가 가장 많은 도시였습니다. 충격적이고 부끄러운 일이었습니다. 교통사고 줄이기를 위한 특단의 대책이 필요했습니다. 저는 '교통사고 줄이기 330 프로젝트'를 제안했습니다. 3년 동안 대구의 교통사고 사망자를 30퍼센트 줄이자는 것이었습니다. 그러나 많은 사람이 불가능하다고 했습니다. 대구는 도로가 잘 뚫려서 차들이 씽씽 달리고 대구 사람들의 성격이 급해서 단기간에 교통사고를 줄이기는 어렵다는 것이었습니다. 실제로 대구는 7대 특·광역시 중 도로율이 가장 높고 차량 평균 속도도 두 번째로 높았습니다. 교통사고 사망자 중 과속에 따른 사망자가 가장 높은 비중을 차지하고 있었습니다.

가장 먼저 속도를 줄이는 것이 필요했습니다. 차량 속도를 시속 10킬로미터만 줄여도 사망자 발생 가능성이 크게 줄어들고 중상 가능성도 92.3퍼센트에서 72.7퍼센트로 낮아진다는 연구결과도 있었습니다. 그래서 시행한 정책이 '대구 안전속도 5030'이었습니다. 대구의 간선도로인 달구벌 도로의 속도도 시속 80킬로미터에서 60킬로미터로 낮추었습니다. 초기에는 반발도 많았습니다. 그러나 시민의 생명과 안전 문제는 타협할 수 없었습니다. 언론과 시민사회단체를 통한 교통사고 줄이기 캠페인을 꾸준히 추진하면서 시민들의 의식을 바꾸려고 노력했습니다. 또 시민들의 수용성을 높이기 위해서 지역이나 도로 특성에 따라 탄력적으로 적용했습니다. '대구형 안전속도 5030' 시행을 위해 대구시는 경찰과 구·군과 공단뿐 아니라 학계, 연구기관, 시민단체 등과 함께 지역 도로별 특성을 조사하고 분석해서 속도 기준을 마련했습니다.

'교통사고 및 사망자 30퍼센트 줄이기 특별대책'은 2016년부터 본격적으로 추진됐는데 우선 2018년까지 교통사고 사망자를 30퍼센트 줄이는 것을 목표로 설정했습니다. 교통약자 보호 구역을 지정하고 자동차 도심 통행속도를 하향 조정하는 등 교통 환경을 개선했습니다. 또한 신호위반 과속단속카메라와 불법 주정차 집중단속을 위한 CCTV를 설치해 교통질서 확립에도 힘을 기울였습니다. 그리고 국지성 호우에 대비하도록 신천동로 도로 시설물을 보강하고 가로등 조도를 개선해 더 안전한 거리 환경을 만들었습니다. 이와 더불어 시민들의 의식 전환에도 힘썼습니다.

안전한 교통 환경을 갖추기 위한 노력이 꾸준히 이어지자 성과가 나타났습니다. 2016년과 비교했을 때 2018년 교통사고 사망자 수가 35.8퍼센트 줄었습니다. 교통사고가 자주 발생하는 전국의 교차로 20곳 중 7곳이 대구지역 교차로였지만 특별대책을 추진한 이후에는 교통사고 다발 교차로에서 7곳 모두 제외됐습니다. 2018년부터 3년간 어린이 교통사고 사망자가 단 한 명도 발생하지 않았고 스쿨존 내 어린이 교통사고율도 전국에서 가장 낮았습니다. 성질 급한 대구 사람들이 만들어낸 기적입니다.

최근 이륜차 교통사고 건수가 늘어나면서 8년 동안 감소세였던 대구지역 교통사고 사망자 수도 증가했습니다. 2020년 교통사고 사망자 수는 103명으로 2019년 97명과 비교해 6.2퍼센트 증가했습니다. 코로나19로 인해 배달수요가 증가하면서 이륜차 교통사고 건수도 늘어난 것으로 보입니다.

저는 이러한 추세가 계속 이어지지 않도록 또 다른 대책이 필요했습니다. 2021년에는 교통사고 사망자 80명대 진입을 목표로 '제2차 교통사고 사망자 30퍼센트 줄이기' 프로젝트를 추진한 것입니다. 이륜차 사고 예방을 위해 배달 플랫폼 회사, 배달대행업체와 협업해 안전 문자 발송, 안전모 착용, 법규 위반 이륜차 단속 및 공익

제보단 운영 등을 추진했습니다. 요즈음 길을 가다가 보면 교통사고 통계를 보여주는 전광판을 무의식적으로 쳐다보게 됩니다. 2023년에는 목표가 실현돼 더 안전한 대구가 되기를 기대해봅니다.

대프리카의 맞춤형 폭염 정책을 찾다

오랫동안 대구는 우리나라에서 가장 더운 도시로 알려졌습니다. '대프리카'라는 별명까지 붙을 정도였습니다. 대구시는 수십 년 전부터 '폭염 도시'라는 이미지에서 탈출하고 시민들을 무더위로부터 보호하기 위해 큰 노력을 기울여왔습니다. 1990년대 초반부터 녹화사업을 시행해왔고, 매년 5월 20일부터 9월 30일까지를 폭염대책 기간으로 정하고 '폭염 대응 종합대책'을 적극적으로 추진했습니다.

우선 대구시와 8개 구·군이 적극적으로 협조해 폭염 경감시설을 대폭 확충했습니다. 도시열섬현상 완화를 위해 옥상녹화, 쿨루프, 벽면녹화, 쿨링포그 등 도시 녹화작업을 추진했습니다. 또한 폭염 취약지역 지역민을 위한 쉼터와 등나무 터널, 고정형 그늘막도 설치했습니다. 특히 대구시가 처음 도입한 신개념 폭염 쉼터인 '쿨링포그 시스템(물안개 분사 장치)'는 전국 지자체로 확대되면서 대구시 대표 히트상품으로 자리매김했습니다. 2014년 대구의 국채보상공원에 처음 설치된 쿨링포그 시스템은 시민들의 긍정적인 평가에 2016년 7월 확대 가동됐습니다. 쿨링포그는 주변 온도를 낮추는 효과뿐 아니라 미세먼지, 황사, 비산먼지 등이 심한 날에는 입자를 땅에 떨어트려 각종 먼지를 줄여주고 건조한 날에는 습도 조절이 쉽다는 장점이 있습니다.

대구시는 이 밖에도 다양한 폭염 대책을 구상해 실현했습니다. '도시 바람길숲 조성사업'이 대표적입니다. 바람길숲은 차고 선선한 공기를 도심으로 끌어들여 공기 순환을 촉진하기 위해 외곽 산림과 도시 내 산재한 숲을 연결한 숲입니다. 지표면 온도가 높아져 공기가 상승하면 저기압 상태로 바뀌면서 주변의 차가운 공기가 유입되는 원리를 응용했습니다. 바람길숲이 조성되면 대구 도심의 열섬현상이 완화될 뿐 아니라 미세먼지 저감에도 상당한 효과를 거둘 것으로 기대됩니다.

대구시의 폭염 예방정책은 긍정적인 결과로 이어졌습니다. 2010년부터 2014년까지 대구의 연평균 열대야 일수는 24일이었습니다. 그러나 2015년부터 2020년 사이에는 연평균 열대야 일수가 18일로 줄었습니다. 온열질환자 수도 2019년 33명에서 2020년에는 26명으로 21퍼센트 감소했습니다. 특히 무더위가 심했던 2018년 대구 지역의 인구 1만 명당 온열질환자 발생률은 0.49명으로 전국 최저를 기록했습니다. 전국 평균인 0.9명의 절반 수준에 불과했습니다.

코로나19 대유행이 시작되고 난 뒤에는 코로나바이러스와 무더위라는 두 마리 토끼를 동시에 잡아야 하는 상황이 벌어졌습니다. 당연히 폭염 대책도 변화가 있었습니다. 특히 2020년 여름에는 폭염 대책시설로 꼽혔던 '실내 무더위 쉼터'는 줄줄이 문을 닫아야 했고 쿨링포그도 중단됐습니다. 다수가 모이는 야외 물놀이장과 바닥 분수 사용도 자제했습니다. 그러나 차츰 코로나19가 수그러들면서 2021년부터는 실내 무더위 쉼터를 탄력적으로 운영하고 야외 무더위 쉼터도 확충했습니다. 거동이 불편해 무더위 쉼터를 이용하지 못하는 취약계층을 위해서는 냉방 용품, 쿨매트, 양산 등 폭염 대응 물품을 맞춤형으로 지원했습니다.

저는 대구가 대프리카의 오명을 벗어던지고 갈수록 쾌적하고 살기 좋은 지역이 될 수 있도록 다각도로 수년 동안 아이디어를 짜내고 실행에 옮겼습니다. 이제는 대구보다 더 위쪽에 있는 지역이 더 덥다고 합니다. 그만큼 대구는 삶의 환경마저도 과거의 틀에서 벗어나 미래로 향하고 있습니다.

3
시민 행복지수를 높이다

시민들과 함께 공연문화도시를 만들다

대구는 유네스코 창의 음악도시입니다. 지난 2017년에 유네스코 창의도시 네트워크UNESCO Creative Cities Network에 '음악도시'로 이름을 올렸습니다.

공연에 대한 지역의 관심을 반영해 대구시는 2003년에 전국 최초로 오페라 전용 단일 극장인 대구오페라하우스를 오픈했습니다. 그로부터 지금까지 문화 예술 인프라를 꾸준히 구축했습니다. 콘서트 하우스와 코오롱 야외음악당 등 1,000석 이상의 대규모 공연장만 11곳이나 됩니다. 서울과 부산에 이어 가장 많은 공연장을 보유

대구국제뮤지컬페스티벌 개막식

하고 있습니다. 중소규모 공연시설도 170곳이 넘고 인구 1,000명당 객석 수는 부산보다 많습니다. 광역시 중 최대 관객 동원력이 가장 높은 대구는 공연에 실패가 없는 도시로 정평이 나 있습니다. 활성화돼 있는 공연단체의 활동 역량과 지역의 높은 관람 수요가 맞물려 시너지 효과를 발휘하고 있습니다.

대구가 유네스코 창의 음악도시로 선정된 데는 세계 최초의 뮤지컬 전문 축제인 '대구국제뮤지컬페스티벌DIMF'과 아시아 최대 규모의 '대구국제오페라축제'가 큰 역할을 했습니다. 2023년에 17주년을 맞이한 대구국제뮤지컬페스티벌은 이제 세계에서 먼저 참가 제안을 해오는 세계 최대 규모의 국제 뮤지컬 축제이자 아시아의 뮤지컬 메카로 자리매김했습니다. 2018년부터 2022년까지 99개 작품을 공연했고 13만 7,000여 명이 공연을 관람했습니다.

제가 시장으로 재임하던 2021년에는 대구국제뮤지컬페스티벌이 창작 10주년을 맞아 뮤지컬 영화로 재탄생한 「뮤지컬 투란도트」 OST 갈라콘서트와 시사회로 막을 열었습니다. 대구의 대표 창작 「뮤지컬 투란도트」는 국내 대형 창작 뮤지컬로서는 최초로 슬로바키아 등 동유럽 6개국에 라이선스를 수출하고 중국 5개 도시에서 초청공연을 펼치는 등 누적 공연 140회를 기록하며 큰 사랑을 받았습니다.

2021년 축제에는 새로운 시도가 선보였습니다. 「뮤지컬 투란도트」를 영화로 제작하는 것이었습니다. 영화 「투란도트-어둠의 왕」은 페스티벌의 개막공연에서 처음 선을 보였고 OTT 플랫폼을 통한 서비스로 이어졌습니다. 또한 국내 최초 차세대 뮤지컬 스타 발굴 오디션인 「DIMF 뮤지컬 스타」는 채널A와의 협업으로 TV 프로그램으로 방영되며 스타 등용문으로 등극했습니다. 2019년에는 글로벌 오디션을 신설해 중국 상하이에서 현지 오디션을 개최하기도 했습니다.

코로나19로 인해 행사 규모를 축소해 비대면으로 진행된 '2020년 대구국제뮤지컬페스티벌'은 최초로 온라인으로 진행된 개막콘서트에서 동시 접속자가 73개국 8만 6,000명을 기록하는 등 위드 코로나 시대의 글로벌 축제 모델을 제시했다는 평가를 받기도 했습니다. 코로나19 여파가 계속 이어진 2021년에도 해외 공연팀의 입국이 어려운 상황에서 개최했습니다. 그러나 시공간의 제약을 뛰어넘는 비대면 콘텐츠의 성공 가능성을 확인할 수 있었습니다. 다양한 합작 작품을 통해 글로벌 축제의 전통을 이어가는 한편 수준 높은 5편의 창작 뮤지컬도 대구국제뮤지컬페스티벌의 지원 아래 초연 무대를 올리기도 했습니다.

아시아 최대 규모인 대구국제오페라축제도 20년 가까이 성황리에 개최되고 있습니다. 이제 대구국제오페라축제는 유럽 등 해외 유명 극장 예술가들까지 참여하는 세계적인 축제로 성장했습니다. 대구시는 오페라를 시민의 삶 속에서 쉽게 즐길 수 있는 예술로 만들기 위해 오랫동안 노력했습니다. 시민들에게 찾아가는 공연을 5배 확대했고 생활문화센터와 소규모 문화공간을 확충했습니다. 그러자 시민들이 진정으로 오페라를 사랑하게 됐고 매년 객석점유율도 증가했습니다.

2020년에는 대구국제오페라축제를 온오프라인에서 동시에 개최됐습니다. 위드 코로나 시대에 대응하기 위해 문화의 패러다임을 비대면 온라인 채널로 대전환하고 유튜브 채널인 '오페라떼'를 운영해 189만 명이 함께 대구의 오페라를 공유했습니다.

대구시는 생애주기별 예술인 지원체계도 구축했습니다. 2019년 '예술인 복지 증진에 관한 조례'를 제정하고 2020년 2월에는 '예술인 지원센터'도 설치했습니다. 예술인 예술 활동 증명도 확대했습니다. 예술 활동 증명은 정부의 예술인 공모사업의 기본요건으로 활동실적과 수입 증명으로 예술인임을 확인하는 제도입니다. 그리고 코로나19로 피해를 겪은 예술인 지원도 강화했습니다. 2020년 4월에는 661개 예술단체를 지원했고, 2021년 4월에는 예술인 1,540명에게 15억 4,000만 원을 지원했습니다.

도시의 축제는 시민이 만든다

대구를 대표하는 여름 축제가 있습니다. 컬러풀페스티벌과 치맥페스티벌입니다. 이 두 축제는 해를 거듭할수록 성장하고 있습니다. 컬러풀페스티벌과 치맥페스티벌은 시민들의 제안으로 만든 축제였습니다. 2015년 '대구축제회의'를 주제로 열린 시민원탁회의에서 중구난방으로 흩어진 축제를 통합하고 관이 주도하는 축제에서 시민이 주도하고 참여할 수 있는 대표 축제를 발굴해 육성하자는 결론이 나왔습니다. 이를 적극적으로 반영해 만든 사계절 축제 중에서 여름을 대표하는 축제가 바로 컬러풀페스티벌과 치맥페스티벌입니다.

컬러풀페스티벌을 계획할 때였습니다. 저는 이틀 동안 대구의 중심인 국채보상로의 차량 통행을 막자고 했습니다. 그것은 엄청난 도전이었습니다. 아니나 다를까 시청 공무원들부터 반대하고 나섰습니다. 대구시 전체가 차량 통행 제한으로 난리가 나고 주변 상인들의 반대가 거셀 것이라고 말입니다. 그러나 저는 한번 해보자는 마음으로 과감하게 결단하고 축제를 준비하자고 했습니다. 그리고 시민 불편을 최소화하기 위해 홍보에 집중했습니다. 공무원들이 주변 상인들을 일일이 찾아가 설득하는 작업도 함께했습니다. 결국 걱정은 기우에 그쳤습니다. 컬러풀페스티벌이 처음 열렸던 2017년에 대구의 중심인 국채보상로를 가득 메운 시민들의 열기와 감동은 잊을 수가 없습니다.

대구치맥페스티벌은 대구의 무더운 여름, 치킨에 어울리는 시원한 맥주, 그리고 젊은이들의 끼와 열정이 넘치는 아이디어가 모여 만들어낸 새로운 시민축제입니다. 전국에서 내로라하는 치킨 브랜드들이 대구에서 시작된 곳이 많다는 사실도 큰 역할을 했습니다. 지난 2019년 7월에 개최된 제7회 대구치맥페스티벌에는 국내 대표 여름 축제의 명성에 걸맞게 40여 개의 치킨 업체와 수제 맥주 6개

대구치맥페스티벌

브랜드를 포함한 맥주 브랜드가 참가했습니다. 치킨과 맥주의 다양화로 관람객들의 만족도를 높이기 위해 노력했습니다. 축제 기간에 발생한 태풍의 영향에도 불구하고 1년 동안 야심 차게 준비한 다양한 프로그램들이 성공을 거두면서 글로벌 축제로 도약할 수 있는 발판을 마련했다는 평가를 받았습니다.

대구FC 축구장이 새로운 명소가 되다

2020년에 문을 연 대구의 프로축구단 대구FC 전용 구장은 이제 대구의 새로운 명소로 자리 잡았습니다. 북구 고성동의 옛 대구시민운동장 주 경기장을 리모델링해서 만든 축구전용 구장입니다. 2016년 삼성라이온즈가 전용 야구장을 대구삼성라이온즈파크로 이전한 뒤 시민들의 대표 스포츠 공간이었던 시민운동장이 대구FC 축구전용 경기장을 포함한 스포츠 파크로 재탄생했습니다. 1948년에 개장한 주 경기장이 낡아 안전성이 우려된데다 대구FC만의 전용 구장이 필요하다는 체육계와 시민들의 의견을 수용해 대구시가 신축 수준으로 리모델링을 한 것입니다. 개장과 더불어 축구경기장의 네이밍 마케팅에서 대구FC의 메인 스폰서인 DGB대구은행이 확정되면서 구장의 명칭이 DGB대구은행파크로 불리게 됐습니다.

DGB대구은행파크는 지상 3층 규모로 약 1만 2,000석의 고정 좌석에다가 가변 좌석까지 설치해 최대 1만 5,000명까지 수용할 수 있습니다. 각도 시뮬레이션을 통해 관중석의 사각지대를 없앴고 관중석에서 그라운드까지 거리가 7미터에 불과해 경기를 생생하게 관람할 수 있습니다. 쾌적한 관람 시설뿐만 아니라 알루미늄 바닥을 발로 쿵쿵 두드리는 응원은 DGB대구은행파크의 명물이 됐습니다.

K리그 클래식(1부리그)에서 활약해온 대구FC는 우리나라 프로축구 역사상 최초로 시민들이 주주가 돼 창단한 구단입니다. 아울러 시민이 사랑하고 시민이 함께 키워가는 제대로 된 시민구단을 만들어보자는 자발적인 노력으로 대구FC 엔젤클럽도 탄생했습니다. 대구FC 엔젤클럽은 적지 않은 후원금으로 구단 운영에 재정적으로 큰 도움을 주고 경기 관람과 원정 응원 등으로 대구FC의 활약에 큰 힘이 되고 있습니다. 과거에는 넉넉하지 못한 재정 사정으로 우수한 선수를 놓친 경우가 많았지만 대구은행을 비롯한 후원사와 엔젤클럽 등 시민들의 관심과 지원으로 실력 있는 선수들을 영입하면서 안정적이고 조직적인 경기 운영도 가능해졌습니다.

2014년 조광래 단장 취임 이후 유망주 중심으로 선수단을 개편했고 2016년에 대구FC는 K리그 2부리그에서 1부리그로 승격했습니다.

대구FC의 구단주는 대구시장입니다. 저는 축구를 사랑하는 구단주이지만 구단 경영에는 일절 관여하지 않았습니다. 최적임자를 뽑아서 구단 경영을 믿고 맡겼습니다. 저와 대구시는 행정적으로 어려운 문제를 풀어주는 역할만 했습니다. 대구시는 DGB대구은행파크 개장과 동시에 경기장 운영권 일체를 대구FC에 줬고, 대구FC는 국내 최초로 축구전용 구장에 대한 '명칭 사용권'을 대구은행에 판매했습니다. 경기장의 매점과 주변 시설물에 대한 운영도 전부 대구FC가 맡고 있습니다. 구단 자생력을 키우기 위한 대구시의 전폭적인 지원이었습니다.

대구FC에는 '최초'라는 수식어가 항상 따라다닙니다. 2002년 우리나라 최초의 시민구단으로 창단됐습니다. 창단 후 줄곧 하위를 맴돌다가 시민구단 중 처음으로 2018년 FA컵 우승의 기적을 일궈냈습니다. 우승팀이라는 자부심과 자신감까지 더해져 이제는 어떤 팀과 붙어도 쉽게 무너지지 않는 팀으로 성장하고 있습니다. 이런 가운데 DGB대구은행파크까지 문을 열면서 2019년 평균 관중이 2018년의 3배인 1만 명을 뛰어넘으며 대구FC는 K리그의 신흥 강호이자 인기 구단으로 자리매김했습니다. 또한 2019년과 2020년 2년 연속으로 'K리그 팬 프렌들리 클럽상'을 받으며 시민구단의 모범사례로 평가받고 있습니다.

대구FC의 선수들은 모든 경기에 힘을 쏟고 관중은 입장료를 지불하며 선수들이 흘린 땀의 가치를 인정하는 선순환이 계속되는

DGB대구은행파크 개장식 및 대구FC 홈개막전

구단으로 대구FC는 나아갈 것입니다. 대구FC는 공짜 표가 없습니다. '대구 축구'라는 콘텐츠의 가치를 상승시키기 위해서라도 공격 축구와 마케팅을 통해 관중과 시즌권 구매자가 늘어날 수 있는 문화가 정착되도록 할 것이다. 그리고 유망주 육성과 마케팅으로 구단의 자생력을 계속 확보할 예정입니다. 특히 선수 육성을 통한 스타 선수 발굴로 이적료와 광고 수입 등 다양한 수익 창출을 위해 노력해왔습니다. 그동안 대구FC는 충분하지 않은 재정 형편을 극복하기 위해 꾸준한 훈련과 노력으로 팀의 경쟁력을 확보했습니다. 2007년부터 초중고 유소년 축구클럽을 운영하며 우수한 선수를 발굴해 대구FC 프랜차이즈 선수로 키우는 데 중점을 둔 덕택에 연평균 2~3명 정도의 선수가 청소년 국가대표로 발탁되고 있습니다.

대구FC의 목표는 축구를 통해 시민들에게 기쁨, 자긍심, 공동체 의식을 심어주는 것입니다. 그리고 선수들에게는 대구가 기회의 땅이 돼야 합니다. 대구FC는 K리그에서 성공한 시민구단을 넘어 아시아와 세계적으로 인지도 높은 구단으로 발돋움할 것입니다.

나눔과 봉사가 행복 도시를 만든다

대구시민이 가진 나눔과 봉사의 DNA는 우리 대구를 '시티즌 오블리주'가 강한 도시로 만들어가고 있습니다. 높은 사회적 신분에 상응하는 도덕적 의무를 뜻하는 '노블리스 오블리주'가 가진 것을 나누는 것이라면 시티즌 오블리주는 사회공동체의 구성원으로 더불어 행복하게 살기 위해 시민들 스스로 나누고 책임감을 느끼는 것을 뜻합니다. 우리 대구 공동체의 주인은 어떤 특정인이나 집단이 아니라 시민 모두입니다. 사람은 혼자 살아갈 수 없기 때문에 더 좋은 공동체를 가꾸어 함께 행복하게 살아가기 위해 나누고 봉사하는 것입니다.

코로나19를 겪으면서 대구의 시티즌 오블리주는 빛을 발했습니다. 2020년 대구의 사랑의 온도탑은 105.1도로 역대 최고액인 106억 2,900만 원을 모금했습니다. 1억 원 이상 고액 기부자인 아너소사이어티 회원도 전국에서 가장 많이 증가했습니다.

'착한 대구' 캠페인과 '착한 선결제' 캠페인에도 많은 시민이 동참했습니다. 2018년부터 본격적으로 시작한 '착한 대구' 캠페인은 개인의 소액 정기 기부를 활성화하고 유네스코 세계기록유산에 등재된 국채보상운동의 고장인 대구를 '나눔 문화 1번지'로 만들기 위한 범시민 나눔 캠페인입니다. 자원봉사에 참여하는 시민들도 해를 거듭할수록 늘어나 2013년에 49만 5,000여 명이었던 등록 자원봉사자가 수가 2021년 5월에 70만 명이 넘어 지금까지 이르렀습니다.

대구시는 시민들의 나눔 정신과 기부문화를 이어가기 위해 2021년 2월부터 11곳의 '달구벌 키다리 나눔점빵'을 운영했습니다. 최근 10년간 10억여 원의 익명 기부를 실천한 '대구 키다리 아저씨'의 나눔 정신을 이어받자는 취지에서 명칭을 달구벌 키다리 나눔 점빵으로 지었습니다. 달구벌 키다리 나눔 점빵은 코로나 장발장을 예방하고 어려운 이웃과 함께하는 사회 분위기 조성을 위해 대구 사회복지공동모금회의 성금 3억 5,000만 원을 투입해 대구시, 푸드뱅크, 푸드마켓, 복지관 등이 협업해서 운영했습니다. 코로나19 등으로 실직하거나 휴업과 폐업으로 생계의 위협을 받는 가구는 읍면동 행정복지센터의 복지상담을 통해 생계 위기 가구로 인정받으면 생필품과 바꿀 수 있는 키다리 나눔점빵 이용권을 받을 수 있었습니다.

한편으로는 롯데백화점, 이마트, 홈플러스 등에 달구벌 키다리 기부점빵도 설치했습니다. 기부점빵은 고객이 장도 보고 기부도 하는 생활 속 나눔 문화를 확산하고 생활이 어려운 저소득층과 위기 가구를 돕기 위해 설치했습니다. 기부된 생필품은 지정 푸드뱅크와 푸드마켓을 위해 위기 가구에 전달됐습니다.

앞산 충효탑 참배

호국보훈의 도시로 거듭나다

역사를 잊은 민족에게 미래는 없습니다. 조국을 위해 헌신한 애국선열들을 기억하는 것은 우리의 긍지와 자부심을 깨우는 일이자 국가의 책무입니다. 우리 대구는 국채보상운동과 대한광복회 창설지, 3·1운동과 의열투쟁, 해외 항일운동으로 이어지는 독립운동의 성지이자 6·25전쟁 최후의 낙동강 방어선 전투를 승리로 끌어낸 호국보훈의 도시입니다. 그 명성에 걸맞게 국가유공자의 명예를 선양하고 그 후손들에 대한 예우를 강화하고 있습니다.

대구시는 국가보훈대상자를 예우하고 지원하는 조례를 제정하는 등 희생과 공헌에 합당하도록 최고 수준의 국가유공자 예우를 마련했습니다. 2020년 7월부터 참전 명예 수당을 8만 원에서 10만 원으로 인상하고 보훈 예우 수당도 5만 원에서 7만 원으로 인상하는 등 국가유공자에 대한 실질적인 경제적 지원을 확대했습니다. 독립유공자와 유족들에게 지원하던 의료비도 연간 50만 원에서 100만 원까지 늘리고 생존 애국지사들의 자활지원금도 5~20만 원에서 100만 원으로 확대했습니다. 또한 독립유공자 유족과 손·자녀에 대한 지원도 강화했습니다.

 2019년부터는 독립, 호국, 민주화 유공자 1만 5,600여 가정에 국가유공자 집 명패를 달아드렸습니다. 이어서 2021년 6월부터 전몰·순직군경, 전상군경 유족 등 7,000여 가정에 '국가유공자의 집 명패 달아드리기' 사업을 당시 국가보훈처와 합동으로 추진했습니다. 특히 2021년부터는 호국보훈대상을 제정해 시상했습니다. 호국보훈대상은 공적이 뛰어난 국가유공자, 유가족, 그리고 국가유공자를 예우하고 보훈 정신을 기리는 사업을 시행한 개인 또는 단체를 대상으로 합니다. 선정된 수상자들에게는 호국보훈의 달인 6월에 독립, 호국, 민주 분야별로 시상패를 수여했습니다. 이러한 대구시의 노력은 대외적으로도 인정받아서 정부 합동 평가에서 우수 사례로 3년 연속 선정됐습니다.

 대구 각지에서 활발하게 전개된 3·1운동의 활동과 대한민국임시정부 수립에 공헌한 역사적 의의를 고찰해 항일운동의 정통성과 정체성을 바로 세우는 것도 중요한 과제였습니다. 이를 위해 대구 독립운동의 역사를 일반시민과 청소년들이 쉽게 이해하고 대구 독립운동 정신이 일상에 녹아들 수 있도록 다양한 사업과 프로그램을 추진했습니다.

대구시는 '대구 3·1독립운동 기념 거리'를 조성하고 망우당공원 호국 테마 공원을 재조성하는 등 보훈 인프라 확충을 통해 애국선열과 호국영령의 명예를 선양하고 시민들의 나라 사랑 정신을 고취하는 데 큰 노력을 기울였습니다. 3·1독립운동 기념 거리는 지역 항일운동의 가치를 공유하고 생활 속에서 애국과 애족, 희생정신을 기리는 교육장으로 활용하기 위해 대구 독립운동의 주요 거점을 중심으로 조성됐습니다. 서문시장에서 중부경찰서를 거쳐 옛 달성군청에 이르는 기념 거리에는 조국의 자주독립을 위해 힘쓴 대구 독립유공자를 선양하고 독립운동 발자취를 재조명하는 기념비와 표지석이 설치됐습니다.

대구 망우당공원도 지역 독립운동의 역사를 품은 소중한 공간이 됐습니다. 망우당공원은 임진왜란 당시 전국 최초로 의병을 일으킨 홍의장군 곽재우의 호를 따 조성된 공원입니다. 이곳은 항일 독립운동 기념탑과 독립운동 관련 조형물이 건립되고 대구 독립운동 역사의 길이 조성되면서 교육과 체험 및 휴양 기능까지 갖춘 호국 테마 공원으로 재탄생했습니다. 특히 '대구 독립운동 역사의 길'에 들어선 6기의 조형물은 국권회복운동부터 3·1독립운동, 무장 독립운동, 항일 대중운동, 학생 독립운동, 국외 독립운동 등 지난 독립운동의 역사를 상징합니다.

4
청년이 주역이 되는 젊은 도시를 만든다

청년들이 떠나가는 도시의 아픔을 멈추자

청년들이 떠나는 도시. 시장으로서 이만큼 뼈저리게 아픈 게 있을까 싶습니다. 몇 년 전까지만 해도 대구는 청년들이 떠나가는 도시였습니다. 일자리를 찾아 수도권으로 향하고, 꿈을 좇아 대구를 떠났습니다. 그동안 대구의 큰 문제 중 하나가 시대의 변화에 맞춰서 산업구조를 바꾸는 혁신 작업이 제대로 이뤄지지 못했다는 것입니다. 경제는 전반적으로 침체되고 좋은 일자리도 줄어들 수밖에 없었습니다. 어쩌면 청년들이 대구를 떠나는 것은 어쩔 수 없는 일이기도 했습니다.

새로운 패러다임에 따른 변화도 청년들의 유출을 재촉했습니다. 4차 산업혁명 시대입니다. 인공지능, 빅데이터, 초고속 연결망 등이 우리가 예상할 수 없을 만큼 빠르게 세상을 변화시키고 있습니다. 그런데 그 변화의 속도가 지역에 따라 다릅니다. 지방은 세상의 변화 속도에 따라가지 못하는 실정이었습니다. 관련 인프라와 기업 등 사회적 환경이 제대로 구축돼 있지 않은데다가 대학의 기존 교육 시스템으로 길러낸 인재들이 4차 산업혁명 시대를 끌어나가고 기업을 혁신하기에도 상당한 한계가 있습니다.

저는 시장으로 재임하는 동안 산업구조와 공간구조 혁신으로 새로운 대구의 미래를 만들기 위해 혼신의 노력을 다했습니다. 지금 대구는 하드웨어적인 기반이 어느 정도 만들어졌습니다. 이제 혁신적인 기업이 하드웨어적 기반을 활용하고 첨단 신산업들을 끌고 갈 인재들을 키워야 하는 과제가 남았습니다. 산업구조 혁신의 주역은 결국 사람입니다. 신산업 분야의 경쟁력을 확보하고 산업 변화에 기민하게 대응하기 위해 관련 기술에 특화된 맞춤형 인재를 양성해야 합니다. 대구시는 기업과 대학과 함께 손잡고 미래 신산업 현장이 필요로 하는 기업 맞춤형 인재 양성을 위한 교육 시스템을 마련했습니다. 지역 혁신 인재 양성 프로젝트 추진단을 구성하고 세부 실행계획을 수립했습니다. 그리고 2019년에 전국 최초로 지역 단위의 혁신 인재 양성 프로그램인 대구·경북 혁신 인재 양성 프로그램 '휴스타Hustar'를 시작했습니다.

휴스타 프로젝트로 혁신 인재를 키우다

미래를 예측하는 석학들은 한결같이 현재의 대학 교육으로는 신기술의 빠른 변화를 따라가지 못한다고 말합니다. 신기술을 개발하고 그것을 산업현장의 혁신으로 만들어갈 혁신 인재를 길러야 한다고 입을 모았습니다. 그렇지 않으면 대학과 산업은 모두 도태하게 될 것입니다.

미래학자 토머스 프레이는 "2030년에는 세계 대학의 절반이 사라진다."라고 예측했습니다. 인구 감소 등 여러 요인이 있겠지만 무엇보다 현재 대학의 교육 시스템이 갖는 한계에 따른 대학의 필요성이 반감되고 있다는 분석이기도 합니다. 더욱이 지금까지는 대학 졸업장이 좋은 일자리를 보장할 거라는 믿음으로 대학에 진학했지만 이제는 그 믿음이 깨지고 있습니다. 대학의 존립 근거가 흔들리는 것입니다.

토마스 프레이는 기존의 전통적인 대학 교육 시스템의 대안으로 2012년 '마이크로 칼리지'를 설립했습니다. 3개월 단위의 초단기 집중 학위 과정입니다. 시시각각 변해가는 새로운 기술 트렌드를 배우려는 IT 인재들에게 큰 인기를 끌고 있다고 합니다. 프레이는 "10년 후에는 한 사람이 8~10개의 일을 하는 프리랜서의 시대가 올 것"이라고 예언하기도 했습니다.

대구의 휴스타 사업은 토머스 프레이의 마이크로 칼리지와 흡사합니다. 그동안 중앙정부 주도로 추진됐던 인재 양성사업과는 완전히 다릅니다. 지방자치단체가 주도해 지역 대학, 지역 기업, 연구

휴스타 입학식

및 지원기관과 함께 기업 수요에 맞는 혁신 인재를 길러내는 것입니다. 이 인재가 지역에 정착해 기업의 성장과 지역 산업의 혁신을 주도하는 선순환 구조를 만드는 데 목적이 있습니다.

휴스타의 주요 특징은 지역의 혁신지도자가 중심이 돼 휴스타 사업단을 운영하고 지역 기업이 사업단 선정부터 교육과정의 설계와 운영 및 취업 연계에 이르는 전 과정에 주도적으로 참여한다는 것입니다. 이 사업에는 2022년 3월 기준으로 로봇과 미래형 자동차, 의료와 물, 정보통신기술 등 7개 분야에서 285개 기업이 참여하고 있습니다.

휴스타는 혁신대학 학부 과정과 혁신아카데미가 동시에 운영되고 있습니다. 혁신대학은 2년 과정으로 현재 5개 과정에 지역 대학 학부 3, 4학년을 대상으로 운영합니다. 혁신아카데미는 8개월 과정으로 2022년 기준으로 8기까지 모집했습니다. 2022년 3월 기준으로 아카데미 교육생 225명 중에서 180명이 취업해 80퍼센트의 높은 취업률을 보여줬습니다. 특히 정보통신기술 분야 3기 교육생은 100퍼센트가 취업에 성공했습니다. 미래 자동차 분야도 90퍼센트의 취업률을 나타냈습니다. 새로운 교육과정과 높은 취업률 덕분에 교육생과 참여기업 대상으로 교육프로그램과 교육 운영 및 지원, 교육환경 등에 관해 설문조사를 했는데 평균 80점 이상의 높은 만족도를 보였습니다.

휴스타는 혁신 인재들이 미래 신성장 산업과 지역 기업 성장의 밑거름이 될 수 있도록 기업 밀착형 특화프로그램을 강화하는 등 교육프로그램을 지속적으로 개선하고 실질적인 취업과 연계되도록 할 예정입니다. 또한 대구혁신아카데미의 기업 맞춤 5대 특화프로그램도 신설했습니다. 기업 맞춤 5대 특화프로그램은 인공지능 융합 교육을 신설하고 참여기업과 함께 실전형 프로젝트를 강화합니다. 그리고 교육생의 참여기업에 대한 이해도를 높이기 위한 기술 세미나를 개최하고 참여기업을 탐방하는 프로그램도 운영합니다.

휴스타는 대구의 미래입니다. 산업구조를 혁신해 대구의 심장이 다시 뛰는 미래를 여는 일입니다. 대구를 떠나지 않고 대구와 경북에서 꿈을 펼칠 수 있는 대구 청년들의 미래이기도 합니다.

사람을 키우는 인재도시가 미래다

저는 휴스타의 성공을 바탕으로 도시 전체를 인재 양성의 장으로 만드는 그랜드 디자인에 착수하기로 마음먹었습니다. 그래서

2021년에 접어들면서 '사람을 키우는 인재도시 대구'의 원년을 선포했습니다. 지난 몇 년간 혁신 인재들을 키워낸 경험을 바탕으로 한발 더 나아가 산업혁신뿐만 아니라 공간구조 혁신 등 다양한 분야의 혁신을 뒷받침할 인재들을 양성하는 '인재도시 대구'를 만들겠다는 선언이었습니다.

그동안 우리는 혁신을 산업과 공간의 측면에서만 바라봤습니다. 하지만 새로운 대구는 사람을 키우는 풍토와 분위기에서 가능합니다. '인재도시 대구'는 지역에서 키워진 청년들이 지역에 정착해 지역과 경제를 혁신하고 기업을 성장시키는 청년 인재도시를 만드는 것입니다. '제2휴스타 프로젝트'를 추진하고 산단별 맞춤형 인재 육성과 채용시스템을 구축하는 한편 민관 협업 '대구 R&D 타운'을 건설하고 평생학습진흥원의 위상과 역할도 강화하는 등 사람을 키우는 소프트웨어적 성장 기반을 조성하겠다는 것이었습니다. 이를 위해 대구시, 대학, 기관, 그리고 청년과 시민사회까지 합쳐진 민관 거버넌스로 소통하고 협력하겠다고 밝혔습니다.

당시 희망적인 통계도 확인할 수 있었습니다. 대구지역 1인당 지역내총생산GRDP의 5년간(2014~2019) 평균 성장률은 3.83퍼센트였습니다. 울산의 0.71퍼센트, 경북의 1.64퍼센트보다 크게 높고, 전국평균 3.74퍼센트보다도 높았습니다. 지역 주도형 일자리 사업 등의 영향으로 청년인구 유출 규모도 2019년 1만 2,293명에서 2020년에는 7,846명으로 크게 줄었습니다.

저는 미래를 설계하는 것 말고도 당장 청년들의 일자리 창출에도 시의 역량을 집중시켰습니다. 대구시는 고용 친화 기업을 발굴해 기업에 대한 지원을 우대하고 전국에서 두 번째로 큰 규모의 지역 주도형 청년 일자리 사업도 추진했습니다. 당시 대구의 지역 주도형 청년 일자리 사업은 594억 원을 투입해 45개 사업에 3,229명이 참여했고, 대구시는 2020년 행정안전부 주관 평가에서 전국 지자체 중 일자리 분야 대상을 모두 받았습니다.

대구는 청년이 기회를 얻을 수 있는 곳으로 바뀌고 있습니다. 청년이 떠나지 않고 청년이 찾아오는 도시야말로 미래를 기약할 수 있습니다. 대구의 미래는 청년 인재, 혁신 인재가 책임질 것입니다.

MS와 함께 인공지능 인재를 양성하다

'사람을 키우는 인재도시'를 향한 대구시의 도전은 거침이 없고 쉬지 않았습니다. 그 덕분에 세계적인 소프트웨어 기업인 마이크로소프트도 동참했습니다. 2021년 3월에 한국마이크로소프트와 대구시가 국내 최초로 인공지능 인재 양성과 정보기술 일자리 창출을 위해 업무협약을 체결했습니다. 그리고 '대구 AI 스쿨' 사업을 함께 추진하고 있습니다.

대구 AI 스쿨은 프랑스 AI 스쿨을 벤치마킹해 설립했습니다. 대구지역 실정에 맞춘 인공지능과 디지털, 데이터 등 미래 신기술 인재 교육과 함께 청년과 기업이 원하는 양질의 일자리를 만드는 사업입니다. 대구 AI 스쿨은 2018년 마이크로소프트와 프랑스 소프트웨어 전문기관인 심플론이 파트너십을 맺고 만들어낸 유명 교육 프로그램입니다.

대구 AI 스쿨은 인공지능, 정보통신, 디지털 분야 취업을 희망하

한국마이크로소프트와 대구시 AI스쿨 업무협약

는 지역 청년 100명을 대상으로 운영했습니다. 일반과정 80명과 개발자 수준의 심화 과정 20명 등으로 과정을 나누고 마이크로소프트의 최신 인공지능, 디지털, IT 교육을 비롯해 현장 중심의 실무 프로젝트를 개발해 교육을 진행합니다. 또한 IT 관련 기업과 청년의 일자리 매칭데이, 온라인 커리어 데모데이, 디지털 이력서 작성 컨설팅 등 각종 프로그램으로 취업을 지원했습니다.

그동안 대구지역의 청년들은 인공지능 교육에 대한 수요는 많았지만 이러한 프로그램과 유사한 교육을 받으려면 수도권까지 가야 했습니다. 그러나 이제는 청년들이 마이크로소프트의 최신 기술을 익혀 인공지능과 디지털 분야의 미래를 열고 새로운 일자리에 도전할 수 있는 희망의 등용문을 대구에 마련하게 된 셈입니다. 이러한 노력이 하나하나 결실을 보아서 대구가 청년이 주역이 되는 젊은 도시로 바뀌어 역동적인 미래를 열어갈 수 있기를 기대합니다.

4장

혁신의 리더십이
코로나19를 이기다

1
악몽이 시작되고 도시가 멈춰 서다

첫 코로나19 확진자가 발생하다

"시장님, 코로나 진단검사에서 양성이 한 사람 나왔습니다."

2020년 2월 17일 밤 10시쯤이었습니다. 대구시 보건환경연구원장으로부터 전화가 걸려왔습니다. 코로나19 진단검사 결과 대구의 첫 확진자가 발생했다는 소식이었습니다. 저는 '드디어 올 것이 온 것인가.'라는 걱정스러운 마음으로 시청으로 들어갔습니다. 밤 10시 30분이었습니다.

그때까지만 해도 코로나19 양성 판정은 지방자치단체에서 결정할 수 없었고 양성 사례가 나오면 질병관리본부에 보내서 양성임

코로나19 대응 대구광역시 재난안전대책본부 오전 정례브리핑

을 재확인하는 과정을 거쳐야만 했습니다. 그래서 밤 10시 30분에 질병관리본부로 검체를 보내고 밤새 마음을 졸이며 기다렸습니다. 긴 기다림 끝에 2월 18일 새벽 5시경에 받은 통보는 최종 양성이었습니다. 그렇게 우리 대구에도 코로나19 확진 환자가 발생했습니다. 대구지역 첫 번째 확진자이자 우리나라 31번째 확진자였습니다.

2월 18일 오전에 저는 '코로나19 확진자 발생에 따른 시민께 드리는 말씀'이라는 제목의 대시민 담화문을 발표했습니다. 한국인 61세 여성이 수성구 보건소에서 검사받은 후 양성으로 확인됐고 질병관리본부와 함께 확진자의 감염 및 이동 경로와 접촉자 등 역학조사를 실시하고 있다는 내용이었습니다. 올 것이 왔지만 그래도 그동안 열심히 대비했고 과거 메르스 사태를 잘 극복했던 경험도 있던 터라 코로나19도 충분히 감당할 수 있으리라 생각했습니다.

대구시는 메르스 사태의 당시 경험을 바탕으로 1월 16일부터 '대구시 코로나바이러스 감염증 대책반'을 구성해서 운영하기 시작했습니다. 감염증 대책반은 확진 환자 치료 병상 계획 수립, 선별진료소와 진단검사기관 사전 준비, 유관 기관 대책 회의와 전략조정 회의 준비 등 코로나19의 국내 유행에 대비한 방안들을 마련하고 점검했습니다.

1월 27일부터는 정부에서 감염병 대응 단계를 경계로 상향함에 따라 시장인 저를 본부장으로 하는 코로나19 재난안전대책본부를 구성해 대응체계를 강화했습니다. 이때부터 보건복지국 직원들은 24시간 근무 체제에 들어갔고 확진자 치료 병상 계획을 수립하고 선별진료소 운영 등 진단검사 체계도 갖췄습니다. 즉각 역학조사를 위한 대응팀 구성과 민간 역학 조사관 위촉 및 보건소 감염병 담당자 교육 등을 실시하고 코로나19 대응에 대한 자문을 위해 감염병자문단을 위촉하는 등 철저하게 준비했습니다.

대구의료원도 메르스 사태 이후 음압 병상을 확충한 격리병동에 환자들을 입원시키기 위한 준비를 마친 상태였습니다. 아직 확진자가 발생하기 전에 제가 직접 코로나19 현장 대응 점검차 대구의료원을 방문해서 확인하고 SNS를 통해 시민들께 "신종 코로나바이러스가 대구에 확산되지 않으면 좋겠지만 그렇다고 안 오리라 생각하지도 않습니다. 단디 준비하겠습니다."라고 말씀드리기도 했습니다.

하지만 코로나19는 말 그대로 전대미문 사상 초유의 감염병이었습니다. 당시에는 메르스와는 전혀 다른 새로운 감염병에 대해 누구도 잘 알지 못했습니다. 대비는 한다고 했지만 사실상 제대로 된 대비가 없는 상태에서 맞게 된 코로나19의 대유행은 초기에 많은 아픔과 혼란을 남기고 말았습니다.

응급의료 시스템이 마비되다

코로나19 확진자는 2월 17일 1명, 18일 10명, 19일 23명으로 차츰 늘어났습니다. 그러다가 첫 확진자가 발생하고 난 뒤에 불과 닷새 만에 하루 100명 이상의 확진자가 쏟아져 나왔습니다. 하루 100명 이상 확진자가 발생한 기간이 18일간 지속됐습니다. 2월 27일에는 누적 확진자 수가 1,000명을 넘기더니 이틀 후인 2월 29일에는 하루 동안 741명의 확진자가 발생하면서 누적 2,000명을 넘어섰습니다. 이후 3월 2일 3,000명대, 3월 4일 4,000명대, 3월 7일 5,000명대, 3월 14일 6,000명대 등 2~7일 간격으로 확진자가 1,000명씩 쏟아져 나오면서 2월 말부터 3월 중순까지 우리나라 확진자의 60퍼센트 이상이 대구에서 발생했습니다.

이처럼 단기간에 감염병이 대규모로 확산하면서 병상 부족 문제가 발생했습니다. 3월 4일에 이르러서는 병상 부족으로 집에서 대기하는 확진자가 2,270명에 달했습니다. 병상을 기다리다 제대로 된 치료를 받지 못하는 일이 벌어졌고 2월 27일에는 기저질환이 있는 고령 환자가 자택에서 입원을 대기하던 중 상태가 악화돼 돌아가시는 안타까운 일도 발생했습니다.

당시 저를 가장 힘들게 만들었던 것은 매일 발생하는 사망 보고를 받는 것이었습니다. 오장육부가 끊어지는 아픔과 충격을 느꼈습니다. 제대로 치료도 못 받고 돌아가셨다는 것에 대한 시장으로서의 죄책감에 참으로 힘들었습니다. 코로나19에 대해 무지한 상태에서 초유의 감염병 대유행을 겪다 보니 제대로 된 치료 약이 없어서 많은 분이 세상을 떠나셨습니다. 그 생각을 하면 지금도 가슴이 미어집니다.

　의료체계의 붕괴도 염려스러웠습니다. 지역사회로 감염병이 확산되고 확진자가 쏟아지면서 환자를 치료하는 의료진들이 코로나19에 감염되는 위험에 고스란히 노출될 수밖에 없었습니다. 코로나19 의심 증상을 가진 시민들이 선별진료소를 거치지 않고 무작정 병원 응급실을 찾는 사례가 많았기 때문입니다. 결국 지역의 대학병원 응급실 5곳 중에서 4곳의 운영이 중단되면서 응급의료 시스템이 마비되는 사태가 발생하고 말았습니다. 확진자가 근무한 W병원과 의심 환자가 다녀간 천주성삼병원 응급실도 운영이 중단됐습니다.

　응급실이 코로나19 환자에게 노출되면 응급실 환자들을 모두 소개하고 소독한 후에야 다시 열 수 있었습니다. 그 과정에서 최소 2~3일간 운영을 멈춰야 했기 때문에 응급환자 진료에 큰 공백이 초래됐습니다. 확진자 접촉으로 인해 의료진이 다수 격리되면서 응급환자에 대한 진료 공백이 우려되는 위급한 상황도 발생했습니다. 응급실 운영체계의 변화와 함께 관련 지침 변경이 불가피했습니다.

　우선 응급실에 대한 안전대책을 강구했습니다. 응급실을 찾는 환자들은 반드시 선별진료소를 거쳐서 들어오도록 하고, 확진된 환자들과 접촉하더라도 의료진 감염이 일어나지 않도록 보호장구를 확충했습니다. 모든 의료진이 레벨D 수준의 보호구를 착용하도록 했고, 특히 응급실은 더 철저한 보호조치를 취했습니다. 그뿐만 아니라 대구시 코로나19 비상대응본부 자문단은 시 공무원, 대구시 의료계와 함께 코로나19에 감염되면 사망률이 높은 고위험 집단인 산모와 신생아, 소아 환자, 정신질환자, 투석 환자 등의 치료체계를 구축하기 위한 조정자 역할을 하기 시작했습니다. 대구지역 의료체계의 붕괴를 막기 위한 조치였습니다.

지역의 의료체계 붕괴를 막기 위해 경북대병원과 영남대병원 등 대구지역 9개 주요 의료기관을 '국민안심병원'으로 지정했습니다. 코로나19 환자뿐만 아니라 응급환자, 외상환자, 암 환자, 일반 환자들이 안심하고 치료와 진료를 받을 수 있게 했습니다. 환자들이 갈 수 있는 병원 문턱이 높아지자 대구지역 개업의들도 감염 위험을 무릅쓰고 진료를 보면서 지역 내 의료체계가 유지되도록 했습니다.

코로나19로 인해 닥친 모든 상황이 처음 맞는 것이라서 우여곡절이 많았습니다. 코로나19 전담병원으로 지정돼 환자들을 병원으로 보내면 병원에서 증상이 없는 경증 환자만 받고 증상이 있는 환자는 못 받겠다고 거부하는 바람에 병원 앞에서 소방차들이 몇 시간씩 줄지어 서 있을 때도 있었습니다. 그만큼 우리가 가졌던 공포와 두려움은 상상 이상으로 컸습니다.

● ● ● ● ●
도시의 모든 것이 멈춰 서다

대구에서 첫 확진자가 발생한 이후 가파른 속도로 확진자가 증가하자 정부는 2월 23일 코로나19에 대응하기 위한 위기 경보 단계를 '경계' 단계에서 최고 수준인 '심각' 단계로 격상했습니다. 이에 따라 휴교령과 집단행사 금지 등의 정책 대응이 가능해졌습니다. 실제로 교육부는 전국 유치원, 초중고, 특수학교의 2020학년도 개학을 3월 9일까지 일주일간 연기하는 초유의 조치를 단행했고 이후 2차와 3차에 걸쳐 4월 6일까지 개학이 미뤄졌습니다. 6·25 전쟁 중에도 천막 교실을 지어 학교에 갔던 대한민국입니다. 하지만 대학 입시를 준비하던 고3 수험생들도, 초등학교 입학식을 손꼽아 기다리던 어린이들도 학교에 갈 수 없었습니다.

확진자가 발생한 지 닷새째 되는 날 148명이 확진되는 것을 보면서 "감염병이 대구를 넘어 전국적으로 확산되면 큰일이다. 우리 대구에서 막아야 한다."라고 생각했습니다. 다음날 정례브리핑에서 저는 대구 시민에게 다음과 같이 호소했습니다.

"시민 여러분, 우리 대구는 정말 심각한 상황입니다. 우리 대구에서 이걸 막아야 합니다. 만약에 저한테 권한이 있다면 통행 금지령이라도 내리고 싶은 그런 심정입니다. 그러나 저한테 그런 권한이 없기 때문에 시민 여러분께 호소할 수밖에 없습니다. 당분간 외출과 접촉을 자제해 주십시오."

실제로 우리 대구에서 코로나19 확산을 방어하지 못하고 수도권으로 확산되면 대한민국 전체가 걷잡을 수 없는 상황에 빠질지도 모르는 심각한 상황이었습니다.

당시 대구에서는 모든 것이 중단됐습니다. 코로나19에 대한 공포와 두려움도 있었지만 대구 공동체를 지키기 위한 시민들의 자발적이고 희생적인 노력 때문이었습니다. 대구 시민은 위대했습니다. 민족과 국가가 어려울 때마다 발휘했던 희생정신을 코로나19와의 사투에서도 다시 한번 빛났습니다. 조선 시대부터 하루도 쉬지 않았던 서문시장도 문을 닫았고 하루 수만 명이 오가던 동성로 거리는 인적이 끊겼습니다. 골목길 상가들도 자발적으로 휴업에 들어갔고 대로에 오가는 차들도 눈에 띄게 줄었습니다. 확진자가 폭증하던 2월과 3월에는 지역 내 고위험 시설의 88.4퍼센트가 자발적으로 휴업했습니다. 대중교통 이용량도 전년 대비 10~20퍼센트를 유지하는 등 대구 시민의 공동체를 위한 자발적 희생은 여러 데이터가 증명하고 있습니다.

영국 『가디언』지 기자는 2월 23일 '적막감만 감도는 한국의 도시'라는 제목의 기사에서 "모든 가게와 식당들이 문을 닫고 지하철역, 마켓, 쇼핑몰 등에는 사람을 찾아볼 수가 없다. 이곳은 음산할 정도로 조용하다."라고 당시 모든 것이 중단됐던 대구의 모습을 전했습니다.

집무실에서 쪽잠을 자며 코로나와 싸우다

저는 첫 확진자가 발생한 2월 17일부터 38일 동안 시청 집무실에서 야전침대 생활을 했습니다. 그 기간에 저는 매일 '혹독한 악몽'을 꿨습니다. 보통의 전쟁에서는 적이라도 볼 수 있지만 코로나바이러스와의 전쟁은 적이 보이지 않았습니다. 초기에는 싸울 무기조차 변변치 않았습니다. 그저 '시민을 지켜야 한다, 전국으로 확산되기 전에 대구에서 코로나바이러스를 막아야 한다.'라는 생각

시청 집무실 접이식 침대

뿐이었습니다.

　매일 그날의 환자 발생 상황을 종합하고 나면 밤 11시가 넘었습니다. 이후 환자 상태와 어렵게 구한 병상 데이터를 보고 내일 아침 어느 환자를 어떤 병실로 옮길지 계획을 짜야 했습니다. 늦어도 오전 8시까지 이송 병원이 적힌 환자 명단을 소방본부에 전달해야 환자 이송을 시작할 수 있었기 때문입니다. 그리고 현 상황을 공유하는 브리핑 메시지를 다듬다 보면 어느새 동이 트기 시작했습니다. 그러던 와중에 병상을 구하지 못해 집에서 대기하던 시민이 돌아가시는 일이 발생했을 때는 '왜 하필 대구에 이런 엄청난 고난을 떨어뜨렸느냐.'라며 하늘을 여러 번 원망하기도 했습니다. 하지만 '어딘가에서 겪어야 한다면 메디시티인 대구가 용기와 지혜로 극복해야 한다.'라는 생각도 들었습니다.

　잠잘 시간도 부족했지만 쉽게 잠이 오지도 않았습니다. 하루에 두세 시간씩 쪽잠을 자면서 버티다 보니 결국 쓰러지고 말았습니다. 쓰러진 후 직원들이 사무실 침대를 아예 없애버렸습니다. 하는 수 없이 집으로 돌아갔지만 새벽에 계속 깨어나고 깊은 잠을 자지 못하는 불면의 시간이 몇 달간 이어졌습니다. 육체적으로뿐만 아니라 정신적으로도 무척 힘든 시간을 보냈습니다. 구급차 사이렌 소리에 잠이 깨고 환청에 시달리면서 깊은 잠을 잘 수가 없었습니다. 지금도 코로나19로 돌아가신 분들을 생각하면 가슴이 아파서 견디기가 힘듭니다.

코로나19 초기에 두 달간 매일 브리핑으로 시민들께 호소했습니다. 첫 확진자가 발생한 2월 18일 오전 '코로나19 확진자 발생에 따른 시민께 드리는 말씀'이라는 제목의 대시민 담화문을 발표했습니다. 이후 4월 19일까지 62일간 시청 상황실에서는 '코로나19 대응 관련 정례브리핑'이 진행됐습니다.

저는 매일 생중계로 진행되는 정례브리핑 시간을 시민들에게 코로나19와 관련된 정보를 공유하고 소통하는 시간이라고 생각했습니다. 코로나19 방역은 사실상 시민들이 주체가 돼서 해야지만 효과를 기대할 수 있었습니다. 매일 하는 브리핑은 시민들께 대구의 코로나19 상황을 정확하게 전달하면서 어떻게 행동해야 하는지 행동 요령을 말씀드리고 방역에 동참해달라고 호소하는 소중한 시간이었습니다. 그리고 정부에 요청할 사항이 있으면 요청하고 국민께 대구 상황에 관해 설명하고 도움을 요청하는 통로가 바로 정례브리핑이었습니다.

당근과 채찍으로 전수조사를 하다

공식적으로 질병관리본부로부터 31번 환자의 코로나19 최종 양성 판정을 통보받기 전날인 2월 17일 밤 10시쯤 첫 확진자 발생 사실을 인지한 후 밤 11시 30분쯤 역학 조사관으로부터 상황 보고를 받고 대책을 논의했습니다. 곧바로 환자의 이동 경로 파악 등 역학조사를 실시했습니다. 하지만 안타깝게도 처음에는 신천지교회 교인이라는 사실을 확인할 수 없었습니다.

몇 차례의 역학조사 과정에서 31번 환자는 종교를 정확히 밝히기를 꺼렸고 대구교회 교인이라고만 진술해서 18일 오전에 실시한 대구시 브리핑에서 대구교회 교인으로 발표되기도 했습니다. 하지만 대구교회에 대한 조치를 위해 추가 조사를 한 결과 '신천지예수교 증거장막성전 대구교회', 즉 신천지교회인 것으로 확인됐습니다.

역학조사 결과를 보니 31번 환자가 2월 9일과 2월 16일에 신천지교회에서 예배를 봤다는 사실이 밝혀졌습니다. 신천지교인들이 진단검사를 받게 하고 예배를 같이 보면서 접촉한 사람들을 찾아내는 것이 급선무였습니다. 2월 18일 늦은 밤부터 보건소 선별진료소에 신천지교인들이 찾아와 검사받기 시작했습니다. 31번 환자의 접촉자로 파악된 사람들을 진단검사했더니 2월 19일 아침까지 10명이 추가 확진됐고 그중 7명이 신천지교인이었습니다. 감염병 자문위원들은 일반 교회보다 종교 모임이 잦고 적극적으로 포교하며 3밀(밀접, 밀집, 밀폐)의 특성을 고려할 때 상황이 심각할 수도 있다고 걱정하면서 신천지 전담팀을 구성해서 별도로 대응할 것을 제안했습니다. 저와 대구시는 곧바로 그 제안을 받아들였고 시행에 들어갔습니다. 그리고 2월 18일에 신천지 대구교회와 관련이 있는 대구 내 신천지센터와 복음방 등 17곳을 즉시 폐쇄하고 집회도 중단시켰습니다.

진단검사와 역학조사를 통해서 신천지교회가 지역사회로 전염병이 전파되는 주요 통로가 될 수 있다는 우려는 현실이 되고 말았습니다. 감염병 자문단은 지역사회 감염을 최소화하기 위해 신천지교인 전체에 대한 신속한 진단검사를 통해 확진자를 격리해야 한다고 건의했습니다. 저와 대구시는 곧바로 신천지교인들을 대상으로 전수검사에 들어가기로 했습니다.

2월 19일 이른 아침에 저는 자문단 교수들과 함께 대구 경찰청장과 신천지교회에 대한 대응 방안을 상의했습니다. 경찰청장은 신천지교인을 지나치게 압박하면 그들이 숨어버릴 수도 있으니 당근과 채찍을 동시에 사용하라고 권고했습니다. 우리는 우선 신천지 대구교회에 공식적으로 협조를 요청하고 협조하지 않으면 공권력을 동원에 압박한다는 원칙을 공유했습니다. 그리고 신천지교회에 교인 명단과 두 차례의 예배 참석자 명단 제출을 요청하고 신천지교회 측으로부터 해당 자료를 하나씩 넘겨받았습니다. 자료를 받는 즉시 대구시의 신천지 전담팀 소속 공무원들은 우선 두 차례에 걸친 예배에 참석한 교인으로 추정되는 1,001명에 대해 전화로 증상 발생 여부를 전수조사했습니다.

2월 19일 통화된 605명 중에서 90명이 발열과 같은 증상이 있었습니다. 이들 중 확진자가 상당수 있을 것으로 보고 검사한 결과

코로나19 대응 대구광역시·경찰 합동 신천지 대구교회 행정 조사 실시

　2월 20일 아침에 추가 확진된 23명 중 17명이 신천지교인이었습니다. 그리고 신천지 신도 1만 명에 대한 전화조사를 통해 1,243명의 유증상자를 확인했습니다. 상황은 참으로 심각했습니다. 이미 이들을 통해서 신천지교회뿐만 아니라 지역사회로 상당히 광범위하게 전파됐을 것으로 우려됐습니다.

　대구시는 감염병 자문단과의 회의를 통해 코로나19가 지역사회로 추가 전파되는 것을 막기 위해 신천지교인들을 대상으로 전수 진단검사를 한다는 방침을 세웠습니다. 다음 날부터 대구시는 그동안 파악한 신천지교인들을 대상으로 단 한 명도 빠뜨리지 않고 끝까지 추적해서 진단검사를 받도록 했습니다. 3월 12일 오전 0시 기준으로 대구 신천지교인 관리 대상 1만 437명 중 검사를 받겠다고 한 2명과 경찰이 소재 파악 중인 1명을 제외한 1만 434명이 진단검사를 완료하면서 신천지교인에 대한 진단검사는 실질적으로 마무리됐습니다. 2월 18일 대구 신천지교회에서 첫 번째 확진자가 발생한 지 24일 만이었습니다.

당시 보건소의 선별진료소에서 실시할 수 있는 검사 건수는 하루 100여 건에 불과했습니다. 급증하는 검사수요를 감당하기에 역부족이었고 검사 역량 확대를 위한 별도의 대책 없이는 신천지교인 전수조사는 불가능한 상황이었습니다. 신천지교회 교인에 대한 전수조사뿐만 아니라 확진자 수가 증가하는 상황에서 필요한 진단검사수요에 대응하기 위해서는 특단의 대책을 마련해야 했습니다. 계명대 동산병원, 경북대병원, 영남대병원, 대구카톨릭대학병원, 파티마병원 등을 진단검사기관으로 추가로 지정하고 민간 검사 수탁업체도 5개 업체로 확대했습니다. 결정적으로 진단검사 역량을 확충한 것은 칠곡 경북대병원에서 시작한 드라이브스루 진단검사 기법을 창안해 내면서부터였습니다.

신천지교인에 대한 전수조사가 마무리되면서 대구시의 신규 확진자 수도 눈에 띄게 줄어들기 시작했습니다. 이후 독일의 『슈피겔』지는 대구시의사회 코로나19 대책본부장의 말을 인용해 "신천지 집단감염 발생 후 대대적인 전수조사로 코로나19 확산을 성공적으로 막아냈다."라는 보도를 내놨습니다. 당시 신천지교인들을 효과적으로 통제하지 못했다면 코로나19가 전국으로 확산되는 것을 막지 못했을 것이라는 데 전문가들과 언론들이 의견을 같이했습니다.

2
D-방역이 K-방역의 표준이 되다

● ● ● ● ●
코로나19 대응체계와 매뉴얼을 바꾸다

2월 18일 첫 확진자가 발생한 이후부터 대구시는 시정을 '코로나19 대응 비상 체제'로 바로 전환했습니다. 하지만 확진자 발생 초기만 해도 코로나바이러스의 특성을 전혀 알지 못한 채 과거 메르스나 사스와 같은 대응체계를 유지했습니다. 이러한 대응체계는 비단 우리나라뿐만 아니라 전 세계가 비슷한 상황이었습니다.

코로나바이러스에 감염된 환자를 어떻게 치료해야 할지도 몰랐습니다. 메르스보다 전파력이 엄청나게 빨라서 비교도 할 수 없을 정도로 환자 수가 많은데도 불구하고 모든 환자를 1인 1음압 병실

신종 코로나 바이러스 감염증 관계기관 대책회의

에서 치료한다는 기존의 매뉴얼에 따르다 보니 병상 부족 현상이 심각한 현실이 됐습니다. 입원이 불필요한 경증 환자들이 먼저 병상을 차지하면서 중증 환자들이 입원해 치료받지 못하고 입원을 기다리다가 집에서 돌아가시는 안타까운 상황도 발생했습니다.

전대미문의 감염병 재난이 발생했지만 희망의 불씨는 남아 있었습니다. 우리 대구에는 메디시티협의회를 통해 구축된 민관 의료협력 거버넌스와 훌륭한 의료진들이 있었습니다. 메디시티협의회에는 의사회, 간호사회, 약사회, 치과의사회, 한의사회 등 대구시의 모든 의료단체의 단체장들과 대학병원장들이 참여하고 있습니다. 코로나19 사태가 발생하자마자 저는 메디시티협의회를 적극적으로 활용했습니다.

저는 첫 환자가 나온 다음 날 확진자가 10명이 추가로 발생하고 그중 7명이 신천지교인이란 사실을 확인한 뒤 상황이 매우 엄중하다고 확신했습니다. 곧바로 다음 날인 2월 19일 이른 아침에 메디시티협의회 이사들과 긴급대책회의를 열었습니다. 이 회의에서는 다양한 코로나19 대응 방안이 논의됐습니다. 그중에서 가장 시급한 해결과제가 병실 부족 문제였습니다. 우한의 사례나 지금까지 경험한 우리나라의 사례를 보면 입원한 환자 중 80퍼센트 이상이 경증이거나 아무런 증상이 없는 환자들이었다는 분석이 제시됐고 무증상 환자들은 음압병실이 아닌 일반병실에 입원시켜도 된다는 것이 회의에 참석한 전문가들의 판단이었습니다.

저와 대구시는 중증 환자는 음압병실에 입원시키되 경증 환자나 무증상자는 일반병실에 입원시키는 것을 허용하도록 매뉴얼을 변경해 줄 것을 정부에 요청했습니다. 그리고 우선 대구의료원 라파엘웰빙센터 병동 전체를 소개해 음압병실 88실을 확보하고 확진자 증가에 대비해 대구의료원 전체를 소개하는 방안도 추진하기로 했습니다.

2월 21일 정부는 입원 치료를 위한 대응 지침 「코로나바이러스 감염증-10 대응 절차」(제6판)를 개정했습니다. '음압병실 1인 1실'에서 '일반병실 다인 1실' 체계로 전환했고 경증 환자일 경우 일반병실 다인 1실에 배정할 수 있도록 입원기준이 변경됐습니다. 대구시는 이러한 대응 지침의 변경에 따라 대구의료원의 환자들을 전원 소개해서 대구의료원을 1차 전담병원으로 지정했습니다.

하지만 병상을 만드는 일은 쉽지 않았습니다. 코로나19 환자는 병실이 비어 있다고 해서 바로 입원시킬 수 없었습니다. 적어도 병동 한 채를 비우거나 병원 전체를 비워야 환자를 입원시킬 수 있기 때문입니다. 코로나19 환자를 위한 병실을 만들기 위해서는 기존에 있던 환자들을 모두 다른 병원으로 전원시켜야 하기 때문에 대구의료원을 전담병원으로 완전히 전환하는 데 일주일이 걸렸습니다. 코로나19 환자가 발생하는 속도는 시속 100킬로미터가 넘는데 병상을 구하는 속도는 시속 30킬로미터도 안 되는 상황이 벌어지고 있었습니다.

최초로 드라이브스루 선별진료소를 운영하다

코로나19와의 전쟁에서 승리하기 위해서는 속도전이 필요했습니다. 전파력이 엄청나게 빠른 코로나바이러스를 막기 위해서는 확진자를 조기에 찾아내 지역사회와 격리하는 것이 반드시 필요했습니다. 그러나 기존의 보건소 실내 선별진료소나 천막형 선별진료소는 감염이 의심되는 한 명의 환자를 진료한 후에는 교차 감염을 막기 위해 내부를 소독하고 환기하는 과정을 매번 반복해야 했습니다. 또한 의료진과 방역 담당 직원은 환자가 바뀔 때마다 새로운 레벨D 방호복으로 갈아입어야 했기 때문에 한 명의 환자를 검사하는 데 약 2시간이 소요되고 있었습니다. 그러다 보니 선별진료소마다 하루에 7~8명 정도밖에 검사할 수 없었고 머리부터 발까지 온몸을 감싸는 방호복은 통기가 되지 않아 의료진은 육체적 피로에 시달렸습니다. 이 문제를 해결하지 않고서는 폭증하는 감염 의심 환자들에 대응하는 것은 불가능에 가까웠습니다.

이 문제를 해결하기 위한 대안이 바로 드라이브스루 진단검사입니다. 칠곡경북대병원에서 나섰습니다. 칠곡경북대병원에서는 감염학회에 올려진 인천의료원 감염내과 김진용 과장의 '대규모 코로나 선별검사센터 운영안'이라는 제목의 자료를 참고해서 새로운

드라이브스루 진단검사 현장

검사방식을 만들어냈습니다.

　우선 병원의 기존 선별진료소를 개조해서 사용하되 병원 직원과 환자의 접촉을 피해 교차 감염을 차단하고 환자가 대기시간 없이 진료받을 수 있도록 절차를 간소화했습니다. 병원 방문 전에 전화 통화로 검체 채취를 제외한 모든 절차를 완료하고 진료비는 계좌이체나 신용카드를 통한 후불제로 받기로 했습니다. 예약된 시간에 차량을 운전하거나 도보로 선별진료소에 도착하면 바로 검체 채취를 시행하고 검사 결과는 문자로 받을 수 있도록 했습니다.

　드라이브스루 방식의 가장 큰 장점은 밀폐된 실내 공간이 아니라 자연환기가 되는 실외에서 검사를 시행함으로써 바이러스에 의한 교차 감염을 최소화할 수 있다는 점입니다. 그리고 실내의 진료실을 소독하는 데 필요한 시간과 경비를 대폭 줄여서 안전하고 신속하게 검사를 할 수 있다는 장점도 있습니다.

2월 23일 칠곡경북대병원에서부터 드라이브스루 선별진료소를 운영하기 시작했습니다. 드라이브스루 방식으로 운영한 첫날 30여 명을 시작으로 검사 건수는 매일 늘어났고 며칠 만에 하루 100건을 훌쩍 넘기며 검사 건수를 대폭 늘릴 수 있었습니다. 기존 검사 방식보다 약 20~30배 빠른 검사 속도였습니다. 대구에서 시작한 드라이브스루 진단검사는 전국으로 확대됐고 워킹스루 방식으로 이어지면서 진단검사량을 획기적으로 늘림으로써 코로나19 방역에서 가장 중요한 계기가 됐습니다.

세계 제1호 생활치료센터를 열다

정부와 대구시의 병상 확보 노력에도 불구하고 확진자가 급증하면서 병상만으로 대응할 수 없는 한계가 드러나기 시작했습니다. 하루 확진자가 100명을 넘어서면서부터 다른 방안을 찾아야 했습니다. 저는 무증상이나 경증 환자들을 위한 병상을 대규모로 확보하는 방안을 생각하고 그 장소로 칠곡 외국어대학교와 대구 엑스코 전시실을 염두에 두고 현장답사를 실시했습니다. 지역의 의료 전문가들과도 상의했습니다. 그러나 아무도 가보지 않는 길을 간다는 것은 힘든 결정이었습니다. 우선은 환자를 병원이 아닌 곳에서 치료할 수 있도록 정부 차원의 매뉴얼을 바꾸어야 했습니다. 어떤 전문가는 환자들을 대규모로 밀집시킬 경우 바이러스의 변이가 일어날 위험을 경고하기도 했습니다.

이 무렵 새로운 대안으로 제시된 것이 연수원이나 기숙사 등의 시설을 무증상이나 경증 환자들을 격리 치료하기 위한 임시 치료시설로 활용하자는 것이었습니다. 치료제가 없는 상황에서 코로나19에서 완치된 환자 대부분은 스스로 병마와 싸워서 자기 면역으로 이겨냈습니다. 이것을 가장 먼저 간파한 사람들이 대구의 의료진들이었습니다.

대구 의료진들은 병상이 모자랄 때는 꼭 병원에 입원시킬 필요가 없으니 매뉴얼을 바꾸어서 생활치료시설 같은 것을 만들자고 제안했습니다. 이 제안이 받아들여져서 대구에서 첫 생활치료센터가 열리게 된 것입니다. 나중에 들은 사실이지만 정부에서 미리 준비해놓고 실제로 매뉴얼이 바뀌기까지 3일을 기다렸다고 합니다. 보건복지부 공무원들은 대구시가 먼저 결정해줄 것을 은근히 바라고 있었습니다. 사실 저와 대구시도 필요성은 진작 느끼고 있었지만 우리 시민들을 병원이 아닌 시설에서 치료한다는 것에 선뜻 동의할 수가 없었고 정부 차원의 지침 개정 없이 대구가 먼저 할 수도 없어서 망설이고 있었습니다. 이렇게 하는 동안 3일의 시간이 지나간 것입니다.

2020년 3월 1일 오전이었습니다. 코로나19 중앙재난안전대책본부는 국무총리인 정세균 본부장 주재로 각 중앙부처 및 17개 광역자치단체와 함께 긴급회의를 열었습니다. 대구지역을 중심으로 코로나바이러스 환자가 급증함에 따라 환자 분류, 입·퇴원 원칙, 치료체계를 개편하는 방안을 집중적으로 논의하기 위해서였습니다. 이날 결정된 주요 사항은 코로나바이러스 확진자 가운데 경증 환자는 생활치료센터에서 적절한 의학적 모니터링과 치료를 시행하고 중등도 이상의 확진자는 음압격리병실이나 감염병 전담병원에 입원 치료한다는 것이었습니다.

3월 2일 대구의 동구 신서동 혁신도시에 있는 중앙교육연수원이 생활치료센터로 지정돼 처음으로 문을 열었습니다. 대한민국 최초이자 세계 최초의 생활치료센터가 대구에서 운영되기 시작한 것입니다. 중앙교육연수원 생활치료센터에는 전담병원인 경북대병원 의료진을 포함해 총 26명의 의료 인력을 배치했습니다. 그리고 체계적인 운영을 위해 행정안전부, 대구시, 국방부 합동의 운영총괄반과 대구시와 환경부 합동의 시설관리반, 대구경찰청 책임 아래 질서유지반, 복지부 책임 아래 의료지원반, 대구소방본부 책임 아래 구조구급반이 편성됐습니다. 이들은 센터에 상주하면서 입소자들에게 증상 관리 등 필요한 의료서비스를 제공하고 물품과 식사 지원, 방역과 소독 관리, 보안 유지 등 센터 운영 전반을 함께 책임졌습니다.

경증 환자 분류와 배정 상황에 맞춰 순차적으로 센터에 입소한 환자들은 체온 측정, 호흡기 증상 등 매일 2회 자가 모니터링을 시행하고 의료진은 이를 바탕으로 환자의 건강 상태와 임상증상을 확인했습니다. 이 과정에서 건강 상태에 변화가 있을 때 상주하는 의료진의 확인과 세부 진단과정을 거쳐 상태가 위중하면 병원으로 이송하고 그렇지 않으면 계속 생활치료센터에 거주하며 치료받는 시스템으로 운영됐습니다. 생활치료센터에는 자가 격리하며 입원 대기 중인 확진자들이 우선 입소했습니다. 그리고 효율적인 병상 운영을 위해 입원환자의 증상이 호전되면 생활치료센터에서 추가로 관찰하다가 완치 판정을 받은 후 집으로 돌아갈 수 있도록 했습니다. 빈 그 병상에는 대기 환자 중 정말 치료가 필요한 사람들을

코로나19 경증 환자 생활치료센터

빨리 입원시켜 치료할 수 있었습니다.

 생활치료센터는 세계 감염병 역사에서도 혁명적인 사건일 것입니다. 대구가 성공적으로 코로나19를 극복할 수 있었던 배경에는 생활치료센터가 큰 역할을 했습니다. 당시 전담병원의 병상만으로는 쏟아져 나오는 환자를 감당하기에 역부족인 상황에서 생활치료센터 도입으로 병상 부족 문제가 해결됐고 집중 치료가 필요한 중증도 이상의 환자들이 전담병원에서 적기에 치료받을 수 있었습니다. 중증과 경증 환자를 분리하고 생활치료센터와 제한된 병상 자원을 효율적으로 가동하면서 의료체계의 붕괴를 막을 수 있었습니다.

 생활치료센터를 지정하는 것은 그리 쉬운 일은 아니었으나 다행히 국가적 재난 극복을 위해 다른 지방자치단체를 비롯해 기업과 기관들도 뜻을 같이하면서 생활치료센터를 15곳까지 운영할 수 있었습니다. 중앙교육연수원 생활치료센터에 이어 경북대 기숙사, 영덕 삼성인재개발원, 경주 농협연수원이 문을 열었고 삼성, LG, 현대차, 대구은행, 기업은행 등 기업들은 연수원을 무상으로 제공했습니다.

저도 생활치료센터 확보를 위해 밤낮을 가리지 않았습니다. 시장으로서 어떻게든 감염병으로부터 시민들을 구해야겠다는 사명감이 컸습니다. 평일과 휴일이 따로 없었고 한밤중이라도 방법이 있다면 찾아 나섰습니다. 경주 현대차연수원, 영덕 삼성인재개발원, 구미 LG디스플레이 동락원은 직접 시설을 확인하고 협조를 구했습니다.

이 센터들은 최장 60일간 운영됐고 입소자 기준으로 3,551명의 경증 환자가 입소해서 치료를 받았습니다. 또한 센터에는 그동안 1,611명이 근무했는데 그중 의료진이 701명, 중앙부처·군·경찰·소방 등에서 478명, 대구시에서 432명의 직원이 교대로 파견돼 근무했습니다. 대구시 공무원들은 기본적으로 2주간 근무했으며 근무 종료 시점에 맞춰 코로나 진단검사를 한 후 일주일간 자가 격리 조치를 거쳐서 일상 업무와 가정에 복귀했습니다. 우리는 생활치료센터의 성공적인 운영 경험이 바탕이 돼 코로나19의 위기를 이겨낼 수 있다는 자신감을 얻을 수 있었습니다.

선제적 검사가 최고의 방역이다

2020년 코로나19 대유행을 극복해낸 대구시의 대응 전략과 성숙한 시민의식을 소개하는 외신 보도가 잇따랐습니다. 4월 6일에 독일의 시사주간지 『슈피겔』은 '한국의 성공적인 코로나 전략: 국가 전체를 검사하다.'라는 제목의 기사를 싣고 대구시의 코로나19 방역을 소개했습니다. "전수조사를 하지 않았다면 한국은 미국처럼 됐을 것"이라는 대구시의사회 관계자의 설명을 전하면서 감염 가능성이 있는 모든 시민을 대상으로 하는 전수조사를 높게 평가했습니다. "전수조사는 바이러스가 많은 시민을 감염시키는 것을 막았다."라며 "증상이 심한 정도에 따라 환자를 분류하고 치료병실 운영도 효과적으로 할 수 있었다."라고 설명했습니다.

당시 감염병 확산을 막는 데는 신천지교인과 고위험군 집단과 시설을 대상으로 한 대규모 진단검사를 선제적이고Preemptive, 신속하고Prompt, 정확하게Precise 해낸 것이 큰 역할을 했습니다. 우리가 최종적으로 확보할 수 있었던 신천지 대구교회 교인 1만 459명을 모두 검사받게 하고 확진된 사람들은 격리해 치료하는 데 불과 한 달이 걸리지 않았습니다.

또한 사회복지 시설, 요양병원, 정신병원 등 감염원이 파고 들어갔을 가능성이 큰 곳이나 감염되면 생명을 잃을 위험성이 높은 고위험군 집단과 시설들도 선제적으로 전수검사를 했습니다. 이들 고위험군 집단과 시설은 전수조사를 한 번 한 것으로 끝나지 않고 음성이 나왔다고 하더라도 양성으로 변화할 가능성도 있어서 계속해서 관찰했습니다. 신천지 신도들에게 집중하는 바람에 조금 늦어진 감이 있기는 했지만 고위험 시설에 대한 전수조사는 늦었다고 생각할 때가 가장 빠른 상황이었습니다. 코로나19의 특성상 '전수검사'가 최고의 예방대책이라고 판단하고 대량의 검사를 신속히 시행한 것이 코로나바이러스의 추가 전파를 막는 해법이 됐습니다.

공공격리병상 도입으로 교차 감염을 막다

2020년 4월 중순에 우리는 1차 유행이 끝나자마자 2차 유행에 대한 철저한 대비에 돌입했습니다. 정부가 지정해주는 것보다 훨씬 더 많은 병상을 계속 유지하고 민간 의료진들과 협업 체계를 탄탄히 구축했습니다. 의료 장비와 물품들도 미리 구비해 놓은 상태였기 때문에 2차, 3차 유행이 왔을 때 안정세를 유지할 수 있었습니다. 또 이렇게 확보된 병상으로 경기도 등 다른 지역의 코로나 환자들을 받아서 치료해주었습니다.

그리고 1차 유행 당시 고위험군인 요양병원과 정신병원에 확진자가 생기면 병원이나 병동 전체를 코호트 격리해서 감염이 외부로 확산되는 것을 막고 자체적으로 치료하려고 했습니다. 그런데 문제는 코호트 격리된 병동 안에서 교차 감염이 일어나 고위험군 환자들의 많은 희생이 있었다는 점입니다.

우리는 1차 유행에서 아픔을 반복하지 않고 시민의 생명을 지킬 방법을 찾았습니다. 공공격리병상을 운영하는 것이었습니다. 우선 대구의료원 라파엘웰빙센터 4개 층을 다 비워서 공공 격리 공간으로 만들었습니다. 병실마다 이동용 음압기와 차단벽을 갖추고 내부 공조 시스템은 폐쇄하는 등 감염병의 전파위험을 최소화했습니다. 요양병원이나 정신병원에서 확진자가 발생하면 역학조사를 해서 확진자와 같은 병동에 있었지만 음성 판정을 받은 접촉자들은 전부 대구의료원으로 옮겨 공공 격리시켰습니다. 그리고 공공 격리된 접촉자들은 확진자에 준하는 간호와 함께 3~4일 간격으로 진단검사를 받게 했습니다. 이러한 기민한 조치 덕분에 2차 유행과 3차 유행에서도 요양병원과 정신병원에서 확진자가 발생했지만 대규모 집단감염으로 이어지지 않았습니다. 사망률도 현격히 낮출 수 있었습니다.

3
위대한 시민이 기적을 만들다

● ● ● ● ●
위대한 시민정신이 코로나와 싸워 이기다

    2020년 2월 말에서 3월 초순 사이에 확진자가 갑자기 쏟아져 나오면서 공포와 두려움이 대구를 덮쳤습니다. 그러나 대구 시민은 나 혼자 살려 하지 않고 의연하게 코로나19에 대응했습니다. 첫 확진자가 발생한 뒤 첫 주말을 앞둔 2월 21일에 저는 시민들께 외출과 집회를 자제해달라고 요청했습니다. "지금 우리는 굉장히 심각한 상황입니다. 가급적 외출을 하지 마시고 다른 사람과의 접촉을 자제해 주십시오. 그리고 증상이 있으면 빨리 검사를 받아야 합니다."라고 호소했습니다.

그러자 놀랍게도 대구 시민은 자발적으로 스스로를 봉쇄했습니다. 출퇴근 시간을 제외하고 대구의 시가지는 텅 비었고 대구 최대 번화가인 동성로 거리에는 오가는 사람을 찾아보기 힘들었습니다. 천주교 대구교구는 100년 만에 미사 중단을 선언했고 개신교 교회도 예배 중단에 동참했습니다. 팔공산 동화사의 산문도 폐쇄됐습니다. 도시철도 등 대구 내부의 대중교통 이용은 평소의 4분의 1로 줄었고 KTX와 같은 철도 이용객은 9분의 1로 줄었습니다. 시외버스와 고속버스 이용객은 10분의 1로 감소됐습니다.

유럽과 미국 등 세계의 많은 국가가 통제 조치를 했습니다. 하지만 대구에서 코로나19 대유행이 일어났을 때 강제로 영업을 중단시키거나 문을 닫게 하는 통제를 하지 않았습니다. 그런데도 2월 말부터 3월 초까지 상점의 90퍼센트 이상이 휴업했습니다. 클럽과 학원, 노래연습장, 실내 체육 시설, 유흥주점, 단란주점 등 코로나19 전파에 취약한 고위험 시설은 88.4퍼센트가 자발적으로 휴업했습니다. 클럽은 100퍼센트, 학원은 93퍼센트, 노래방은 91.7퍼센트, 콜센터도 55.5퍼센트가 일시적으로 문을 닫았습니다.

코로나19 확산 초기에 중국 등에서 겪었듯이 도시를 봉쇄한다고 하면 공포와 두려움으로 탈출 행렬이 이어지게 마련입니다. 그런데 대구에서는 위험하니 다른 지역에 피해 있다가 와야겠다며 떠난 시민이 없었습니다. 만약 대구 시민이 혼자만 살겠다고 대구를 떠나서 코로나19 대유행이 수도권 등 전국으로 번져나갔으면 우리나라는 걷잡을 수 없는 상태가 됐을 것입니다. 빛나는 시민정신이 대구도 지켰지만 대한민국도 지킨 것입니다.

당시 대구에서는 사재기도 일절 없었고 혼란도 거의 없었습니다. 우리는 '자발적 봉쇄' 속에서도 착한 임대인 운동과 착한 소비자 운동을 벌였고 성금을 모으기 시작했습니다. 이것이 바로 대구 정신입니다. 대구를 비하하고 조롱하는 잘못된 움직임도 있었지만 대구 시민은 이에 동요하지 않고 의연하고 성숙한 대구 정신을 보여주었습니다.

대구는 전 세계에서 가장 빠르게 코로나19의 대유행을 안정화시킨 도시입니다. 하루 최대 확진자 수가 741명까지 치솟았고 18일간 100명이 넘는 확진자가 발생했습니다. 하지만 결국 '확진자 0명의 기적'을 만들어냈습니다. 2월 18일에 첫 확진자가 나온 이후 53일 만이었습니다.

미국 〈ABC〉 방송의 이언 패널 기자가 2월 말 '한국의 신종 코로나바이러스 발병 중심지'였던 대구에서 쓴 기사가 뒤늦게 화제가 됐습니다. "대구는 폭동도 없고 수많은 감염 환자를 수용하고 치료하는 데 반대하며 두려워하는 군중도 없다. 절제심 강한 침착함과 고요함이 버티고 있다. 대구동산병원 원장은 의사, 간호사, 의약품, 병상 등 모든 것이 모자란다고 했다. 그러면서도 극복할 수 있다는 결의에 차 있었다. 코로나19와 함께 사는 것이 새로운 일상New Normal이 된 2020년 많은 세계인에게 대구는 삶의 모델처럼 비쳤다."라고 당시 대구 시민이 보여주었던 시민정신을 기록하기도 했습니다.

시민 참여형 방역의 모델이 되다

코로나19 대유행의 초기에 우리나라는 코로나바이러스 방역의 모범국가로 평가받았습니다. K-방역이라는 말이 생겨났습니다. 그 중심에는 '대구형 방역', D-방역이 있었습니다. '대구형 방역'의 핵심은 민과 관이 하나 돼 협업하면서 시민들이 방역의 주체로 참여하고 헌신하는 시민 참여형 방역입니다. 백신이나 치료제가 없었고, 코로나19 바이러스에 대해 잘 알지도 못하는 상황에서 코로나바이러스의 전파를 막고 극복하려면 시민들의 참여와 헌신이 절대적으로 필요했습니다. 당시 대구에서 유행했던 구호는 "시민이 백신입니다."였습니다.

코로나19 대유행 초기에 방역의 핵심은 선제적 진단검사, 격리치료, 마스크 쓰기와 사회적 거리두기였습니다. 이는 시민들의 자발적인 참여와 실천이 없이는 효과를 거두기 어려웠습니다. 중앙정부나 지방정부가 명령하듯이 끌고 가서는 오래 갈 수 없기 때문입니다.

우리 대구는 3월 15일부터 전국에서 처음으로 고강도 사회적 거리두기인 '3.28 대구운동'을 시작했습니다. '3.28 대구운동'은 2주 동안 모든 방역 역량을 집중하고 시민 이동을 최소화해서 확진자를 한 자릿수 이하로 만들자는 범시민 운동이었습니다. 당시 상황은 하루 100명 이상 확진자가 발생하는 확산세가 18일간 이어지다가 3월 12일부터 두 자릿수로 떨어지며 확산세가 완화되는 상황이었습니다. 앞에서 보았듯이 고위험군에 대한 선제 조치와 시민들의 자발적인 참여와 희생의 덕분이었습니다. 이 동력을 조금만 이어간다면 확실하게 코로나19의 유행을 잡을 수 있다고 판단했습니다.

시민의 에너지를 어떻게 이어갈 수 있을지 고민한 끝에 '3·28 대구운동'을 하자고 제안하게 됐습니다. 3월 28일에 확진자 수를 한 자리로 떨어뜨리지는 못했지만 첫 확진자가 발생한 지 50일 되는 날인 4월 7일에 확진자가 한 자릿수로 떨어졌고 드디어 4월 10일부터 더는 확진자가 발생하지 않는 날이 이어지면서 안정적인 방역 상황을 유지할 수 있었습니다.

4월 7일 우리 대구는 코로나19 방역의 방향을 '당국 주도형'에서 '시민 참여형'으로 공식적으로 전환했습니다. 코로나바이러스와의 장기전에 대비하면서 첫 번째 유행에서 얻은 교훈을 바탕으로 다시 찾아올 수도 있는 2차, 3차 대유행에 대비하기 위함이었습니다. 당국 주도형으로 권고하고 통제하는 방식으로는 장기전에서 실효성을 거두기 어렵다고 판단했습니다. 이미 고강도 사회적 거리두기의 기간이 지속되면서 시민 피로도의 누적, 일상생활 복귀에 대한 기대감, 지역경제 침체 우려 등으로 방역 정책 전환의 필요성도 제기됐습니다. 그리고 세계적인 유행 사례를 볼 때 이제는 장기전에 대비해야 한다는 많은 전문가의 조언도 있었습니다.

시민 참여형 방역이 제대로 효과를 거두기 위해서는 시민들이 공감하면서 스스로 방역할 수 있는 체계를 갖출 필요가 있었습니다. 시민사회 모두가 코로나19 상황과 방역 대책의 방향을 공유하고 분야별로 시민들이 스스로 참여하게 할 수 있는 세부적인 대책을 만들어 함께 만들고 함께 실천하는 것입니다. 또한 장기적으로 지

코로나19 극복 범시민대책위원회 온라인 회의

지속가능한 방역 정책이 되기 위해서는 방역 당국은 상시 방역관리 및 비상 대비 체계를 유지하고, 시민들은 시민 행동 수칙을 일상과 문화로 수용하는 민관협력의 생활 방역으로 전환해야 했습니다.

코로나19가 완전히 종식될 때까지 시민 참여형 상시 방역체제를 가동하기 위해 4월 22일에 각계각층 시민 대표 200여 명으로 구성된 '범시민대책위원회'를 출범시켰습니다. 전국 최초로 시민과 함께 방역 대책을 논의하고 결정하는 범시민대책위원회는 2주에 한 번씩 영상회의를 열어서 코로나19 상황에 대해 보고받고, 대책을 토론하고, 때로는 투표를 통해 정책 방향을 시민들이 결정하기도 했습니다. 범시민대책위원회는 '마스크 쓰GO' 운동과 사회적 거리두기 등을 일상과 문화로 정착시키면서 상시 방역체제를 시민사회에 뿌리내리는 성과를 이뤄냈습니다. 또한 범시민대책위원회가 주관이 돼 각 시민단체와 현장별로 방역도 진행했습니다.

시민 참여형 방역으로의 전환은 대구시와 방역 당국이 책임을 회피하는 게 아닙니다. 오히려 더 강한 책임감을 느끼고 시민들과 소통하면서 장기전에 대비하기 위한 것이었습니다. 시민의 참여와 대구시와 방역 당국의 전문성이 결합한 하이브리드 방역체제로 언제 끝날지 모를 위기 상황에 대응한 가장 현실적이자 효과적인 시스템이었습니다.

4

기적을 만든 숨은 영웅들이 있었다

●●●●●
지역 의사계와 민관협력 거버넌스를 구축하다

우리 대구가 감당하기 어려운 코로나19와의 전쟁에서 의료체계 붕괴를 막고 희생자를 줄이며 이 전쟁에서 승리할 수 있었던 것은 대구시 의료계의 헌신과 희생적인 노력 덕분이었습니다.

코로나19의 극복 과정을 이야기할 때면 대구시 비상대응본부 자문위원으로 수고해주신 아홉 분의 교수들을 빼놓을 수가 없습니다. 감염병관리지원단장을 맡은 김신우 경북대병원 감염내과 교수, 상황반장인 이경수 영남대 의대 예방의학과 교수를 비롯해 경북대 의대 김건엽·김종연·홍남수 교수, 계명대 의대 이중정 교수,

대구가톨릭대 의대 황준현 교수, 영남대 의대 황태윤·허지안 교수 등입니다.

자문위원 교수들과의 인연은 2015년 메르스 사태 때로 거슬러 올라갑니다. 당시 대구에서 메르스 환자가 발생했을 때 감염병 전문가이신 교수들이 바이러스에 문외한인 저에게 의학적 상식과 방역 대책에 대해 많은 조언을 주시면서 함께해 주셨기에 메르스 사태를 성공적으로 극복할 수 있었습니다. 코로나19의 대유행 때도 마찬가지였습니다. 대구에서 코로나19 첫 확진자가 발생한 2월 18일 오후에 의사 출신인 김영애 국장이 교수들에게 도움을 요청했습니다. 자정이 가까운 시간인데도 불구하고 시청으로 달려와 주었습니다.

자문위원 교수들은 정부의 지침이나 지원이 아직 없는 상황에서 대구시의 초기 대응을 이끄는 컨트롤타워 역할을 했습니다. 일상을 포기한 채 시청 10층에 상주하다시피 하면서 유행 상황을 모니터링하고 병상 확보 등 대구시의 주요 대책에 대해 자문했습니다. 김신우 교수와 김종연 교수는 매일 아침 브리핑에도 저와 함께 참석해서 시민들과 언론인들의 궁금증을 풀어주었습니다. 이경수 교수와 이중정 교수는 보건복지부 등 중앙정부와 대구시의 가교역할을 하면서 정부의 방역 대책 수립에도 적극적으로 참여했습니다.

그런데 자문위원 교수들은 사실상 생업을 포기하다시피 하면서 큰 희생을 감수하셨지만 공식 예산으로 책정해서 지급하려 했던 자문료마저 사양했습니다. "처음부터 대가를 바라고 자문위원직을 수락하지 않았다."라는 이유로 자문료를 받지 않았습니다. 지난 2015년 메르스 사태 때도 한 푼의 대가도 받지 않고 대구시의 감

코로나19 전담의료기관 협의

염병 대책 마련을 위해 활약한 바가 있었습니다.

2015년 메르스 사태 때 숙식을 같이하며 다진 대구시와 의료계의 신뢰와 협력은 코로나19 방역의 원동력이 됐습니다. 첫 확진자가 발생한 이후 비상 상황에서 감염병 전문가들로 구성된 감염병 관리지원단뿐만 아니라 대구경북신장학회 등 전문의 단체와 대구시 의사회의 임원들이 시청 10층 소회의실에 상주하면서 상황관리는 물론이고 실무적인 일까지 대구시와 협력하며 대응했습니다. 대구시, 대구시의사회, 각 병원 병원장과 처·실장들이 참여하는 '병원 책임보직자 대책 회의'도 매주 열려서 병상 확보와 환자 치료 등 중요한 문제를 해결하는 데 결정적인 역할을 했습니다.

대구시와 의료계가 하나가 될 수 있었던 민관 협력 거버넌스의 중심에는 차순도 회장이 이끄는 메디시티협의회가 있었습니다. 메디시티대구협의회는 대구시, 대구시의사회, 각 병원 병원장과 처·

실장이 참여하는 '책임보직자 대책 회의'를 매주 개최해 응급실, 병상, 의료물자 현황 등을 실시간으로 공유하고 의료계 내부의 소통과 대구시와의 협력 체제를 공고하게 구축함으로써 코로나19의 방역을 효과적으로 추진하는 데 중요한 역할을 했습니다.

첫 확진자가 발생한 다음 날인 2월 19일 오전 8시 30분에 시청에서 의료단체장들과 5개 상급종합병원장이 모두 참석한 가운데 비상 회의가 열렸습니다. 이 회의를 통해 환자 정보공유와 민간병원의 신속한 공공병원 전환을 통한 병상 확보를 할 수 있는 기틀이 만들어졌습니다. 대구의 의료계가 자신들의 이익을 앞세우지 않고 때로는 희생을 감내하면서 대구 공동체를 지키기 위해 대구시와 협력할 수 있었던 것은 메디시티대구협의회가 가교역할을 해준 덕분이었습니다.

대구시 의사회의 헌신이 빛나다

코로나19와의 사투에서 대구시의사회의 헌신과 노력이 빛났습니다. 대구시의사회는 지역에 환자가 발생하기 전부터 민복기 본부장을 중심으로 코로나19 대책본부를 구성하고 환자가 발생했을 때 일어날 여러 가지 상황을 가정해서 대비책들을 논의해 오고 있었습니다. 이처럼 미리 준비한 덕분에 갑자기 발생한 코로나19 사태에 지체하지 않고 빠른 대응을 할 수 있었습니다. 특히 민복기 본부장은 석 달간 아예 자신의 병원 진료는 포기한 채 코로나 방역과 언론을 통한 대시민 홍보의 전선에서 밤낮없이 뛰었습니다.

대구시의사회는 대구시 비상대응본부, 메디시티대구협의회와 함께 대구의료원, 국군대구병원 등 공공의료기관 병상 확보, 마스크나 방호복 등의 부족한 의료물자의 효율적 공급, 그리고 의료 인력 공백의 최소화 등을 위해 노력했습니다. 또한 계명대 대구동산병원이 코로나19 거점병원으로 자리잡을 수 있도록 정부와 대구시와 긴밀하게 협조하면서 지원을 아끼지 않았습니다. 하루 최고 2,270명의 환자가 자택에서 대기하던 불안한 상황에서 대구시의사회 회원 170여 명은 화상전화로 환자들의 건강 상태를 점검하면서 환자들을 안심시키기도 했습니다.

앞서도 말했지만 코로나19의 대유행은 그동안 한 번도 겪어보지 못했던 초유의 상황이었습니다. 코로나바이러스의 전파 속도는 상상할 수 없을 정도로 빨랐고 확진자는 급속도로 늘어났습니다. 대학병원 응급실이 폐쇄되고 의료진들의 감염도 늘어나면서 코로나19 지역거점병원으로 지정된 계명대 동산병원에서조차 의료진들이 부족한 상황이 발생했습니다. 각 선별진료소에도 의료진을 구하기가 힘들었습니다. 병원에 가지 못하고 자택에서 대기하다가 사망하는 환자가 발생하면서 상황은 더욱 절박해졌습니다. 그때 대구시의사회 이성구 회장은 동료와 선후배 의사들에게 '우리 대구의 5,700명 의사가 먼저 전투에 분연히 일어서자.'라고 호소하는 문자 메시지를 보냈습니다. 그리고 계명대 대구동산병원에서 먼저 자원봉사를 시작했습니다.

이성구 회장이 호소문을 보낸 후 대구지역 의사만 327명이 자원봉사에 동참했습니다. 의료인들의 자원봉사는 대구에만 국한되지 않고 전국의 의료진 3,000여 명이 대구로 달려왔습니다. 대구시의

코로나19 의료봉사 영웅 히어로즈 나이트 행사

사회 소속 의사들에게만 호소문을 보냈는데 의사들이 자신이 속한 각 학회로 전달하면서 광주 등 전국에서 자원봉사자가 몰려온 것입니다. 이렇듯 바이러스와 맞설 의사들의 숫자가 늘어나면서 코로나19와의 전쟁은 '해볼 수 있는 전쟁'으로 분위기가 바뀌었습니다.

119구급대원들과 시민 영웅들이 참전하다

2월 18일 대구서 첫 확진자가 발생하면서 대구시는 대구소방안전본부에 새로난 한방병원 입원환자 32명과 보호자 4명을 대구의료원으로 이송해달라고 요청했습니다. 소방안전본부는 이날 오후 6시 구급팀장을 비롯해 구급 차량 11대와 구급대원 20명을 현장으로 출동시켜 밤 11시쯤 이송을 마무리했습니다.

며칠 후 확진자가 급증하면서 대구소방안전본부는 소방청에 소방동원령 발령을 요청했고 소방청은 대구·경북 지역에 4차례에 걸쳐 동원령을 내렸습니다. 당시 전국에서 차출된 구급차는 147대로 전국 구급차의 9.3퍼센트였고 대구·경북으로 집결한 구급대원은 294명이었습니다. 대구소방안전본부 소속 구급차 59대도 현장을 누볐습니다.

전국에서 온 구급대원들은 밤낮없이 바이러스와 사투를 벌였습니다. 구급대원의 주요 임무는 확진자를 격리시설이나 병원으로 이송하는 일이었고 구급차 한 대당 하루 평균 3~4명의 확진 환자를 이송해야 했습니다. 구급대원들은 코로나19 감염에 대비해서 출동할 때마다 머리부터 발까지 감싸는 전신 보호복을 입고 덧신과 고글 등으로 완전무장을 해야 했습니다. 보호복으로 온몸이 땀에 젖고 장거리를 이송하며 화장실도 갈 수 없어 물 한 모금 마시지 못하면서도 환자들을 병원과 생활치료센터로 안전하게 이송했습니다. 이처럼 절체절명의 순간에 한 치의 망설임도 없이 전국에서 달려와 준 구급대원과 구급차는 4월 2일에 41일간의 임무를 훌륭히 마치고 복귀했습니다.

대구지역에서는 코로나19 극복을 위해 헌신한 수많은 시민 영웅이 있었습니다. 서문시장 상인들은 500년 만에 자발적으로 시장의 문을 닫았고 코로나로 인해 형편이 어려운 자영업자들을 위해 임대료를 받지 않거나 깎아주는 시민들도 대구에서 처음으로 나와 전국으로 퍼졌습니다.

병원에 입원한 일반환자들은 코로나19 환자들에게 병상을 양보했습니다. 취업난 속에서 문을 연 지 4개월도 안 된 칠성시장의 야

코로나19 대응 119 소방대원 격려

　시장 청년 상인들은 도시락과 커피를 의료진에게 전달했습니다. 게스트하우스를 운영하는 사회적 기업은 타지에서 온 의사들을 위해 방 15개를 모두 무료로 내놨고 대구시 결혼이주민들로 구성된 '통역풀' 단체는 외국인 자가격리자 모니터링 봉사활동을 했습니다. 어린아이들도 고사리손으로 의료진에게 감사의 마음을 전하는 편지를 썼고 한 푼 두 푼 모은 저금통을 기부하기도 했습니다.

　대구 전세버스 기사들은 3월 3일부터 4월 30일까지 30여 대의 버스를 투입해서 2,500여 명의 코로나19 확진자를 전국의 생활치료센터로 이송하는 자원봉사활동을 했습니다. 갑갑한 방호복을 입고 장시간 운전해야 하는 어려움과 감염에 대한 두려움을 이겨내면서 코로나19 극복에 힘을 보탠 것입니다. 대구지역 군부대에서도 동참했습니다. 육군 제2작전사령부와 그 산하에 있는 육군 50사단, 1117공병단 장병들은 대규모 감염이 우려되는 취약 지구와 공공장소에서 꼼꼼한 방역 작전을 수행했습니다.

이 밖에도 수많은 시민이 코로나19 극복을 위해 자발적으로 나섰습니다. 우리 대구는 나보다 이웃과 공동체를 먼저 생각하는 위대한 시민들이 있었기에 세계에서 가장 모범적으로 코로나19를 극복해낸 도시가 됐고 대구방역이 K-방역의 모델이 될 수 있었습니다.

전국에서 돕고 대구가 보답하다

2020년 봄에 병상과 물품 부족으로 어려움에 빠진 대구를 위해 전 국민의 연대와 협력의 힘이 빛을 발했습니다. 그 원동력은 대구와 광주의 '달빛동맹'이었습니다. 광주에서는 민관 가릴 것이 없이 가장 먼저 대구로 부족한 물품을 보내주었습니다. 의료진도 달려왔습니다. 그리고 이것이 전국민적인 연대를 만들어냈습니다.

하루는 제가 밤늦은 시간에 전국의 17개 시도지사에게 문자를 보냈습니다. 병상을 만드는 데 시간이 걸리니 대구의 환자를 치료할 병상을 내달라고 호소했습니다. 대구에서 일어나고 있는 안타까운 상황도 설명했습니다. 그러자 이용섭 광주시장이 제일 먼저 화답해 왔습니다. 병상 지원은 이용섭 시장 혼자 결정할 수 없는 문제였기 때문에 광주의 시민사회 지도자들이 모여서 회의를 한 후에 대구의 환자를 받겠다는 광주 공동체 선언을 했습니다. 그래서 30명의 대구 환자를 처음으로 광주로 보낼 수 있었고 그것이 시발점이 돼 전국에서 병상을 내주기 시작했습니다. 이용섭 시장

코로나19 위기 극복 대구-광주 달빛동맹 광주시민 후원 물품 전달

은 대구매일신문에 낸 기고문에서 "한 사람 한 사람이 힘과 지혜를 모아 엮어내는 희망의 연대가 가장 안전한 방역망입니다. 대구·경북 시도민 여러분! 힘내십시오!"라는 응원 메시지도 남겼습니다.

생활치료센터 운영에도 다른 지역의 도움이 이어졌습니다. 3월 2일에 동구 혁신도시 안에 있는 교육연수원에서 생활치료센터 운영을 시작했지만 추가로 생활치료센터를 확보하는 데는 큰 어려움이 있었습니다. 특히 대구와 경북을 벗어나서 시설을 구하기가 너무 어려운 상황이었습니다. 당시만 해도 코로나19에 대한 국민의 불안감이 극에 달했기 때문입니다. 하지만 충청남도에서 확진 환자들을 받아주고 전라북도 김제에서는 연수원을 대구의 환자들을 위해 내어줬습니다. 두려움에도 불구하고 함께 이겨내야 한다는 연대와 협력의 힘을 우리 대구를 통해 끌어낼 수 있었습니다.

우리 대구는 코로나19 때문에 많은 아픔을 겪었습니다. 하지만 얻은 것도 많았습니다. 코로나19 사태로 절망에 빠졌던 대구시민이 자발적 봉쇄를 하면서 희망의 끈을 놓지 않을 수 있었던 것은 전국에서 보내온 응원과 지원 덕분이었습니다. 4월 말까지 대구사회공동모금회와 대한적십자사 대구지사를 통해 총 425억 원의 기부금이 답지했고 마스크와 체온계 구매, 방역소독, 긴급의료용품과 의료시설 확보 등에 요긴하게 쓰였습니다.

연예인을 비롯한 유명 인사들과 각 기업에서도 대구를 향해 온정을 보냈고, 대구를 응원하고 함께 코로나19를 이겨내자는 메시지도 쇄도했습니다. SNS와 대구지역 커뮤니티에는 '#힘내라 대구 #힘내라 대한민국' 등의 해시태그 릴레이를 통해 대구를 응원하는 게시물이 줄을 이었습니다. 그뿐만 아닙니다. 5만 7,000여 명의 자원봉사자들이 대구를 돕기 위해 달려왔습니다. 이런 역사가 없습니다. 대구 시민에게 희망과 용기를 북돋워 준 국민과 해외 동포들 덕분에 대구는 꿋꿋하게 버텨내고 다시 일어설 수 있었습니다.

5
오해와 억측에도 무너지지 않다

••••
대구에 대한 악의적인 조롱에 맞서다

우리가 코로나바이러스라는 미증유의 감염병과 보이지 않는 전쟁을 치르던 당시에 저와 대구 시민을 가장 힘들게 했던 것은 가짜뉴스와 악의적인 조롱이었습니다. 대구시가 병상, 생활치료센터 확보, 신천지교인 전수조사와 전수 진단검사에 집중하며 고군분투하고 있을 때 일부 서울지역 언론이 코로나19를 '대구 코로나19' '대구발 코로나19'로 표기를 해 논란을 빚었습니다. 중앙재난안전대책본부에서 배포한 보도자료 제목에도 '대구 코로나19'와 같은 문구를 썼습니다. 이는 우한 폐렴처럼 명백히 지역에 대한 혐오를 조장하는 표현이었습니다.

  언론의 몰지각한 혐오와 차별은 대구 시민에게 커다란 고통과 상처가 됐습니다. 그뿐만 아닙니다. 대구 사람들을 서울에 못 오게 하고 대구 사람들이 서울지역 병원에서 치료를 거부당하는 사례들도 생겨났습니다. 일부 기업들은 대구에 다녀온 직원들에게 의무적으로 자가 격리를 하도록 했고 심지어는 대구에서 배달된 상품의 수령을 거부하는 일도 있었습니다.

  저는 대구시장으로서 악의적인 조롱과 맞서 싸워야 했습니다. 2월 23일 정례브리핑을 통해 언론과 정부에 대해 "대구 코로나, 대구발 코로나, 대구 폐렴 등 지역 혐오성 표현을 멈춰 달라."라고 호소했습니다. 그리고 지역을 명기하는 혐오적 표현으로 대구 시민의 자존심을 해친 것에 대해 사과를 요구하고 법적 조치 등 엄중히 대처하겠다고 밝혔습니다.

  이런 와중에 당시 여당인 더불어민주당, 정부, 청와대가 "대구와 경북에 대해 최대한의 봉쇄 조치를 하겠다."라고 밝혔다가 지역민들의 거센 항의를 받기도 했습니다. 민주당과 정부가 지역사회 전파를 차단하기 위한 조치일 뿐 우한처럼 지역 출입을 봉쇄한다는 의미가 아니라고 진화에 나서기는 했습니다. 하지만 누리꾼들은 SNS 공간에서 대구에 대한 조롱을 멈추지 않았습니다. 한 누리꾼은 "고담 대구, 신천지 둘 다 대한민국에서 없애버리고 싶다."라고 했고, 또 다른 누리꾼은 "대구 경북 돌빡들이 총선을 앞두고 사회 불안을 목적으로 코로나 감염병을 고의로 전파한다는 선전지가 사실이었다."라면서 "대구시장과 경북도지사는 책임지고 옷 벗고 사퇴하라."고 주장하기도 했습니다.

대구에 대한 조롱은 대구시장인 저에 대한 가짜뉴스와 비방으로 이어졌습니다. 특정 언론은 저를 신천지교인으로 몰아갔습니다. 저의 선거 캠프에서 자원봉사 하던 사람 중에 신천지교인이 있었다거나 시장인 제가 봉사하는 단체 회원들과 찍은 사진이 있었는데 그 단체가 신천지교회와 연관이 있다는 이유였습니다. 그런 보도가 나온다는 얘기를 듣고 그 언론사와 기자에게 전화를 걸어서 통사정해 보았습니다.

"제가 신천지가 아니라는 것은 여러분들이 잘 알지 않습니까? 제가 방역의 책임자인데 저를 신천지로 몰아붙이면 시민들이 저를 믿고 따르겠습니까? 방역을 할 수가 없게 됩니다. 의심이 가더라도 조금만 참아 주십시오. 코로나 유행이 잠잠해진 이후에 제가 진짜 신천지교인으로 확인된다면 그때 보도를 해도 되지 않습니까? 사실이라면 제가 시장직에서 자진해서 사퇴라도 하겠습니다."

이렇게 읍소도 해보았으나 소용이 없었습니다. 그 언론이 보도하자 다른 언론이 받아서 전파하고 SNS에서 유포되면서 기정사실이 됐습니다. 요즘도 시민 중에는 제가 신천지교인이라고 생각하면서 물어올 때도 있습니다.

얼마 후 좌파 논객인 유시민 노무현재단 이사장은 "신천지가 국가적으로 어마어마하게 피해를 줬다. 사과부터 해야 한다."라고 하면서 저에 대해서 "책임을 중앙정부에 떠넘겨야 총선을 앞두고 문재인 정부에 대한 신뢰를 떨어뜨릴 수 있다. 코로나바이러스를 열심히 막을 생각이 없지 않으냐 하는 의심이 든다."라고 비난했습니다. 일부 민주당 지지자들은 온라인에서 '신천지=미래통합당=권영진'이라는 주장을 퍼뜨렸습니다. 총선을 앞두고 악의적인 프레임을 만들려는 의도가 엿보였습니다.

저는 제 페이스북에 당시 힘들었던 심정을 이렇게 썼습니다.

"코로나19와의 전쟁, 야전침대에서 쪽잠을 자면서 싸운 지 22일째 접어들고 있다. 코로나바이러스와의 싸움도 버거운데 교묘하게 방역을 방해하는 신천지, 저급한 언론들의 대구 흠집 내기, 진영 논리에 익숙한 나쁜 정치와도 싸워야 한다. 사면이 초가다. '코로나19 책임=신천지=대구=권영진 대구시장'이라는 프레임을 짜기 위한 사악한 음모가 작동되고 있는 것은 아닌지? 그래, 마음껏 덤벼라. 나는 이미 죽기를 각오한 몸이다. 죽을 때 죽더라도 이 전쟁만큼은 끝장을 보겠다. 반드시 대구를 지키겠다."

그때는 그렇게 해서라도 대구시장의 결연한 의지를 보여주는 것이 필요하다고 생각했습니다. 그러고는 더 이상 이들과 싸우지 않고 방역에만 전념했습니다. 요즘 만나는 시민 중에는 "그때 좀 더 세게 싸우고 이재명처럼 여론몰이도 하고 했으면 코로나 영웅이 될 수도 있었을 텐데 너무 점잖게 대응했다."라며 아쉬워하는 분들이 더러 있습니다. 그러나 당시에는 그들과 논쟁하거나 항의를 이어갈 겨를이 없었습니다. 여론몰이는 상상조차 할 수가 없었습니다. 수많은 언론에서 방송 출연과 인터뷰를 요청해 왔지만 모두 거절했습니다. 제 페이스북에 글을 올리면서 저는 '당신들은 그렇게 떠들어라. 나는 우리 공동체를 지키는 데 전념하겠다.'라고 다짐했습니다.

신천지에 대한 대응은 약했는가

코로나19 방역 과정에서 가짜뉴스와 정치적 음모를 가진 비방으로 큰 고통을 겪었습니다. 그중 하나가 신천지와 관련된 것이었습니다. 대구의 첫 확진자인 31번 환자가 신천지 대구교회 교인이라는 사실이 알려지면서 신천지에 대한 국민의 원성이 높아졌습니다. 정부 당국과 친여 언론 매체들은 앞다투어 신천지가 감염병 확산의 일차적 책임이 있는 것처럼 몰아갔습니다. 중국 우한에서 감염자가 들어오는 것을 못 막아서 대한민국에도 코로나19가 창궐하게 됐다는 책임론의 불똥이 정부로 옮겨오는 것을 막기 위해서 과도하게 신천지 책임론을 제기한 측면도 있었습니다.

신천지 때리기를 이용한 정치쇼도 횡행했습니다. 대구에서 코로나바이러스가 대유행하던 2020년 2월 25일 이재명 경기도지사는 신천지가 교인 명단을 숨기고 있다면서 과천에 있는 신천지 본부를 압수수색했습니다. 3월 2일에는 신천지 교주인 이만희 총회장의 감염 여부를 확인하겠다면서 카메라를 대동하고 가평에 있는 신천지 시설인 평화의 궁전으로 쳐들어갔습니다. 이 두 사건은 몇몇 방송들이 생중계하다시피 했고 졸지에 이재명 지사는 코로나바이러스 방역의 영웅이 됐습니다. 아마도 민주당 대선 후보가 되는데 그 퍼포먼스가 적지 않은 도움이 됐을 것입니다. 그러나 냉정히 생각해보면 이만희 교주가 코로나19 검사를 받도록 하는 것이 방역과 무슨 관련이 있고 무슨 도움이 됐는지 회의적입니다. 코로나19의 대유행을 두려워하면서 신천지에 대해 원성과 불만을 가진 국민에게 이재명 지사의 퍼포먼스는 일종의 카타르시스를 주었던 것 같습니다.

반면 대구시장인 저는 언론과 SNS에서 신천지에 대해 너무 관대하다는 비난을 받았습니다. 심지어 유시민 같은 좌파 논객은 "대구·경북은 신천지 시설 폐쇄도 하지 않고 신자 명단을 확보하기 위한 강제적 행정력 발동도 하지 않고 있다."라고 허위 사실을 유포하면서 "신천지에 협조해달라고 애걸복걸하는 게 무슨 공직자냐."고 비난했습니다. 그러자 일부 언론이 앞장서서 제가 신천지와 깊은 연관이 있는 것처럼 가짜뉴스를 전파했고 좌파 누리꾼들은 '시장이 신천지 신도다.' '신천지에 대한 대응이 약했다.'라는 가짜뉴스와 비방을 확산시켰습니다.

대구시의 신천지에 대한 대응은 신속하고 강했습니다. 모든 시설을 즉각 폐쇄 조치했고 방역에 협조하지 않는 간부들을 검찰에 고발까지 했습니다. 그러나 그러한 과정에서 언론을 동원한 정치적 퍼포먼스를 하거나 신천지를 지나치게 자극하는 일은 최대한 자제했습니다. 오직 방역에 도움이 되는 방향으로 신천지에 대해 때론 강하게 때론 부드럽게 대응했습니다.

앞서도 말했듯이 경찰이나 감염병 전문가들도 신천지에 대해서는 당근과 채찍의 강온 양면 전략을 취할 것을 권고했습니다. 당시에는 신천지교인들이 외출을 자제하고 한 명도 빠짐없이 진단검사를 신속히 받도록 하는 것이 가장 중요한 방역이었습니다. 신천지를 너무 강하게 몰아붙이면 전부 숨어버리고 방역에 협조하지 않게 될 것이라는 우려를 나타냈습니다. 저도 이러한 권고가 옳다고 생각했습니다.

신천지 대구교회의 간부들과 대구시간의 소통 채널을 유지하면서 방역에 필요한 협조를 구했지만 누구처럼 자신의 정치적 욕심을 위해서 그들을 이용하거나 타협하는 일은 하지 않았습니다. 코로나19 방역을 위해서는 엄격한 원칙을 일관되게 지켰습니다. 신천지교인들의 명단을 끝까지 추적해서 파악했고, 파악된 교인들은 단 한 사람도 빠짐없이 진단검사를 받도록 했습니다. 그 과정에서 개인적인 정보나 비밀은 철저하게 지켜주도록 했습니다. 이때부터 코로나19의 확산세는 현격히 약화되기 시작했습니다.

그런데도 지금도 어떤 분들은 제게 "진짜 신천지가 맞느냐?"고 묻기도 하고 신천지와 무슨 연관이 있는 것으로 오해하시는 분들도 있는 것 같습니다. 그런데 아이러니하게도 신천지교인들 중에는 너무 심하게 했다고 저를 싫어하는 분들이 많다고 합니다. 이래저래 욕먹을 복이 많은가 봅니다.

그러나 저는 코로나19 방역을 책임진 대구시장으로서 사심 없이 대구 공동체와 대구 시민을 지키기 위해 혼신의 노력을 다했다고 자부합니다. 그 과정에서 욕도 많이 먹고 한때 잠시 건강을 잃기도 했지만 최선을 다해 일한 것을 보람으로 생각합니다.

긴급생계자금 지원에 늑장은 있을 수 없다

2020년 4월 15일 국회의원 선거를 앞두고 대구시가 자체적으로 재원을 마련한 긴급생계자금 지원 시점을 두고 대구시가 선거를 의식해서 늑장을 부렸다는 논란이 일었습니다.

저는 코로나19로 어려움을 겪는 시민들의 생활 안정을 위해 지원하는 긴급생계자금인 만큼 하루라도 빨리 드리는 게 도리라고 생각했습니다. 그래서 대구시 긴급생계자금은 소득 기준을 건강보험료 기준으로 설정해서 별도 확인 절차 없이 신속하게 지원하도록 설계했습니다. 지급 방법도 우편 지급과 동사무소에서 찾아가는 현장 지급을 병행하기로 하고 4월 11일부터 지급하는 것으로 정했습니다.

그런데 대구시가 만든 지급 계획안을 가지고 8개 구·군의 구청장 및 군수와 협의하는 데 큰 문제가 제기됐습니다. 조재구 남구청장이 "4월 15일이 국회의원 총선거인데 동사무소는 대부분이 투표소이고 인력들도 대부분 투표 사무를 지원해야 하기 때문에 긴급생계자금 지급 업무까지 겹치면 공무원들의 일 부담이 너무 늘어난다. 또 사람들이 한꺼번에 모이면 사회적 거리두기가 되지 않아서 방역에도 큰 문제가 생긴다."라고 현장의 문제점을 짚었습니다. 조 청장의 얘기에 다른 분들도 동의하면서 긴급생계자금 지급을 선거 이후로 미루자는 의견을 제시했습니다.

회의 결과 온라인과 우편 접수는 선거 전부터 지급하기로 하고 동사무소에서 지급하는 것은 총선 다음 날인 4월 16일부터 지급하기로 했습니다. 그런데 이 소식이 알려지자 민주당을 중심으로 "다 죽게 생겼는데 선거를 의식해서 재난지원금 지급을 고의로 늦추었다."라는 여론이 걷잡을 수 없이 퍼져나갔습니다. 온라인과 우편 접수는 선거 전부터 시작한다는 사실은 온데간데없고 동사무소에 하는 현장 접수만 늦춘 것을 과장해서 정치 쟁점화했습니다.

당시 재난지원금 지급과 관련해서는 소득과 관계없이 보편적으로 지급할 것인지 아니면 소득이 낮은 시민에게만 더 많이 지급하

코로나19 극복 2차 긴급생계자금 지원 관련 대시민 담화문 발표

는 선별적 지급을 할 것인지를 둘러싼 찬반 논쟁도 있었습니다. 경기도는 1인당 10만 원씩 보편적으로 지급하는 방식을 택했고 우리 대구와 서울을 비롯한 다른 지자체들은 모두 일정한 소득 기준에 해당하는 사람들에게만 지급하는 선별적 지급방식을 택했습니다. 대부분이 중위 소득 100퍼센트 이하인 세대에 지급했는데 대구는 전체 세대의 50퍼센트가 해당했습니다. 당시 우리 대구는 다른 도시보다 코로나19로 훨씬 더 큰 고통을 겪고 있었기 때문에 어떤 도시보다 많은 액수를 지급하는 것으로 설계했습니다. 1인 가구를 기준으로 서울과 다른 도시들은 30만 원을 지급하는 반면 우리 대구는 50만 원을 지급하기로 했습니다. 재원은 국가재난지역 선포에 따라 지원되는 국비를 기본으로 하되 코로나19로 인해 불용되는 대구시 예산 등을 합쳐서 마련했습니다.

그런데 시민들 사이에서 "나는 왜 안 주냐?"는 불만과 항의들이 빗발쳤습니다. 이재명 경기지사처럼 세대당 10만 원씩 똑같이 나누어주었으면 받지 않아도 될 항의였습니다. 대구시에서도 보편적

지급을 검토했지만 어려운 분들에게 조금이라도 넉넉하게 주는 것이 옳다고 판단해서 선별적 지급을 결정했습니다. 우리 대구 시민은 "나는 살 만하니 나보다 어려운 사람에게 더 많이 주라."고 이해하리라는 기대도 있었습니다. 평상시 같으면 대구 시민을 그렇게 생각했을 것입니다. 그러나 재난은 사람들을 변하게 하는 것 같습니다. 재산의 유무와는 관계없이 어렵고 힘든 시기인 만큼 국가로부터 위로받고 싶은 마음들이 강하기 때문이라고 생각했습니다. 이러한 민심을 확인했기 때문에 코로나19가 길어져서 다시 재난지원금을 지급하게 된다면 작더라도 모든 시민에게 골고루 나누어 드려야겠다고 생각하게 됐습니다. 그리고 그해 9월에는 모든 시민을 대상으로 1인당 10만 원씩의 재난지원금을 지급하기도 했습니다.

1차 긴급생계지원금의 지급 시기와 관련해 저는 코로나19로 인해 가뜩이나 어려운 상황에서 소모적인 정치적 논란이 길어지면 방역에 대한 신뢰가 무너질 수 있겠다고 판단했습니다. 그래서 구청장들과 공무원들에게 양해를 구하고 애초 계획대로 현장 접수를 4월 11일로 당겨서 받는 것으로 수정했습니다. 코로나바이러스 방역에 지장이 없도록 철저히 준비하고 동사무소에 추가 인력을 투입하긴 했지만 공무원들과 현장의 수고와 혼란은 불가피했습니다.

대구가 고의로 늦게 지급했다는 주장은 결과적으로 거짓인 것으로 드러났습니다. 대구시가 긴급생계자금을 지급 완료한 5월 4일을 기준으로 볼 때 전국에서 대구가 가장 신속하게 지급했습니다. 대구가 100퍼센트 지급했을 당시에 서울시는 44.4퍼센트만 지급한 상황이었습니다.

가짜 백신도 사기당한 것도 없었다

2021년에 접어들면서 코로나19는 점점 일상이 돼갔습니다. 백신과 치료제도 개발돼 보급되기 시작했습니다. 전 세계는 백신을 확보하기 위해 치열한 구매 경쟁을 펼쳤습니다. 각국의 정상들이 나서서 백신 외교전을 펼쳤습니다. 문재인 대통령이 직접 미국까지 가서 백신을 구하기도 했지만 백신 부족 현상으로 접종이 중단되는 일까지 벌어졌습니다. 그러자 사회적 거리두기 방역이 너무 잘된 탓에 정부가 백신 구매를 등한시했다는 비판이 제기됐습니다.

이럴 즈음인 6월 1일 한 언론에서 '대구시, 화이자 3,000만 명분 도입 추진'이라는 제목의 기사가 나왔습니다. 이 기사는 익명의 메디시티대구협의회 관계자의 말이라면서 "누구인지 밝힐 수 없지만 화이자 측과 연결 가능한 유력인사와 닿았다. 이후 백신 도입 협상이 급속도로 진전됐고 서류 절차와 최종회의를 마무리했다."라는 언급을 인용했습니다. 사실관계를 확인해 보니 서류 절차와 최종회의를 마무리했다는 것은 사실이 아니었고 이런 인터뷰를 한 메디시티협의회 관계자도 없었습니다. 이 기사는 "대구시 등은 화이자사와 백신을 공동으로 개발한 독일 바이오엔테크 측과 협상 중인 것으로 전해졌고 정부가 확보한 것과는 별도로 3,000만 명분의 도입이 가능하다."라고 보도했습니다. 또한 "대구시가 독립적으로 백신을 구매할 수 없어서 최근 정부와 협의를 시작했다."라면서 익명의 정부 고위관계자가 "대구시가 백신 확보에 성공한다고 해도 공식 판권을 갖고 있는 한국화이자를 통하지 않고 비공식 루트를 통해 협상하고 있어서 국내 사용이 어려울 수 있다."라고 말한 것 으로 보도했습니다.

대구시에 어떠한 확인도 없이 대구시가 백신 도입의 주체인 것처럼 보도한 것은 사실에 부합하지 않습니다. 이 기사만 보면 사실 관계는 메디시티대구협의회가 백신을 국내로 도입할 수 있는 도입선을 찾아서 대구시에 보고했고 대구시는 이를 정부와 상의하도록 연결시켜 주었습니다. 그런데 정부에서 검토해본 결과 '정부에서 구매할 수 없는 비공식 루트'이기 때문에 국내에 도입할 수 없게 됐다는 것이었습니다. 물론 대구시와 메디시티대구협의회 입장에서는 정부가 협의를 잘해서 백신이 국내에 도입되기를 바라는 희망을 버릴 수는 없었습니다. 하지만 이 기사로 인해 며칠 후에 '대구시가 백신 사기를 당한 어마어마한 사건'으로 비화될 것이라고는 상상도 하지 못했습니다.

그런데 6월 3일부터 민주당을 중심으로 하는 진보 진영의 움직임이 바뀌기 시작했습니다. 민주당 출신의 보건복지부 장관 보좌관이 "대구시가 복지부와 협의했다고 하는데 구체적인 협의까지 한 사실이 없다."라고 하면서 백신 사기 사건으로 몰아가기 시작했습니다. 심지어 그날 청와대 국민청원 게시판에 '권영진 대구시장의 공식 사과를 요청합니다'라는 제목의 글이 올라왔습니다. 이 글에서 청원인은 이번 일은 대구시장인 제가 '정치적 야욕을 위해 움직인 결과이며 그로 인해 시민들은 타 도시로부터 손가락질받는 불쌍한 신세가 됐다.'라고 주장했습니다.

이 청와대 국민청원에는 그리 많은 찬성이 붙지는 않았지만 몇몇 언론들이 백신 사기 사건으로 증폭시키기에 좋은 소재가 됐습니다. 또 한국화이자 지사장은 '사기 혐의가 있다면 관계자를 고발하겠다.'라는 취지로 추임새 같은 발언을 했고 이는 곧 뉴스가 돼 보도됐습니다. 급기야 여당인 더불어민주당의 최고위원과 당 대변인이 나서서 이번 사건을 '백신 피싱'으로 규정하고 "국민의 생명을 볼모로 하는 위험천만한 사기극"으로 "국격을 깎아내렸다"고 비판했습니다. 이렇게 되자 온갖 친여 언론들과 좌파 누리꾼들은 물고기가 물을 만난 것처럼 이 사건을 제가 '한번 정치적으로 떠보려고 하다가 백신 사기를 당한 사건'으로 기정사실로 만들어 확산시켰습니다.

6월 4일 대구시가 "이번 백신 도입 노력은 대구 의료계를 대표하는 메디시티대구협의회가 추진한 것이며, 대구시는 협의회의 추진 상황을 전달받고 보건복지부와 협의할 것을 권고했고, 대구시가 집행한 예산은 전혀 없다."라고 입장문을 냈습니다. 그리고 "백신 도입의 성공 여부를 떠나 백신 접종을 통해 코로나19를 조속히 벗어나도록 하려는 선의에서 보여준 대구 의료계의 노력은 존중돼야 한다."라고 강조했습니다. 또한 "그럼에도 불구하고 '위험천만한 사기극' 등으로 이들의 노력이 폄훼되는 것은 유감스러운 일"이라고 말했습니다. 그러나 대구시의 해명이나 진실은 묻히고 여론은 급속히 대구시가 백신 사기를 당한 것으로 변해버렸습니다. KBS의 시사 프로그램인 「더 라이브」에 출연한 한 패널은 마치 대구시가 20억 원의 예산을 쓴 것처럼 의혹을 제기하기도 했습니다.

이 사건의 진실은 이러했습니다. 당시 우리나라에서 백신이 부족해서 백신 접종이 일시적으로 중단되는 상황을 안타깝게 지켜보던 대구의 의료단체인 메디시티대구협의회가 해외 네트워크를 통해서 백신을 구매할 수 있는지를 타진했습니다. 4월 중순경 메디시티대구협의회 차순도 회장이 저를 찾아와서 "해외 네트워크를 통해 확인했는데 2,000만 명이 맞을 수 있는 백신을 국내로 도입할 수 있는 선을 찾았고 물량도 확인했습니다. 그러니 대구시가 나서 주십시오."라는 것이었습니다.

그날 차순도 회장의 말은 약간의 흥분과 확신에 차 있었습니다. 백신 대란이라고 할 정도로 백신 수급이 부족한 상황이었기에 그 말을 그냥 무시하고 지나갈 수는 없었습니다. 저는 "그 정도 물량이 들어올 수 있다면 참으로 큰 도움이 되겠습니다. 그런데 회장님도 알다시피 대구시와 같은 지방자치단체에서는 백신을 구매할 수가 없으니 보건복지부 백신 구매팀과 곧바로 협의하시는 것이 좋겠습니다."라고 말씀드리고 담당 국장이 안내해 주도록 했습니다. 그 이후 대구시가 구매의향서를 보내는 등 몇 가지 진전된 논의가 있었지만 당시 보건복지부에서 "우리 정부는 화이자 본사와의 협의가 아니면 구입할 수 없습니다."라고 해서 더 이상 진전되지 못하고 중단됐습니다. 대구시가 계약을 체결하거나 한 푼이라도 돈이 지출된 것도 아니었습니다.

그러나 사실 여부와 관계없이 이 사건은 백신 사기 사건은 일파만파 흘러갔습니다. 전국적으로 저와 대구시를 조롱하는 여론이 비등했습니다. 지역사회에서도 해명과 사과를 요구하는 여론이 높았습니다. 공식적인 대응이 필요했습니다. 6월 7일 대구시청에서 차순도 회장을 비롯한 메디시티대구협의회 관계자들과 회의를 했습니다. 이 회의에서 우리의 선의를 왜곡해서 백신 사기 사건으로 몰아가는 언론이나 민주당과 정면으로 승부할 것인지 아니면 한발

물러서서 여론에 고개를 숙일 것인지를 놓고 긴 토론이 진행됐습니다. 저는 여기서 머리를 숙여서는 거짓을 사실로 인정하는 것밖에 되지 않으니 진실을 밝히기 위해 싸우자는 의견을 냈습니다. 하지만 이렇게 진실 공방을 이어가기에는 우리에게도 불리한 약점이 있다는 반론이 제기됐습니다. 백신 구매를 중재하는 회사에 대한 신뢰의 문제였습니다. 이미 인터넷에서 검색해보니 그 회사의 주소는 캘리포니아인데 전화는 스페인이라서 신뢰할 수가 없고 페이퍼컴퍼니일 수 있다는 의혹이 제기되고 있었습니다. 메디시티대구협의회에서도 당장 진위를 확인할 방법이 없다고 했습니다.

우리는 지금의 상황을 방치하면 대구에 대한 조롱과 비난이 확산되는 것을 막을 수가 없으니 메디시티대구협의회 차순도 회장이 기자회견을 열어서 그동안 진행됐던 과정을 있는 그대로 설명하고 논란과 물의를 일으킨 것에 대해 시민들께 사과하는 것으로 결론을 내렸습니다. 그런데 회의 이후 차순도 회장이 저를 찾아와서 기자회견과 관련해 자신의 신상 문제와 관련된 걱정을 털어놓았습니다. 기자회견을 주저하면서 흔들리고 있다는 느낌이 들었습니다. 회의에서 결정된 대로 하자며 용기를 내달라고 말하고 헤어졌지만 영 마음이 개운하지 않았습니다.

그날 밤 저는 쉽게 잠을 잘 수가 없었습니다. 나를 찾아와서 걱정하는 차 회장의 얼굴이 계속 떠올랐고 선의로 행한 일에 대해 사과까지 해야 하는 것이 너무 안타까웠습니다. 아직도 코로나19와의 전쟁이 끝나지 않았는데 이 일로 차순도 회장의 리더십에 손상이 간다면 방역의 최일선에 서 있는 대구 의료계가 분열될 수도 있다는 우려도 들었습니다.

코로나19 화이자 백신 도입 논란 관련 입장문 발표

　새벽 3시 무렵 저는 대시민 사과문을 직접 쓰기 시작했습니다. 그리고 날이 밝자 비서진에게 "오늘 기자회견과 대시민 사과는 내가 직접 하겠으니 준비하라."고 지시했습니다. 이후 민주당 소속의 한 시의원이 대구시 의회에서 시정질문을 하면서 하얀 고무신을 꺼내 드는 퍼포먼스를 하는 등 작은 여진은 계속됐지만 저의 사과로 인해 대체로 여론은 잠잠해졌습니다. 그러나 이 일로 인해 대구시민이 조롱받았다는 사실은 두고두고 가슴이 아프고 죄송한 일이었고, 저 또한 '백신 사기를 당한 시장'이라는 나쁜 이미지가 오래도록 지워지지 않는 상처를 입게 됐습니다.

　몇 달 후 행정안전부에서 대구시로 정기 감사가 나왔습니다. 저는 감사반장에게 '백신 사기 사건'의 진실을 감사로 밝혀달라고 요청했습니다. 며칠이 지난 후 감사반장이 제게 와서 예비 감사 결과를 말해주었습니다. 대구시에서 돈이 지출된 것은 하나도 없고 전체적으로 사기 사건으로 볼 수는 없다는 결론이 났다고 말했습니다. 그래서 제가 이를 공식적으로 발표해달라고 요청했더니 본부와 상의해보아야 한다고 했습니다. 그러나 행정안전부 감사팀의 공식 발표는 이루어지지 않았습니다. 행정안전부 본부의 의견이 '정식 감사의 대상이 아니기 때문에 공식적으로 결과를 발표할 수 없다.'는 입장이라는 것입니다. 문재인 정부가 이 사건을 계속해서 백신 사기 사건으로 몰아가기를 원하고 대구시에 면죄부를 줄 생각이 없음을 확인할 수 있었습니다. 지금도 이 사건의 진실이 공개적으로 제대로 밝혀지지 않은 것이 안타깝습니다.

5장

다시 정치 혁신의 길로 나서다

1
새로운 정치가 새로운 대한민국을 만든다

● ● ● ● ●
건국 75년의 대한민국은 위대했다

　이 책을 쓰고 있는 2023년은 대한민국이 건국된 지 75주년을 맞는 해입니다. 그동안 대한민국이 걸어온 발자취를 돌아보면 기적을 만든 한 편의 드라마였습니다. 일본 제국주의의 식민 지배에서 해방된 우리 민족은 새로운 국가 건설에 나섰지만 통일된 하나의 나라로 건국하지 못했습니다. 한반도의 38도선 북쪽을 공산주의 세력에게 내주고 남쪽에만 자유민주적 기본질서를 헌법정신으로 대한민국을 건설했습니다. 우리 헌법상 북한은 대한민국의 주권이 실질적으로 미치지는 못하지만 언젠가 회복해야 할 우리의 영토로 남아 있습니다.

  분단된 국가가 겪어야 하는 비운은 머지않아 북한의 남침으로 인한 6·25 전쟁의 시련으로 다가왔습니다. 전쟁의 피해와 참상은 상상할 수 없을 정도로 컸습니다. 온 나라가 잿더미로 변했고 대한민국은 미국이 제공해주는 원조 없이는 끼니도 해결할 수 없을 정도로 가난한 나라로 남았습니다. 당시 1인당 국민소득은 66달러에 불과했습니다. 1946년부터 1970년대 후반까지 한국이 미국으로부터 받은 원조는 무상원조 47억 달러를 포함해서 146억 810만 달러나 됩니다. 더군다나 대한민국이 처한 지정학적 위치는 거대한 공산주의 진영의 끝에 붙어 있는 외딴섬과도 같았습니다. 국제적인 냉전 질서와 남북 대결로 인해 국가 자원의 상당 부분을 국방에 써야 했습니다. 이처럼 어려운 여건 속에서 대한민국은 출발했습니다.

  건국 75년이 되는 오늘날 우리 대한민국은 세계사에서 전례 없이 발전을 이룩한 국가가 됐습니다. 세계가 인정하고 부러워하는 사실입니다. 2017년 대한민국은 '3050클럽'에 가입한 일곱 번째 나라가 됐습니다. '3050클럽'은 1인당 국민소득이 3만 달러 이상이고 인구가 5,000만 명이 넘는 나라를 가리킵니다. 한 국가가 높은 수준의 국가경쟁력을 갖추기 위해서는 국민경제 규모의 기준이 되는 1인당 국민소득과 함께 적정선의 인구경쟁력을 갖추어야 한다는 것을 의미하는 지표입니다. 유엔에 가입한 193개 나라 중에서 '3050클럽'에 가입한 나라는 일본(1992), 미국(1996), 영국(2002), 독일(2004), 프랑스(2004), 이탈리아(2005), 한국(2017) 등 일곱 나라뿐입니다.

2009년 11월 25일 대한민국은 경제개발협력기구OECD의 개발원조위원회DAC에 가입했습니다. 이로써 우리나라는 원조받던 수혜국에서 원조를 주는 공여국으로 그 지위가 바뀌었습니다. 1945년에 제2차 세계대전 끝난 뒤 수많은 신생독립국가가 생겨났지만 원조받던 나라에서 원조를 주는 나라로 바뀐 국가는 대한민국이 유일하다고 합니다.

　대한민국의 발전은 경제적인 면에 그치는 것이 아니라 정치, 사회, 문화의 모든 영역에서 눈부신 성취였습니다. 어떤 기업가 한 분이 우리나라는 경제는 1류인데 행정은 2류이고 정치가 3류라고 말한 적이 있습니다. 국가공동체나 국민의 미래와 이익보다는 사익과 당파적 이익을 앞세워서 싸움이나 하는 우리 정치권을 향한 쓴소리입니다. 그런데 정치인들이 3류라 하더라도 대한민국은 정치 제도나 과정을 보면 성숙된 민주주의를 정착시켜 가고 있습니다. 헌법 제1조에 나오는 '대한민국은 민주공화국이고 주권은 국민에게 있다. 모든 권력은 국민으로부터 나온다.'라는 주권재민의 원칙과 선거를 통한 평화적 정권교체가 뿌리내리고 있습니다. 2021년 영국 시사주간지 『이코노미스트』가 세계 167개국을 대상으로 선거 과정과 그 다양성, 정부의 기능, 정치 참여도, 정치문화, 시민의 자유 등을 지표로 점수를 매겨서 발표한 민주주의 종합지수에서 우리나라는 완전한 민주주의 국가로 평가됐고 종합점수에서 미국이나 프랑스보다 앞선 18위에 올랐습니다.

　문화적인 면에서도 한국문화는 세계적인 것이 됐습니다. 대한민국의 대중문화를 포함해서 한국과 관련한 것들이 우리나라 이외의 나라에서 인기를 얻는 현상을 일컬어서 한류라고 합니다. 한류

열풍은 2000년대 초 「가을동화」 「대장금」 「겨울연가」 등 한국 드라마가 아시아 지역에서 인기를 얻으면서 시작됐고 2000년대 말부터는 「동방신기」 「소녀시대」 「카라」 등 아이돌 그룹들이 K-팝 신드롬을 만들기 시작했습니다. K-팝의 인기는 싸이와 BTS를 통해서 아시아를 넘어 전 세계로 확산됐습니다. 한류의 인기에 대해 2013년 오바마 미국 대통령은 한미 정상회담 도중 "세계의 많은 사람이 대한민국 문화에 매료당하고 있다."라면서 딸들이 자신에게 싸이의 「강남스타일」 춤을 가르쳐줬던 일화를 언급할 정도였습니다. 한류의 인기는 문화 콘텐츠에 그치지 않고 한국 상품과 한국 음식의 인기로 확산됐고 수많은 외국의 젊은이들이 한국어를 배우도록 만들었습니다. 이처럼 건국한 지 100년도 되지 않는 짧은 기간에 우리 대한민국은 세계사에서 전례 없는 기적의 역사를 써 내려가고 있습니다.

통일 한국과 국민 행복의 대한민국을 만들자

민주화 이후 우리 사회는 대한민국이 나아가야 할 뚜렷한 목표와 방향을 잃은 듯합니다. 1987년 헌법에 따라 일곱 분의 대통령과 정부가 나라를 이끌었고 지금의 윤석열 대통령이 여덟 번째입니다. 역대 정부마다 국정지표란 이름으로 지향하는 목표와 방향을 제시했습니다. 역대 정부의 국정지표는 '보통사람의 위대한 시대' '신한국창조' '제2건국' '새로운 대한민국' '선진 일류국가' '희망의 새시대' '국민의 나라 정의로운 대한민국'으로 이어져 왔습니다. 참 좋은 구호였지만 나라가 어디로 가야 하는지에 대한 목표와 방향은 잘 보이지 않습니다. 국민적 공감대도 약했던 것 같습니다.

어디로 가야 할까요? 우리는 지난 역사에서 못다 이룬 과업이 있습니다. 그 하나는 통일 한국입니다. 우리의 건국이 통일된 하나의 나라로 되지 못했기 때문입니다. 저는 학창 시절 이런 고민을 했습니다. '나는 왜 이 땅에 태어났을까? 나를 한반도의 허리 잘린 분단된 조국 대한민국에서 태어나게 한 이유는 무엇일까?' 저는 우리나라가 '밖으로는 당당하고 안으로는 행복한 나라'가 되기 위해서는 분단을 극복하고 통일 한국을 만들어야 한다고 생각했고 그것이 저에게 주어진 소명이라고 받아들였습니다. 그 소명에 따라 첫 직장으로 통일부를 선택하게 됐습니다. 저의 소명은 지금도 변함이 없습니다. 통일 한국을 위해서는 대한민국부터 더 부강한 나라를 만들어야 한다는 깨달음이 통일부 퇴사와 정치 입문으로 이어졌고 지금의 저를 있게 했습니다. 통일 한국의 실현은 우리가 가야 할 목표이자 우리에게 주어진 소명입니다.

대한민국은 건국 75년 동안 눈부신 성장과 발전을 이루었습니다. 그러나 우리 사회는 또 다른 문제들을 안게 됐습니다. 사회적 양극화는 심화됐고 국가의 발전에 비해 국민이 느끼는 행복지수는 너무나 낮습니다. 한 언론사에서 2023년 6월에 우리 국민을 대상으로 설문조사를 한 결과에 따르면 스스로 행복하다고 느끼는 국민보다 불행하다고 느끼는 국민이 더 많은 것으로 나타났습니다. 전 국민 2,001명을 대상으로 개인의 삶에 대한 행복감 여부를 물었더니 '불행' 36.9퍼센트, '행복' 26.9퍼센트, '보통' 35.1퍼센트, 잘 모름 1.2퍼센트 등으로 응답했습니다. 특히 젊은 세대에서 행복지수가 가장 낮게 나왔습니다. 건국 75년 동안 나라는 눈부시게 성장하고 발전했는데 우리 국민 다수는 이 나라에서 자신의 삶이 행복하다고 느끼지 못하는 것 같습니다. 해외에서 바라보는 시각도 크게 다르지 않습니다. 유엔이 정한 세계행복의 날인 지난 3월 20일 유엔 산하 지속가능발전해법 네트워크SDSN가 '2023년 세계행복보고서'를 발표한 바 있습니다. 이 보고서에 따르면 우리나라는 전 세계 137개국 중에서 행복지수가 57위라고 합니다.

　국민이 행복하지 않다고 생각하는 나쁜 지표들이 많이 있습니다. 그중 하나가 자살률입니다. 우리나라는 경제협력개발기구OECD에 가입한 국가 중에서 자살률이 가장 높습니다. 2022년 기준으로 인구 10만 명당 25.2명이 자살하는 것으로 나타났습니다. 성별로는 남성이 여성의 2배가 넘고 연령별로는 65대 이상 노년층의 비율이 높다고 합니다. 더 심각한 것은 20대의 자살률도 해마다 증가 추세라는 것입니다. 65세 이상 노년층에서 자살률이 높은 것은 빈곤과 우울증, 노인 학대가 원인입니다. 통계청의 발표에 따르면 우리나라 65세 이상 노인의 고용률은 34.1퍼센트로 경제개발협력기구 OECD 평균인 14.7퍼센트의 2배 이상이고 실질 은퇴 연령도 72세로 가장 높습니다. 그런데 노인들의 상대적 빈곤율은 43.2퍼센트로 가장 높습니다.

　우리나라 노인들이 가장 오랫동안 열심히 일하는데도 가장 가난하다는 말입니다. 2022년 국민기초생활보장 수급자 현황을 살펴봐도 일반수급자 10명 중 4명에 해당하는 39.7퍼센트가 65세 이상의 노인 인구입니다. 그만큼 노인 빈곤이 심각하다는 증거입니다. 우리 사회가 무상급식, 대학의 반값 등록금, 청년 일자리 등에 관심을 집중하는 동안 노령 인구는 급격히 늘었습니다. 그만큼 빈곤 노인들도 많아졌습니다. 노인 빈곤이 없는 나라, 자살하는 국민이 없는 나라, 국민의 행복지수가 높은 나라를 만들어야 합니다. 국민이 행복한 나라는 대한민국이 나아가야 할 길이자 또 하나의 목표입니다.

지방분권과 균형발전 없이는 대한민국도 없다

대한민국은 일본이나 유럽처럼 봉건시대를 경험하지 못하고 강력한 중앙집권제에 익숙한 나라입니다. 그리고 근대국가로의 전환 과정도 미국처럼 주 정부가 형성되고 연합체로 연방정부가 구성되는 방식이 아니라 중앙정부가 구성되고 중앙정부에 의해 지방이 구획되고 전국적인 행정체계가 형성되는 방식으로 이루어졌습니다. 특히 남북 분단으로 인한 체제 경쟁과 대결적 상황은 강력한 중앙집권적 통치체제를 뒷받침해 왔고 국가 주도형 발전의 길을 선택하도록 했습니다. 국가의 모든 권한은 대통령을 정점으로 하는 중앙정부에 집중됐습니다.

우리나라는 지방정부에 대한 인식이 매우 낮은 수준이고 지방행정은 이렇다 할 독립적인 권한 없이 중앙정부의 계획과 지시에 따라 사업과 예산을 집행하는 지방자치단체 수준의 종속적 위치에 있습니다. 1995년부터 지방자치제도가 부활해서 시행됐지만 선거를 통해서 지방자치단체장과 지방의원들을 선출하는 것 이외에 지방자치를 위한 실질적인 권한은 주어지지 않았습니다. 재정적인

지방분권 시민타운미팅

면만 보더라도 전체 국가 예산의 60퍼센트가 지방에서 쓰는데도 지방의 자주 재원인 지방세의 비중은 20퍼센트에 불과하고 나머지 80퍼센트는 중앙정부의 국세였습니다. 그러다 보니 지방은 재정적으로 중앙정부에 의존할 수밖에 없었습니다. 중앙정부의 재정지원이나 공모사업을 따내지 않고서는 지방 스스로 할 수 있는 일이 극히 제한됐습니다. 정부 예산이 편성되는 5월에서 8월이면 지방의 자치단체장들과 공무원들은 기획재정부를 비롯한 중앙부처의 공무원들을 일일이 찾아다니면서 사업을 설명하고 예산을 지원받기 위한 수고를 반복해야 합니다.

서울특별시를 제외한 광역자치단체에서 1급인 행정부시장과 행정부지사, 2급인 기획조정실장은 자체에서 인사를 할 수가 없고 행정안전부에서 파견해 주는 공무원을 받아야 합니다. 공무원의 수를 총액임금제로 통제하고 있으면서도 국장이나 과장 자리를 하나라도 신규로 만들려면 일일이 행정안전부의 승인을 받아야 합니다. 입법 권한도 국회에만 있습니다. 지방자치단체마다 인구의 구성이 다르고 산업의 구성과 발전의 속도가 다른데도 불구하고 지방을 규율하는 법은 오직 대한민국 국회에서만 만듭니다. 농촌과 도시, 노인 인구가 많은 지역과 청년인구가 많은 지역 등 지역적 특성과는 관계없이 똑같은 하나의 법으로 규율하고 있습니다.

법이 시대 상황과 지역의 특성을 반영하지 못하는 경우가 허다합니다. 대표적인 것이 최저임금입니다. 중앙의 최저임금위원회에서 정하면 지역이나 산업과 관계없이 일률적으로 적용되고 있습니다. 주 52시간제 등 노동시간에 대한 통제도 지역별 산업별 자율성이 없습니다. 이로 인해 국가적 자원이 낭비되고 산업의 경쟁력도 저하되고 있습니다. 지방자치단체가 가진 입법과 관련된 권한은 법령에서 위임한 규정과 절차 등을 정하는 조례와 규칙밖에는 없습니다. 자치를 할 수 있는 역량이나 권한이 없다 보니 우리나라 지방자치는 무늬만 자치라는 자조 섞인 말이 나오고 있습니다. 모든 국가 자원과 권한을 중앙정부가 틀어쥐고 지방을 지휘하고 통제하는 중앙집권적인 통치방식으로는 지방의 특색에 맞는 발전을 기대할 수 없습니다.

우리나라가 안고 있는 큰 문제 중 하나가 서울 수도권과 비수도권 지방의 양극화와 불균형 발전입니다. 서울 수도권에는 정치, 경제, 문화, 교육 등 대한민국을 움직이는 모든 것이 집중돼 있습니다. 1,000대 기업의 86.9퍼센트, 예금의 70퍼센트, 신용카드 사용액의 75.6퍼센트가 수도권에 집중되고 있습니다. 게다가 대학의 서열화가 가속화되면서 서울에 있는 대학들은 모두 서울대가 되고 지방에 있는 대학들은 신입생 모집을 걱정해야 하는 어려움에 부닥쳐 있습니다. 해마다 10만 명의 지방 청년들이 대학 진학과 일자리를 찾아서 수도권으로 유입되고 있습니다. 이렇게 수십 년을 지나오는 동안 수도권은 지방을 빨아들이는 거대한 블랙홀이 됐습니다. 사람, 기업, 돈이 수도권으로 몰려서 수도권은 과밀화의 문제들을 안게 됐습니다. 반면 지방은 산업과 인구의 공동화가 심화되면서 소멸을 걱정해야 하는 지경에 이르렀습니다.

수도권 과밀화와 지방소멸이라는 양극화는 대한민국의 장래를 어둡게 합니다. 대한민국 국토 면적의 11.8퍼센트밖에 되지 않는 수도권에 인구의 51퍼센트가 살고 있습니다. 좁은 땅에 너무 많은 사람이 몰려 살다 보니 수도권은 주택문제, 교통문제, 환경문제 등 과밀화로 인한 중병을 앓고 있습니다. 수도권으로 몰려온 청년들은 극심한 경쟁에 시달려야 합니다.

요즘 20대와 30대 청년들을 대상으로 조사를 해보면 그들의 정신세계에 있는 키워드는 '불안'이라고 합니다. 미래와 삶에 대한 희망보다 불안이 더 큽니다. 그러니 결혼하고 아이를 낳아서 키울 엄두가 나지 않습니다. 그로 인해 지금 우리나라는 국가적 재앙이 될 저출산의 늪에 빠져 있습니다. 2022년 합계 출산율은 0.78로 경제협력개발기구OECD 국가에서 단연 최하위입니다. 합계 출산율이 2.1은 돼야 인구가 유지된다고 하니 이대로 가면 지방의 소멸이 아니라 대한민국의 소멸을 걱정해야 할 것입니다. 우리나라 인구는 2020년을 정점으로 이미 절대적으로 감소하기 시작했습니다.

우리나라가 왜 이리 출산율이 낮을까요? 여러 가지 원인이 있겠지만 중요한 원인 중의 하나가 수도권의 과밀화와 지방의 공동화입니다. 우리나라 청년들을 싹쓸이해가는 서울과 수도권이 저출산의 원흉이 되고 있습니다. 서울의 합계 출산율은 전국 평균에 훨씬 못 미치는 0.59입니다. 인천은 부산 다음으로 낮은 0.75이고 경기도는 도 단위에서 가장 낮은 0.84였습니다. 교육, 일자리, 더 좋은 기회를 찾아서 서울과 수도권으로 청년들이 몰려오지만 여기에서도 청년들의 삶은 힘들고 내일이 불안하기는 마찬가지입니다. 결혼과 출산을 기피하게 되는 이유입니다.

출산율 저하를 해결하는 방안으로 이민을 더 폭넓게 받아들이자는 주장이 있습니다. 인구 감소를 어느 정도 해결할 수 있는 방편은 될 것입니다. 그러나 해외 사례에서 보듯이 이민정책으로 출산율 저하에 따른 인구 감소를 극복하고 부족한 노동력을 해결하려다 보면 또 다른 문제에 직면하게 됩니다. 우리나라 청년들이 결혼하고 출산할 수 있는 환경을 만드는 것이 우선이 돼야 합니다. 그러자면 수도권의 과밀화를 막고 지방에도 청년이 머무르고 사람이 살 수 있는 대한민국을 만들어야 합니다.

역대 정부는 왜 실패했는가

역대 정부마다 지방분권과 지역 균형발전을 약속했습니다. 그러나 그 약속을 지킨 정부는 없었습니다. 중앙정부에 대한 지방의 의존은 여전히 심하고 수도권과 지방의 불균형은 오히려 더욱 심화되고 있습니다.

문재인 대통령은 "연방제에 버금가는 지방분권과 지역 균형발전을 실천하겠다."라고 공언하면서 대통령이 됐습니다. 그러나 5년이 지난 후 제대로 실천되고 달라진 것은 찾아볼 수가 없습니다. 문재인 대통령의 재임 시절에 한번은 대통령이 시도지사들과 함께 지방분권에 대한 행정안전부의 보고를 받고 의견을 나누는 회의가 열렸습니다. 김부겸 행정안전부 장관의 보고는 그동안 여러 번 반복해서 논의되던 과제들을 나열하는 것에 지나지 않았고 새로운 로드맵이나 실천의 의지가 보이지 않았습니다. 장관의 보고가 끝난 후 제가 발언권을 얻어서 대통령께 말씀드렸습니다.

"지금 행안부의 보고에는 그동안 반복해서 제시됐던 과제들만 나열돼 있습니다. 이렇게 해서는 실천이 될 수가 없습니다. 이 과제들을 언제 어떻게 실천하겠다는 타임 테이블과 로드맵이 있어야 합니다. 그래야만 대통령의 임기 내 지방분권이 실질적으로 진전될 수 있을 것입니다."

제 말이 끝나기도 전에 전병헌 정무수석이 끼어들더니 "대구시장께서는 옳은 말씀을 너무 길게 하신다."라면서 제 얘기를 잘랐습니다. 문재인 대통령 임기 동안 진전된 것이라고는 국세의 비중을 조금 줄이고 지방세 비중을 조금 늘리는 재정 분권과 무늬만 자치인 지방자치 경찰제를 도입한 것뿐이었습니다. 5년 내내 시도지사들이 건의했고 대통령이 결심만 하면 당장 시행할 수 있는 지방자치단체의 조직권과 인사권을 지방의 자율에 맡기는 분권조차도 끝내 실천되지 못했습니다.

지역 균형발전은 진전되기는커녕 오히려 퇴보했고 수도권의 과밀화도 훨씬 심해졌습니다. 공기업의 추가 지방 이전도 헛공약으로 끝났고 이건희 미술관도 지방의 간절한 요청에도 불구하고 서울에 건립하는 것으로 결정했습니다. 대통령 직속 지역균형발전위원회도 5년 내내 형식적으로 운영하는 시늉만 했습니다.

수도권 과밀화와 지방의 공동화를 막고 대한민국 어디에서나 행복한 나라를 만들기 위해서는 지방분권과 지역 균형발전이 병행해서 추진돼야 합니다. 지방분권의 관점에서 보면 서울 수도권과 비수도권 지방의 이해는 일치합니다. 그러나 지역 균형발전의 관점에서 보면 서로 이해관계의 충돌이 발생합니다.

재정 분권만 놓고 보더라도 국세인 소비세나 부가가치세를 지방세로 전환하면 서울과 수도권은 지방보다 훨씬 더 많은 세금을 걷게 돼 지방분권이 수도권과 비수도권의 재정 불균형을 심화시키게 될 것입니다. 따라서 지방분권을 하되 균형발전을 고려한 조정이 필요합니다. 그래서 중앙정부의 권한을 지방정부에 넘기는 지방분권을 하되 지역 균형발전을 함께 추진해야 하는 것입니다. 윤석열 정부가 지방분권위원회와 지역균형발전위원회를 통합해 지방시대위원회로 만든 것은 아주 시의적절하다고 생각합니다.

제가 서울특별시 정무부시장 시절 재산세 공동과세 제도를 도입해서 서울시 25개 구청 간 재정력 불균형을 완화한 사례가 좋은 본보기가 될 것입니다. 서울 자치구의 재산세 편차는 구간에 상당한 차이가 있어서 자치구 간 재정력 격차를 심화시키는 요인이 됐습니다. 강남구와 금천구의 격차는 13배 이상이었습니다. 자치구의 재산세 절반은 자치구가 거둬서 자주 재원으로 쓰고 나머지 절반은 서울시가 거두어서 재정력이 약한 자치구에 더 많이 배정해주는 제도가 재산세 공동과세입니다. 이렇게 했더니 강남구와 금천구의 격차가 크게 줄어들었습니다. 마찬가지로 국세의 비중을 줄이고 지방세의 비중을 늘리는 재정 분권을 하되 지역 균형발전을 고려한 지방재정조정제도가 동시에 추진돼야 할 것입니다.

떡이 아니라 떡시루를 주어야 한다

지금까지 역대 정부의 지방분권과 지역 균형발전 정책은 조금씩 차이는 있지만 지방에 떡을 나누어 주는 정책이었습니다. 국가 세금의 80퍼센트를 중앙정부가 거두어서 교부금, 사업비, 공모사업비 등의 명목으로 지방에 나누어주는 방식이었습니다. 교부금과 사업비는 정권에 따라 편차가 있긴 하지만 통상은 일정한 기준에 따라 형평을 고려해 배분했습니다. 지방의 큰 국책사업은 예비타당성 조사 제도라는 관문을 통과해야 국비가 투입될 수 있습니다.

최근에는 경제성 분석 이외에 정책적 타당성이라는 지방을 배려하는 요소가 추가되긴 했지만 기본적으로 예비타당성 조사 제도는 그 사업을 진행해서 얻는 총편익을 사업하는 데 필요한 총비용으로 나눈 값이 1보다 크면 경제성이 있다고 판단합니다. 그러나 인구가 줄고 경제가 침체되고 있는 지방의 국책사업들은 예비타당성 조사 제도를 통과하기가 쉽지 않습니다. 대구의 경우 도시철도 순환선 계획이나 3호선을 혁신도시까지 연장하는 사업은 예비타당성 조사 제도에서 통과되지 않아서 포기한 것들입니다. 대구 산업선 철도나 대구 신공항 사업도 예비타당성 조사 제도로는 추진이 어려운 사업이었는데 면제 사업이 돼 추진할 수 있게 됐습니다.

지방을 어렵게 만드는 또 다른 제도가 공모사업입니다. 중앙정부가 필요하다고 하는 사업을 정해서 지방자치단체에 공개경쟁을 통해 사업대상지를 정하고 국가 예산을 투입하는 방식입니다. 중앙정부가 공개 모집을 할 때면 지방자치단체들은 비슷한 기획안을 만들어서 경쟁적으로 공모에 참여합니다. 그래야 국비를 확보할 수 있기 때문입니다. 그러나 이들 공모사업의 상당수는 지방의 현실에 맞는 사업이 아닌 중앙부처에서 성과 위주로 계획된 것이기 때문에 지방 발전에 그다지 도움이 되지 않는 경우도 허다하고 정부가 바뀌거나 정책이 바뀜으로써 용두사미에 그치는 경우도 많았습니다.

지방분권과 지역 균형발전을 통해서 지방의 공동화를 막고 대한민국 어디에서나 골고루 잘사는 나라를 만들기 위해서는 발상의 전환이 필요합니다. 먼저 수도권 신도시 정책을 중단해야 합니다. 그동안 수도권의 과밀화로 인해 발생하는 주택, 교통, 환경 등의 문제를 해결하는 방법으로 신도시를 건설해 왔습니다. 그러나 밑 빠진 독에 물 붓기밖에 되지 않았습니다. 1기 신도시와 2기 신도시를 넘어 3기 신도시까지 추진되고 있지만 수도권의 과밀화는 해결되기는커녕 오히려 심화되고 있습니다. 수도권의 주택난을 해결하기 위해서 신도시를 만들면 지방에서 인구가 유입돼 그 신도시를 채웁니다. 서울의 위성도시인 신도시에서 서울로 오가는 교통길이 복잡해지자 이를 해결하기 위해서 지하 고속철도인 GTX까지 곳곳에 건설되고 있습니다. 신도시 정책은 수도권의 과밀화로 생긴 문제를 해결하는 것이 아니라 오히려 수도권의 집중화를 더욱 심화시키고 지방의 공동화를 가속시키는 정책입니다. 신도시가 신도시를 불러오는 악순환이 계속될 것입니다.

수도권 과밀화와 지방의 공동화를 해결하기 위해서는 수도권에 초점을 맞추는 정책이 아니라 역으로 지방에 초점을 맞추는 정책으로 발상을 전환해야 합니다. 지방에도 좋은 일자리가 있고 문화와 교육 인프라가 튼튼해서 살 만한 지방을 만들어야 해결될 수 있습니다. 이를 위해서는 '담대한 지방 살리기 정책'을 추진해야 합니다. 먼저 중앙정부가 정해서 지방에 떡을 내려주는 것이 아니라 지방이 스스로 떡시루를 만들고 지방이 필요로 하는 떡을 뽑을 수 있도록 해야 합니다. 중앙정부가 가지고 있는 권한을 과감하게 지방으로 이양해야 합니다. 국세를 지방세로 과감하게 전환해서 지방의 자주 재원을 확충할 수 있도록 해야 합니다. 예비타당성 조사 제도가 운영되고 사업 예산을 받으려고 중앙정부에 줄 서야 하고 정부가 정해준 공모사업이나 따내는 것으로는 지방의 미래는 없습니다. 지방 실정에 맞는 사업을 스스로 기획하고 예산을 편성해서 사업을 추진할 수 있는 자치 역량을 가질 때 지방은 살아날 수 있습니다. 아울러 수도권에 집중된 국가 자원을 지방으로 과감하게 재배치해야 합니다. 제2차 공공기관 이전을 조속히 추진하되 국립문화시설과 교육기관의 이전을 동시에 추진함으로써 공기업의 임직원들이 지방에 정착할 수 있도록 여건을 만들어주어야 합니다.

떡시루를 만드는 핵심은 좋은 기업들이 지방에 유치돼 좋은 일자리들이 만들어지는 것입니다. 민간 기업을 강제로 지방으로 내려보낼 수는 없습니다. 기업들이 수도권이 아닌 지방에 신규 설립하거나 이전하면 법인세 인하 등 파격적인 혜택을 주어야 합니다. 그리고 이 혜택의 폭은 수도권에서 멀어지는 것에 비례해서 더 많은 혜택이 주어질 수 있도록 기획해야 할 것입니다. 아울러 이 기

전국 최초 광역과 기초가 함께하는 분권협의회 출범

업들에 좋은 인재들을 공급할 수 있도록 지방의 교육시스템을 기업 맞춤형으로 전환해서 파격적인 지원을 해주어야 합니다. 여기에 더해서 전기세의 지역적 차등 부과를 실시해야 합니다. 발전소에서 가까운 지역에 있는 기업들은 헐값에 전기를 쓰고 먼 거리로 갈수록 비싼 가격에 전기를 쓰도록 해야 합니다. 이렇게 하면 법인세 감면과 전기세 혜택을 원하는 기업들이 굳이 수도권에 있기보다 영호남 지역을 포함한 지방에 둥지를 틀게 될 것입니다.

이제 1987년 체제를 뛰어넘어야 한다

우리의 헌정질서는 1987년 민주화 운동의 결과로 만들어진 '87년 체제'를 30년 이상 유지하고 있습니다. '87년 체제'의 핵심 내용은 대통령 직선제, 5년 단임제, 그리고 국회의원 소선거구제입니다. 대통령 직선제와 5년 단임제는 군사정권 시절 장기 집권의 폐단을 극복하기 위한 시대정신과 국민 여망의 산물이었습니다. 국회의원 소선거구제는 여당과 제1야당의 나눠먹기식 중선거구제의 단점을 의식한 대안으로 채택됐습니다.

'87년 체제'가 들어선 지 30년 이상의 세월이 흘렀습니다. '87년 체제'는 그동안 우리나라의 정치발전에 적지 않은 의미와 성과를 남겼습니다. 공정하고 자유로운 선거 경쟁이 확립됐고 선거를 통한 평화적 정권교체도 여러 번 경험했습니다. 하지만 그동안 우리나라는 정치, 경제, 사회, 문화 등 전 분야에 걸쳐서 많은 변화를 거듭했습니다. '87년 체제'는 이러한 변화와 시대정신을 제대로 반영하지 못하고 있습니다. 미래로 가는 우리의 발걸음에 걸림돌이 되고 있습니다.

직선제에 의한 5년 단임 대통령제는 장기 집권을 막고 여야 평화적 정권교체의 민주적 전통을 확고하게 정립했습니다. 반면 권력이 대통령 1인에게 과도하게 집중됨으로써 제왕적 대통령제의 폐단과 부작용을 낳고 있습니다. 또 단임 대통령이기 때문에 갖는 리더십의 한계와 국가 에너지의 낭비도 큽니다. 무엇보다 여야가 상대를 인정하고 존중하면서 나라와 국민을 위해 대화하고 타협하는 정치가 실종됐습니다. 대통령 선거에서 패배한 야당은 다음날부터 정권 탈환을 위한 궁리만 합니다. 여당과 대통령이 잘하면 자신들에게는 기회가 없다고 생각합니다. 실패하기를 기다리는 것을 넘어 사사건건 발목을 잡고 실패를 바라는 저주의 굿판을 벌이기도 합니다. 최근 들어서는 대통령 선거 결과에 불복하는 언행도 서습없이 합니다.

　정치의 실종은 여당과 대통령에게도 책임이 있습니다. 5년 단임 대통령이기 때문에 대통령은 선거를 통해 국민의 재신임을 받는 일이 없습니다. 그로 인해 역대 우리 대통령들은 국민에게 남는 대통령이 되기보다 늘 역사에 남는 대통령이 되기를 희망했습니다. 5년이란 짧은 임기 동안 역사에 남는 성과를 내려니 시간은 짧고 마음은 급합니다. 야당과 반대하는 국민을 설득하려 하기보다 '여기서 밀리면 안 된다.'라는 생각으로 밀어붙이기식 국정운영에 익숙하게 됩니다. 여당의 밀어붙이기와 야당의 발목잡기는 정쟁만 있고 정치는 실종된 우리 정치의 후진성의 원인이 되고 있습니다.

　5년 단임 대통령제에 더해서 국회의원 소선거구제는 정치적 갈등과 정치 실종을 증폭시키는 제도가 되고 있습니다. 소선거구제는 단 한 표라도 더 얻는 일등만이 승자가 되는 선거제도입니다. 국회의원이 되려면 죽기 살기식 선거 전쟁을 치러야 합니다. 정당들은 자신에게 유리한 지역을 확보하기 위해서 수단과 방법을 가리지 않고 국민을 갈라치기 해왔습니다. 지역주의를 동원하고 가짜뉴스를 양산하고 진영 논리를 강화하고 있습니다. 253개 선거구 중 상당수는 특정 정당의 공천만 받으면 당선이 보장되는 지역으로 굳어졌습니다. 국민이 자신의 대표인 국회의원을 뽑는 것이 아니라 공천 권한을 가진 정당의 리더가 국회의원을 임명하는 것이나 마찬가지입니다. 이는 정당을 사당화시키고 정당 민주주의를 퇴보시킵니다. 그뿐만 아니라 국회의원들이 국민을 위한 선량한 정치인이 되기를 포기하고 정쟁의 도구로 전락하도록 만들고 있습니다.

현행 소선거구제는 주권재민의 민주주의 정신을 퇴색시킬 뿐만 아니라 제3의 정당 출현을 가로막아서 우리 사회의 정치적 다양성을 반영하지 못하고 있습니다. 기득권을 가진 거대 정당들이 여당과 야당을 서로 교대하면서 정쟁을 격화시키고 정치를 실종시키는 원인이 되고 있습니다. 현행 선거구제를 개편해서 인구가 적고 면적이 넓은 농촌 지역에서는 소선거구제를 유지하더라도 도시 지역에서는 중·대선거구제를 도입해야 우리 정치를 바꿀 수 있다는 것이 저의 오랜 소신입니다.

'87년 체제'가 갖는 또 다른 한계는 지방자치와 분권 그리고 지역 균형발전에 대한 깊은 고려가 없다는 것입니다. 모든 행정 권한은 행정부의 수반인 대통령을 정점으로 하는 중앙정부에 집중돼 있습니다. 우리 헌법에서 지방자치를 다루는 조항은 헌법 제117조와 제118조의 두 조항뿐입니다. 그 내용도 제117조는 지방자치단체의 권한과 임무에 대해서 "주민의 복리에 관한 사무를 처리하고 재산을 관리하며 법령의 범위 안에서 자치에 관한 규정을 제정할 수 있다."라고 규정하고 있습니다. 제118조는 지방자치단체에 의회를 둘 수 있도록 하는 조항입니다. 최근의 시대정신인 풀뿌리 민주주의로서 지방자치와 지역 균형발전의 철학은 87년 헌법 어디에도 없습니다.

5년 단임 대통령제도 지방분권의 진전을 기대할 수 없는 한계를 가지고 있습니다. 지방분권은 중앙정부가 가지고 있는 권한을 내려놓는 것입니다. 역대 대통령들은 취임 후 1년 정도만 지나면 중앙부처 공무원들의 포로가 됩니다. 중앙부처 공무원들은 권한을 지방에 주면 대통령의 권한이 축소돼 지방자치단체가 말을 듣지

대구 지방분권 개헌 결의대회

않게 되고 선심성 정책의 남발로 국가 자원의 낭비와 비효율이 발생하게 된다고 속삭입니다. 정권 초반 대통령이 독촉하면 그럴듯하게 보고서를 만들고 실행은 시간을 질질 끕니다. 대통령이 지방을 체념하도록 만드는 데는 1~2년이면 족합니다. 5년 단임의 대통령에게 시간이 그리 많지 않습니다. 대통령마다 임기 중 성과를 내야 하는데 지방에서 성과를 만들려면 많은 자원과 시간이 필요합니다. 1~2년이 지나면 지방분권과 균형발전에 대한 열정은 식고 의지는 무디어집니다.

'87년 체제'가 30년 이상 지속되는 동안 우리나라는 지방자치제도가 시행되고 이미 9번에 걸친 지방선거를 실시했습니다. 하지만 지방정부는 아직도 낮은 수준의 지방자치단체의 위상에 머물러 있습니다. 그러다 보니 지방자치는 권한 없는 무늬만 지방자치를 하고 있습니다.

인구의 수도권 집중은 정치의 수도권 독점을 낳고 있습니다. 수도권에 인구가 늘면서 인구에 비례해서 수도권의 국회의원 의석도 함께 늘어나고 있습니다. 현재 전체 지역구 253곳 가운데 서울 수도권 지역이 121석입니다. 아직은 수도권을 제외한 지방의 의석수가 132곳으로 11석 많지만 내년 총선을 위한 지역구 조정이 진행되면 서울 수도권의 의석수가 128석으로 늘어나고 지방이 125석으로 줄어들 전망입니다. 정치 권력마저 지방에서 수도권으로 기울어지게 됩니다. 정치 권력의 수도권 집중이 강화되면 경제, 교육, 문화 등 수도권 집중이 더욱 심화될 것입니다. 이제 우리도 인구비례에 따라 국회의원 수를 산정하는 단원제 국회에서 벗어나 미국의 상원과 같이 지역을 대표하는 국회의원을 별도로 선출하는 양원제 국회로 전환해야 할 것입니다. 이처럼 1987년 제정된 헌법은 지난 30여 년 동안의 변화상과 시대정신을 반영하지 못하고 있습니다. 지금 대한민국은 한여름에 두꺼운 겨울옷을 입고 있는 형국입니다. 이제라도 개헌을 서둘러야 합니다.

2
정치가 변해야 TK가 다시 산다

TK라는 자부심은 타당하다

대구와 경북은 지금 행정이 나뉘어 있지만 같은 역사와 뿌리를 가진 하나의 공동체입니다. 그리고 대구와 경북은 오늘의 대한민국을 만들고 지키고 발전시킨 중심에 있었습니다. 그래서 TK라는 자부심과 연대 의식이 유난히 강합니다. 대구와 경북은 나라가 어려울 때면 분연히 일어나 나라를 구하기 위해 자신을 희생하는 것을 마다하지 않았습니다. 일제로부터 독립운동을 가장 치열하게 했고 독립유공자가 가장 많은 곳이 대구와 경북입니다.

제 고향인 안동은 인구가 15만여 명이지만 독립유공자의 수는 인구가 1,000만 명이나 되는 서울보다 많습니다. 1907년 2월 21일 나라가 일본으로부터 진 빚을 백성의 손으로 갚아서 일본의 침탈로부터 나라를 지키고자 들쳐 일어났던 국채보상운동도 대구에서 시작됐습니다. 국채보상운동은 서상돈, 김광제 등 대구의 경제인들이 주창해 시작됐으나 부녀자, 군인, 학생, 기생, 걸인들에 이르기까지 모든 계층이 참여했습니다. 그리고 대구에서 시작해 전국으로 확산됐던 경제 주권 수호 운동이었습니다. 대구에는 국채보상운동 기념관과 기념공원이 있고 국채보상운동 기록물들은 2017년에 유네스코 세계기록유산으로 등재됐습니다.

6·25 전쟁 당시 우리나라는 북한군에게 사흘 만에 수도 서울을 점령당하고 불과 한 달여 만에 경상도를 제외한 국토의 90퍼센트를 북한군에게 빼앗겼습니다. 대구와 경북은 나라가 공산화될 풍전등화의 위기에 처했을 때 낙동강 방어선을 치고 자유 대한민국을 지키는 호국의 대열에 앞장섰습니다. 당시 수많은 대구와 경북의 청년들이 학도병으로 나서서 목숨을 잃었습니다.

1953년 7월 휴전으로 전쟁은 끝났지만 나라 사정은 처참했습니다. 온 국토는 잿더미로 변했고 우리나라는 원조 없이는 끼니도 해결할 수 없는 가난한 나라가 됐습니다. 전 세계가 봐도 1인당 국민소득은 66달러에 불과한 가난한 나라의 장래는 어둡기만 했습니다. 그러나 우리에게는 새로운 국가적 과제와 소명이 주어졌습니다. 바로 가난을 극복하고 산업을 일으켜서 잘사는 나라를 만드는 것이었습니다. 조국 근대화와 산업화를 이끈 국민운동이 바로 새마을 운동이었습니다. 박정희 대통령이 주창한 새마을 운동의 발상지이자 이 운동을 선도했던 지역도 다름 아닌 대구와 경북이었습니다.

　대구와 경북은 보수적인 지역으로 알려져 있습니다. 그런데 보수적이기 때문에 민주주의와는 거리가 먼 곳으로 잘못 인식되고 있기도 합니다. 대한민국 헌정사상 최초의 민주주의 운동이 일어난 곳이 바로 대구입니다. 1960년 2월 28일 자유당 정권의 불의와 독재에 맞서 대구의 고등학생들이 중심이 돼 일어난 2·28 민주화 운동입니다. 대구의 2·28 민주화 운동은 마산의 3·15의거로 이어지면서 4·19혁명으로 자유당 정권을 무너트리는 도화선이 됐습니다.

　이처럼 우리 민족과 국가가 위기에 처했던 역사의 고비 고비마다 대구와 경북은 헌신하고 희생하면서 오늘날 우리가 누리는 대한민국의 자유와 번영을 지키고 만드는 데 앞장서 왔습니다. TK가 대한민국의 중심이라는 지역민들의 자부심은 허세가 아니라 살아있는 역사입니다.

TK의 문제는 정치에 있다

　지금 대구와 경북은 추락하고 있습니다. 해방 직후 인구가 가장 많았던 경상북도는 대구가 분리되고 수도권이 비대화해지면서 인구가 절반으로 줄어들고 인구 소멸의 위기에 놓인 시군이 가장 많은 광역자치단체가 됐습니다. 경북에서 독립돼 한때 인구가 254만 명까지 늘어났던 대구도 출산율 저하와 청년 유출로 인해 인구가 줄어서 대한민국 3대 도시의 위상마저 흔들리고 있습니다. 수도권 도시인 인천에 인구와 경제 규모 면에서는 3위 자리를 추월당한 지 오래입니다. 한번은 시도지사들이 모인 자리에서 유정복 인천 시장이 "인천이 인구로 보나 경제 규모로 보나 대한민국 3대 도시가 돼야 합니다."라고 주장한 적이 있었습니다. 그것을 듣고 있던 저는 "동생이 돈 좀 벌었다고 형이라고 우기면 되겠습니까? 대구가 우리나라 3대 도시인 것은 역사적 연원이 있는 것인데 함부로 바꾸려 해서는 안 됩니다."라고 반박한 적이 있습니다. 인천의 오만을 잠재우기는 했지만 대구시장으로서 자존심은 많이 상했습니다.

대구가 3대 도시의 위상마저 흔들리게 된 것은 수도권 집중화와 지방의 공동화라는 구조적인 요인에 기인하는 바가 크다고 할 수 있습니다. 인천이 대구를 추월하게 된 것이 실력이라기보다 서울에 가까운 항구 도시의 이점이 있었기 때문입니다. 1970년대 이후 급격히 진행된 서울로의 인구 이동과 집중화는 1980년대 들어서 서울 주변 도시로 퍼져나가면서 경기도의 급성장으로 이어졌고 2000년대 접어들면서 인천공항의 개항과 더불어 수도권 도시인 인천의 급격한 인구 증대를 불러왔습니다. 반면 대구와 경북을 비롯한 지방은 수도권 집중화와 반비례하면서 추락하게 됐습니다.

그런데 수도권 집중화만 지방의 위기를 초래했을까요? 우리 내부의 부족함과 문제는 없었을까요? 대구와 경북은 지역 출신 대통령을 많이 배출한 도시라는 자부심을 느끼고 있습니다. 근대화와 산업화를 이끈 박정희 대통령을 비롯해서 민주화 이후에도 세 분의 대통령이 대구와 경북 출신이었습니다. 대구와 경북 출신은 아니지만 김영삼 대통령과 윤석열 대통령은 대구와 경북의 전폭적인 지지를 바탕으로 대통령이 될 수 있었습니다.

그런데 이처럼 지역 출신 대통령을 여러 명 배출했고 보수진영의 대통령을 당선시키는 데 결정적인 역할을 했던 대구와 경북이 발전하기는커녕 침체와 추락을 거듭했다는 것은 참 역설적인 현상입니다.

제가 대구시장에 출마하겠다고 결심하고 대구의 사정을 듣고 다닐 때의 일입니다. 대구의 문제점이 무엇이라고 생각하느냐고 물었더니 이러한 답들이 돌아왔습니다. "대구는 몰락하는 양반집과 같다. 먹을 것도 없으면서 밖으로는 큰소리치고 유세하는 데 너무 익숙해 있다. 먹을 것 없는 밥상에 우리끼리 둘러앉아서 서로 먹으려고 다투다가도 밖에서 누군가 끼어들려 하면 스크럼을 짜고 못 들어오게 막는 도시다."라는 것이었습니다. 또 어떤 분은 "이불 뒤집어쓰고 큰소리치는 구들 장군들이 많은 도시"라고 하기도 했습니다. 물론 과장된 얘기입니다만 새겨들을 점도 많다고 생각했습니다. 실용보다 명분을 앞세우는 양반 문화, 외부 세계에 개방하기를 꺼리는 폐쇄성, 앞에서는 말하지 않고 뒤돌아서서 수군거리는 체면 문화 등 우리 공동체의 단점에 대한 아픈 지적들입니다.

그러나 가장 큰 문제는 정치였습니다. "싹 바꾸어야 된다." 매번 국회의원 선거 때면 지역에서 나도는 정치인들에 대한 불만입니다. 국회의원 선거 때마다 현역 국회의원의 교체율은 50퍼센트를 넘습니다. 매번 작지 않은 물갈이가 이루어집니다. 그런데 왜 시민들은 변화를 체감하지 못할까요? 왜 대구와 경북의 정치는 바뀌지 않을까요? 경쟁이 없기 때문입니다.

선거는 경쟁이고 심판과 선택입니다. 후보들은 국민으로부터 선택받기 위해 치열하게 경쟁하고 국민은 후보들을 심판하고 선택하는 것입니다. 그런데 우리 대구와 경북에는 사실상 여당과 야당 간 경쟁다운 경쟁이 없었습니다. 특정 정당의 공천만 받으면 거의 당선됐습니다. 심지어는 경상북도 어떤 선거구에 공천 신청을 한 사람을 하루아침에 대구의 선거구로 옮겨서 공천을 주어도 당선이 됐습니다. 그러다 보니 지역의 정치인들은 지역민들이 자신을 국회의원으로 만들어준다는 관념이 희박합니다. 유권자인 지역민들에 대한 고마운 마음도 크지 않고 민심을 두려워해야 할 필요도 느끼지 않습니다. 어차피 공천만 받으면 당선되고 그 공천은 지역민들이 주는 것이 아니라 정당의 실력자가 주는 것이기 때문입니다.

"4년 동안 고생할 필요가 뭐가 있어? 어차피 줄 잘 서면 되는데. 6개월이나 1년여 남겨놓고 그때 열심히 하면 되지."

이렇게 생각하고 말하는 국회의원들도 있습니다. 그분들은 지역민들께 잘 보이려고 열심히 노력하기보다 공천에 영향력이 있는 정당의 실력자에게 충성하는 것이 우선입니다.

대구와 경북 정치를 바꾸기 위해서는 새로운 경쟁 시스템을 만들어야 합니다. 현재와 같은 소선거구제와 정치 지형이 계속되는 한 의미 있는 여야 간 경쟁은 기대하기 어려울 것 같습니다. 그렇다면 국민의힘 내부의 공천 경쟁이라도 치열하게 만들어야 합니다. 전략공천이라는 이름으로 당에서 낙점하는 이른바 낙하산 공천을 지양하고 지역의 당원들과 시민들이 공천과정에 적극적으로 참여할 수 있도록 해야 할 것입니다. 이렇게 반문하는 분이 있을 것입니다. "그렇게 하면 참신한 정치 신인들이 공천받을 수 있나요? 당 조직을 장악하고 있고 인지도도 높은 현역 의원들만 유리한 것 아닌가요?" 그렇습니다. 그래서 정치 교체와 정치 신인들의 정계 진출을 가능하게 하려면 현역 의원을 미리 평가해서 일정한 기준에 미달하면 컷오프하고 신인들끼리 경선에 붙이는 제도를 도입할 필요가 있습니다. 그래야 대구와 경북 정치가 보스에게 충성하는 정치가 아니라 국민에게 충성하는 정치로 혁신할 수 있을 것입니다.

절박한 마음으로 원팀이 돼라

과거 TK 정치에는 리더가 있고 리더를 중심으로 뭉쳐서 지역의 이익을 대변했습니다. 또 뭉치니 힘이 생기고 그 힘으로 당의 대통령 후보나 대표를 만들었습니다. 그런데 최근 들어 TK 정치에는 리더가 없습니다. 단순히 다선 의원이 없어서가 아니라 리더십을 발휘하는 다선의원이 없기 때문입니다.

뭉쳐서 함께 살려고 하기보다 각자도생에 능합니다. 대구에는 열두 명의 국회의원이 지역구로 나뉘어 있습니다. 하지만 지역의 발전은 열두 개의 지역으로 나누어서 생각할 수가 없습니다. 대구라는 하나의 운명공동체에서 발전을 도모해야 합니다. 예컨대 달성 국가산단을 조성하고 여기에 기업을 유치하는 일은 달성군만의 이익과 미래를 위한 일이 아닙니다. 대구의 미래이고 대구 청년들의 일자리를 만드는 일입니다. 그런데 달성군이 지역구인 국회의원 외에 다른 지역 국회의원들은 그다지 관심이 없습니다.

제가 대구시장으로 재임하고 있을 때 대구시청 신청사를 옛 두류정수장 터에 건립하기로 결정했습니다. 저나 공무원들이 일방적으로 결정한 것이 아니라 시의회에서 제정한 조례의 절차에 따라 시민들이 스스로 평가하고 결정했습니다. 신청사 건립은 특정 지역의 문제가 아니라 대구 전체의 백년대계가 달린 문제입니다. 그런데 우리 지역의 국회의원들에게 신청사의 건립은 두류정수장 터가 있는 달서구병 지역 국회의원의 일로 여겨지고 있습니다. 동구나 수성구 등 다른 구의 국회의원은 관심도 없고 달서구라 하더라도 달서갑 지역구와 달서을 지역의 국회의원이 이 문제를 대하는 자세는 많이 다른 것 같습니다.

이처럼 자신의 지역구만 챙기는 각개전투를 하고 있으니 대구 정치가 대구의 변화와 발전을 이끌어가지 못하는 것입니다. 정치가 제 역할을 하지 못하면 지역은 살아날 수가 없습니다. 대구시장으로서 지역의 국회의원들과 예산정책 협의를 할 때면 어떤 의원은 왜 자기 지역구 사업은 없느냐고 호통을 칩니다. 수많은 사업 중에서 지역 국회의원들이 합심해서 지원해주어야 할 중요한 사업들만 추려서 보고하고 협의하는 자리인데 자기 지역구 사업 타령만 하고 있으니 참으로 답답할 노릇이었습니다.

최근 지역의 국회의원들이 힘을 합치면 지역 발전에 큰 전기를 만들 수 있다는 것을 확인하는 소중한 사례가 있었습니다. '대구경북 통합신공항 건설을 위한 특별법'이 국회를 통과하고 대구와 광주를 한 시간 거리로 연결하는 '달빛고속철도 건설을 위한 특별법'이 여야 의원 216명이 서명해서 헌정사상 최다 의원의 이름으로 발의된 것입니다. 이는 여당인 국민의힘 윤재옥 원내대표가 리더십을 발휘해서 지역의 의원들을 뭉치게 하고 여야 의원들을 설득한 결과입니다. 이처럼 TK 정치도 각개전투가 아니라 팀플레이를 통해서 지역의 이익을 지키고 미래를 열어나가는 '원팀 정치'로 바

뛰어야 합니다.

소통과 협치에서 배우자

현대 사회는 사회현상이 다양하고 복잡합니다. 그만큼 이해 충돌과 갈등은 점점 늘어나고 있습니다. 대의민주주의만으로 의사결정을 하는 것은 한계가 있습니다. 또 대의민주주의가 다 담아내지 못하는 시민의 소리도 있습니다. 대의민주주의를 기본으로 하되 시민들이 정책을 결정하고 도시문제를 해결하는 데 적극적으로 참여할 수 있도록 해야 합니다. 시민사회와의 소통과 협치입니다.

저는 대구시장으로 재임하는 동안 시민들이 시정에 참여하고 중요한 정책 방향을 시민들의 집단지성을 모아서 결정하는 숙의형 민주주의 방식을 활용했습니다. 2014년 9월에 우리 대구시는 '시민원탁회의' 제도를 과감하게 도입했습니다. 시민원탁회의는 각계각층에서 자발적으로 참여한 300명에서 500여 명의 시민들이 한 공간에 모여 하나의 주제를 가지고 학습하고 토론하면서 시민들이 직접 정책의 방향을 정하고 문제의 해결 방법을 찾는 것입니다. 참여한 시민들은 먼저 소규모 원탁 테이블끼리 의견을 개진하고 토론을 진행합니다. 그다음에 토론된 내용을 전체 참여자가 공유한 뒤에 현장 투표로 최종 결과를 도출하는 방식으로 진행합니다. 저는 시장으로서 여기에서 모인 의견이나 결정된 내용을 시정에 적극적으로 반영했습니다. 물론 주제 선정부터 토론 진행 방식과 결론에 이르기까지 모두 시민들이 결정합니다. 대구시에서는 시민원

시민원탁회의

탁회의가 잘 운영될 수 있도록 시의회의 협조를 얻어서 관련 조례를 만들고 예산을 편성해서 안정적인 운영을 뒷받침했습니다. 무엇보다 지원하되 개입하지 않는다는 원칙을 지켜나갔습니다.

　시민원탁회의를 처음 시작할 때만 해도 시민들은 반신반의했습니다. 전시 행정에 그치는 것 아닌가 하는 의심의 시선도 있었습니다. 시의원 중에서는 시의회의 권한을 침범하지 않을까 하는 우려도 있었습니다. 그러나 일회성으로 그치지 않고 꾸준히 진행하자 분위기는 차츰 바뀌었습니다. 처음에는 어색해하던 시민들도 열띤 토론에 빠져들었고 운영에 익숙해지면서 시정에 주도적으로 참여하고 있다는 자부심도 품게 됐습니다.

　제 임기 중에 시민원탁회의는 20회에 걸쳐 진행됐습니다. 첫 번째 회의 주제인 '안전한 도시 대구 만들기'를 시작으로 축제와 도시계획, 교통 문제, 청년 문제, 대구시민의 날 제정, 신청사 건립, 대구·경북 행정통합 등 다양한 주제를 가지고 심도 있는 토론으로 집단지성의 모범을 보여주었습니다.

  시민원탁회의는 형식적인 이벤트가 아니었습니다. 시민원탁회의에서 제시된 의견의 대부분은 시정에 반영됐습니다. 컬러풀페스티벌과 치맥페스티벌의 문제점 개선, 대구 시민의 날 제정, 교통사고 30퍼센트 줄이기 특별대책 추진 등이 시민원탁회의에서 결정된 사안들이었고 시정에 반영된 대표적인 정책입니다. 이처럼 시민원탁회의는 시민들이 시정에 직접 참여해서 민주적 의사결정 과정을 학습하고 체험하는 소중한 기회가 됐습니다. 10대 초등학생부터 70대 어르신까지 다양한 구성원들이 지역의 여러 문제를 주제로 진지하게 토론하면서 대구 공동체가 나아갈 방향에 대해 공감하고 공유함으로써 대구 시민으로서의 자긍심을 더하게 됐습니다. 서로 다른 의견이 나오더라도 틀렸다고 하지 않고 다름을 인정하고 수용하는 성숙한 시민의식을 키울 수 있었습니다.

  시민원탁회의를 조례로 정하고 분기별로 회의를 정례적으로 개최할 수 있는 도시는 대구밖에 없었다고 합니다. 대구의 자부심이고 시민의 자랑이었습니다. 합의를 끌어내기 힘들었던 시민의 날 재지정 문제도 시민들이 직접 결정했고 지역 간 갈등과 반목으로 여러 번 좌절됐던 신청사 입지 결정도 숙의민주주의를 통해 시민들이 직접 결정했습니다. 이러한 경험과 자신감은 코로나19 사태에서도 큰 힘을 발휘하는 기반이 됐습니다. 각계각층 대표들로 코로나 극복 범시민대책위원회를 구성해서 50여 차례에 걸친 온라인 회의를 통해 정보를 공유하고 대책을 논의함으로써 전국 최초로 시민참여형 방역이라는 모델을 만들었습니다. 시민원탁회의는 대구 시민들이 민주주의를 학습하고 훈련하는 좋은 학교 역할을 했습니다.

저는 '우문현답'이라는 말을 즐겨 썼습니다. '우리의 문제는 현장에 답이 있다.'라는 뜻입니다. 건배 제의를 할 때도 "우문!"하면 "현답!"으로 화답하도록 했습니다. 시민사회와의 소통과 협치를 통한 시정 운영이라는 저의 정치철학에서 나온 것이었습니다. 이를 위해 저는 '현장소통시장실'을 운영했습니다. 시장인 제가 시청의 시장실에만 있지 않고 공무원들과 함께 중요한 시정의 현장이나 민원의 현장에 나가서 시민들의 의견을 직접 듣고 토론을 통해 문제의 해결책을 찾는 것입니다.

요즘 길거리를 가다 보면 국회의원들이 민원의 날 행사를 개최한다고 현수막을 걸어놓은 것을 흔히 보게 됩니다. 국회의원을 만나서 민원을 해결하고 싶은 사람들을 위해서 한 달 중 하루 두세 시간을 잡아서 사무실에서 상담해주는 행사라고 합니다. 한 달에 고작 민원 상담을 하는 시간은 두세 시간인데 현수막 광고는 날마다 걸려 있습니다. 물론 민원의 날은 하지 않는 것보다는 하는 편이 시민들을 위해 조금이라도 도움이 될 것입니다. 그런데 이렇게 해서 우리 공동체가 안고 있는 문제나 시민들의 절박한 민원을 해결하는 데 얼마나 효과가 있을지 의문입니다. 동네마다 시민원탁회의를 활성화하고 시민들의 삶의 현장을 찾아가서 현장소통 민원실을 운영하거나 온라인 민원상담실을 상시 운영하는 편이 좋지 않을까 생각해 보았습니다.

3
분열하면 패배하고 혁신하면 승리한다

● ● ● ● ●
오만하고 분열하면 패배한다

"골프와 정치는 고개를 들면 망한다."

정치인들이 새겨서 들어야 할 격언입니다. 골프를 칠 때 머리를 드는 것은 헤드업이라고 합니다. 스윙을 할 때 고개를 먼저 들면 정확도가 떨어져서 골프를 망치는 경우가 십중팔구입니다. 정치에서 고개를 드는 것은 오만입니다. 다시 말해서 오만하면 죽는다는 것입니다. 선거를 치르고 표를 얻을 때는 머리도 숙이고 겸손한 척하다가 당선되고 나면 고개를 들고 독선과 오만에 빠지기 쉽습니다. 민심은 배를 띄우기도 하지만 배를 뒤집기도 합니다. 오만하면

뒤집힌다는 뜻입니다. 만고의 진리인 것 같습니다.

우리 당도 여러 번 뼈아픈 경험을 했습니다. 아마도 2016년 20대 총선만큼 실패한 선거도 없었을 것입니다. 당시 우리 당은 제가 정치에서 경험한 가장 나쁜 계파 갈등인 친이와 친박의 대결로 인해 깊은 분열의 상처가 있을 때였습니다. 이명박 대통령 집권 초반 친이계가 득세했던 2008년의 18대 총선에서 친박 학살이라 일컬어지는 공천 갈등이 있었습니다. 박근혜 대통령이 집권해서 친박이 득세했던 2016년 20대 총선에서는 친박도 아닌 진박 감별사가 등장해서 친이는 물론 친박 내에서도 가짜 친박과 진박을 구분하고 진박만 공천하는 어처구니없는 일도 생겨났습니다.

집권 여당 내부의 권력 다툼과 분열은 결국 보수의 공멸을 초래했습니다. 이명박, 박근혜 두 대통령은 국민으로부터 크게 지지받지 못하는 대통령이 됐고 특히 박근혜 대통령은 임기를 다하지 못하고 탄핵당했습니다. 그리고 두 분 대통령 모두 감옥에 가는 불행도 겪어야 했습니다. 보수진영의 사람들은 죄도 없는 대통령이 억울하게 옥고를 치렀다고 생각합니다. 문재인 정권과 진보진영의 보수 궤멸을 위한 정략의 희생양이라고 합니다. 저도 동의합니다. 박근혜 대통령이 무슨 큰 잘못을 했다고 탄핵당하고 그토록 커다란 중형을 받아야 했습니까? 헌법재판소와 사법부의 판단을 쉽게 수용하기가 어려웠습니다.

그러나 당시 우리의 모습을 성찰하고 반성해보면 탄핵도 구속도 막을 수 있는 것을 우리 보수진영이 분열하고 무기력해서 막지 못했습니다. 2016년 20대 총선을 앞두고 새누리당은 180석을 자신했습니다. 총선을 5개월여 앞둔 민심은 그렇게 기대할 수도 있었습니다. 박근혜 대통령의 지지율이 40퍼센트대를 유지하고 있었고 야당인 새정치민주연합의 내분은 극단을 치닫고 있었습니다. 그런데 우리는 "잘 나갈 때 조심해라. 고개를 쳐들면 망한다."라는 정치판의 고전 같은 명제를 망각했습니다. 권력에 취해서 오만해졌기 때문입니다. 20대 총선을 앞둔 새누리당의 공천은 한마디로 진박의 전횡이었고 반대파에 대한 숙청이었습니다. 당 대표가 직인을 들고 잠적함으로써 '옥새 들고 나르샤'라는 웃지 못할 상황도 벌어졌습니다. 진박들의 오만은 새누리당의 갈등과 분열을 낳았고 민심은 돌아섰습니다. 반면 야당은 김종인 비상대책위 체제로 전환해서 개혁공천으로 민심을 얻으려 했습니다. 선거 결과는 우리 새누리당의 참패였습니다. 집권 여당인 새누리당은 과반은커녕 원내 1당의 지위마저 야당인 더불어민주당에 넘겨주고 말았습니다. 이것이 박근혜 대통령 탄핵으로 가는 서곡이 됐습니다.

  물론 박근혜 대통령에 대한 탄핵은 정권을 빼앗긴 진보좌파 세력들의 정권 찬탈 시나리오에 보수 우파들이 당한 결과였습니다. 광우병 촛불로 이명박 정권을 무너뜨리는 데 실패한 좌파들은 박근혜 정부 초반 세월호 참사를 박근혜 정권과 국민을 이간시키는 데 최대한 활용했습니다. 저도 세월호 참사의 현장을 TV 생중계로 지켜보면서 가슴 졸이고 안타깝고 어처구니없어 하고 슬퍼서 눈물을 흘리고 희생자들에게 미안한 마음을 가눌 길이 없었습니다. 한동안 노란 리본을 달고 그들의 죽음을 애도하면서 그들을 지켜주지 못한 우리 사회를 원망했습니다. 그러나 그 책임을 대통령에 돌리고 8시간 동안 어디에 있었냐고 몰아갈 일은 아니었다고 생각합니다. 그 사건으로 인해 박근혜 대통령은 집권 초부터 무능하고 무

책임한 대통령으로 낙인찍혀 버렸습니다.

이런 상황에서 터져나온 최순실 국정농단 사건은 실망한 민심에 기름을 부었고 촛불로 타오르도록 했습니다. 저도 2012년 대통령 선거 과정에서 여의도연구원 상근 부원장, 대선기획단 멤버, 선거대책위원회 기획조정단장 등 중책을 맡아 역할을 했지만 최순실의 존재에 대해서는 전혀 알 수가 없었습니다. 특별한 국정 경험이나 전문성이 없는 여염집 아낙네에 불과한 사람이 매주 청와대에 들어와서 대통령 측근의 비서관들과 회의를 하고 그 회의 결과가 국정의 중요한 사항을 결정하는 데 영향을 미쳤다는 것은 상상할 수도 없는 일입니다. 그러나 그것이 대통령을 탄핵해야 하는 일이었느냐에 대해서는 동의할 수 없습니다.

최순실의 존재와 행위는 국정농단이라는 프레임을 만들어주었고 박근혜 대통령에 대한 국민적 실망과 분노를 키우는 데 불쏘시개 역할을 했습니다. 박근혜 대통령은 자신이 치부한 것은 하나도 없었습니다. 최순실이 저지른 뇌물죄에다 경제공동체라는 논리가 자연스럽게 받아들여지면서 탄핵으로 가게 된 것입니다. 진보 야권은 프레임을 잘 짰고 대동단결해서 국민을 선동하는 데 성공했습니다. 그러나 이를 막아야 할 보수 여권은 너무나 무능하고 오합지졸이었습니다. 친이와 친박으로 나뉘어 갈등하고 서로 학살 공천을 저지른 후과가 박근혜 대통령 탄핵과 문재인 정권 탄생의 빌미가 된 것은 분명했습니다. 그리고 결국 두 분의 대통령은 감옥행이라는 불명예를 안게 됐습니다. 이는 개인의 불명예에서 그치는 것이 아니라 대한민국 보수진영 전체의 불명예이자 실패의 원인이 됐습니다.

역사는 반복되고 사람들은 같은 실수를 반복할 때가 많습니다. 보수 진영은 분열로 망한 경우가 많았습니다. 특히 권력을 잡았을 때가 더 위험했습니다. 김영삼 대통령은 호랑이를 잡으려면 호랑이굴에 가야 한다며 노태우 대통령과 김종필 자민련 총재와 3당 합당을 하고 집권에 성공했습니다. 그리고 과거사 청산과 신한국 건설을 슬로건으로 노태우 대통령과 전두환 대통령을 구속시켰습니다. 이후 김종필 총재와 결별하면서 정권이 위태로워졌고 다음 대통령 선거에서 DJP 연합군인 야당에 정권을 내주었습니다. 보수 여권의 분열이 정권의 실패와 진보 야권으로의 정권교체를 낳은 첫 사례였습니다. 문재인 정권의 탄생도 따지고 보면 보수 여권의 분열이 낳은 결과물이었습니다.

반성하고 혁신하면 승리한다

김영삼 대통령이 총재를 겸하던 민자당은 1995년 지방선거에서 패배했습니다. 대통령 임기 3년이 지나서 치러진 이듬해 국회의원 총선에서는 신한국당은 예상을 깨고 승리했습니다. 김영삼 대통령이 주도한 당의 혁신과 공천 개혁 덕분이었습니다. 김영삼 대통령은 민자당의 당명을 신한국당으로 바꾸고 이회창, 이재오, 김문수, 맹형규, 홍준표 등 새로운 인물들을 대거 발탁했습니다. 이회창은 대쪽 총리로 유명했습니다. 이재오와 김문수는 민중당 출신의 진보적인 운동권으로 보수적인 신한국당과는 잘 어울리지 않는 인물이었습니다. 홍준표는 인기 드라마 「모래시계」의 주인공 검사로 알려졌습니다. 맹형규는 인기 있는 뉴스진행자였습니다. 총선 결과는 예상 밖으로 신한국당의 승리였습니다. 김영삼 대통령의 공천 개혁이 어려운 선거를 승리로 이끈 것입니다.

보수 정당이 공천 개혁으로 선거에서 승리한 또 다른 대표적인 사례는 2000년 16대 총선에서 한나라당이 거둔 승리일 것입니다. 이때는 제가 여의도연구원 연구원과 이회창 총재 정무 보좌관으로 한나라당의 구성원으로 참여하고 있을 때입니다. 1997년 대선에서 패배해서 정권을 김대중 대통령에게 넘겨준 이회창 한나라당 총재는 2000년 16대 총선을 앞두고 한나라당 혁신에 나섰습니다. 그 첫 시도가 한나라당에 젊은 피를 수혈하는 것이었습니다.

당시 총선을 5개월여 앞두고 '미래를 위한 청년연대(미래연대)'가 탄생했습니다. 미래연대는 총선에 출마할 젊은 인재들을 한나라당으로 영입하는 창구 역할을 했습니다. 오세훈, 원희룡, 정병국, 임태희, 김부겸 등 지금 우리 정치를 리드하고 있는 인물들이 모두 그때 영입됐습니다. 미래연대는 이미 국회의원이 돼 있던 남경필을 비롯한 6인이 공동 대표를 맡고 제가 초대 사무총장을 맡았습니다. 다음 해 선거에 미래연대 소속으로 21명이 한나라당의 공천을 받고 출마해서 14명이 당선됐습니다.

이회창 총재가 주도한 공천 개혁은 여기에서 끝나지 않았습니다. 16대 총선 공천이 다가오면서 이회창 총재는 정치판의 낡은 계파 청산을 이슈화하면서 계파 보스로 있었던 당의 거물급 중진들을 공천에서 탈락시켰습니다. 민정계의 보스 김윤환과 옛 민주계의 이기택, 김광일, 신상우 등 거물급 중진들이 대거 공천에서 탈락했습니다. 이에 대한 반발로 공천에 탈락한 이들은 민주국민당을 창당했고 초반 기세는 영남을 중심으로 돌풍을 일으킬 것 같았습니다. 그러나 선거 결과는 한나라당이 133석을 얻어서 115석을 얻은 데 그친 새천년민주당을 제치고 원내 1당이 됐습니다. 공천 개혁이 낳은 승리였습니다.

정당 혁신과 공천 개혁으로 승리한 선거의 대표적인 사례는 또 있습니다. 2012년 박근혜 비대위가 이끌었던 19대 총선입니다. 당시 집권 여당이었던 한나라당의 상황은 최악이었습니다. 이명박 대통령 임기 말에 치러지는 선거인데다 당시 대통령의 지지도는 20퍼센트 아래로 내려가 있었습니다. 게다가 한나라당은 2011년 10월 26일 치러진 서울시장 보궐 선거에서도 완패했습니다. 악재는 선거 패배뿐만 아니었습니다. 보궐 선거일에 중앙선거관리위원회 홈페이지와 박원순 후보의 홈페이지가 디도스(분산 서비스 거부) 공격을 받는 사건이 일어났는데 수사 결과 한나라당 최구식 의원의 보좌관이 저지른 범행으로 밝혀졌고 박희태 국회의장의 비서도 연루된 정황이 포착돼 기소됐습니다. 이 사건은 국민에게 선거를 방해하고 민주주의를 정면으로 부정하는 중대 범죄로 인식됐습니다. 당연히 한나라당에 대한 민심은 극도로 나빠졌습니다.

이대로는 다음 해 열릴 국회의원 선거에서 한나라당이 완패할 것이라는 당 내외의 우려가 확산됐습니다. 당의 근본적이고 대대적인 혁신이 필요했습니다. 수도권을 중심으로 당의 혁신을 바라는 움직임이 일어나고 있었습니다. 혁신의 첫걸음은 홍준표 대표 체제가 물러나고 당시 유력한 대선 주자였던 박근혜 전 대표를 중심으로 비상대책위원회를 꾸려야 한다는 것이었습니다. 답은 정해져 있었지만 당시의 당내 상황과 역학관계는 누가 선뜻 나서서 이 주장을 하고 혁신운동을 주도하려 하지 않았습니다. 2007년 대통령 후보 경선과 2008년 국회의원 선거 공천 파동을 겪으면서 한나라당은 소위 친박과 친이로 나누어진 불신과 갈등의 골이 깊었습니다. 박근혜 전 대표가 전면에 나서야 한다고 이야기하자 친박으로 분류된 의원들부터 반대했습니다. "어차피 내년 총선은 어려울 텐데 박 대표가 왜 총대를 메어야 하나? 친이들이 박 대표를 올려놓고 흔들려는 것 아니냐." 하는 반응만 돌아왔습니다.

저는 박근혜 전 대표를 직접 만나서 설득해 보아야겠다고 생각했습니다. 제가 소위 말하는 친박은 아니었지만 18대 국회에서 박근혜 전 대표와 같이 의정활동을 하면서 좋은 관계를 유지하고 있었습니다. 박근혜 전 대표가 다른 의원들에게 호감을 나타내는 방식 중 하나가 그 의원이 대정부 질문을 할 때는 꼭 자리를 지켜주는 것이었습니다. 제가 대정부 질문을 할 때도 마찬가지였습니다. 박근혜 전 대표는 자리를 비웠다가도 제 질의 시간이 되면 본회의장으로 다시 들어와서 경청해 주었습니다.

국회의원 총선을 4개월여 앞둔 12월 7일 오후 강남에 있는 한 호텔 비즈니스센터에서 박근혜 전 대표를 만났습니다. 이날 저는 박근혜 전 대표에게 당이 몹시 어렵다는 점과 이대로 가면 내년 총선과 대선에서 승리하기가 어려울 것 같다는 점을 말씀드렸습니다.

"이제 대표님께서 전면에 나서셔야 할 때라고 생각합니다. 내년 총선이 어렵고 대표께서 지금 나서시면 총선 패배의 책임만 지게 될 거라고 걱정하면서 반대하는 분들도 많이 있습니다. 그러나 저는 생각이 좀 다릅니다. 대표께서 나서셔서 당을 혁신하고 이명박 정부와 차별화를 시도하면 총선을 이길 수가 있습니다. 총선을 이겨야 대선도 이길 수 있습니다. 내년 대선은 총선과 패키지이니 총선에 지고 대선은 이길 수 있는 흐름이 아니라고 생각합니다."

그러자 박근혜 의원은 "그러게 말이에요."라고 추임새 같은 반응을 보였다. 저는 내친김에 "대표님, 지금 국민과 당원들이 대표님을 간절히 원하고 있습니다. 이 부름에 응답해주셔야 합니다. 대표님께서 그동안 국민만 보고 정치를 해오셨지 눈앞에 있는 이익을 계산하면서 정치해온 분이 아니지 않습니까?"라고 말했습니다. 박근혜 의원은 "네. 저도 권 의원님과 생각이 다르지 않아요. 이대로는 안 될 것 같아요."라고 짧게 답했습니다. 박근혜 전 대표의 뜻을 좀 더 분명히 확인할 필요가 있었습니다. 저는 "대표께서 현 지도부에게 물러나라고 말씀하실 수는 없지 않겠습니까? 이제부터 제가 뜻을 같이하는 의원들과 함께 그 일을 해도 괜찮으시겠습니까?"라고 물었습니다. 박근혜 전 대표의 답은 여전히 짧았습니다.

"제가 권 의원님과 뜻이 다르지 않다고 말씀드렸잖아요."

짧은 답변이었지만 단호한 의지를 읽을 수가 있었습니다. 그날 밤 저는 한나라당 초선 개혁 모임인 '민본21'의 동지들과 모여서 당의 혁신 방안에 대해서 긴 토론을 했습니다. 우리 '민본21' 모임에도 친박에 가까운 의원들도 있고 친이에 가까운 의원들도 있었습니다. 역시 친박에 가까운 의원들은 박근혜 흔들기가 될 수 있고 당사자가 받아들이지 않을 수 있다는 우려를 나타냈습니다.

참 난감했습니다. 박근혜 의원을 만나서 뜻을 직접 확인했다고 말할 수도 없었습니다. 자칫 우리들의 움직임이 박근혜 의원의 사주에 의한 것이라고 오해를 받을 수 있기 때문입니다. 그래서 저는 "이번에는 박 대표가 확실하게 나설 것입니다. 누구라고 말할 수는 없지만 본인의 뜻을 분명히 확인했습니다. 이제 우리가 당의 혁신 운동을 앞장서 시작해야 합니다."라고 말했습니다. 우리들의 토론은 새벽까지 이어졌고 날이 밝으면서 '민본21'은 당의 위기 극복과 쇄신을 위한 우리들의 입장을 담은 성명서를 발표했습니다. 민본21의 요구는 "현 지도체제는 한계에 이른 만큼 당을 비상대책위 체제로 전환해야 하며, 이를 위한 홍준표 대표의 결단을 요구합니다."라고 밝히면서 "비상대책위는 일상적인 당무 처리와 위기 수습 뿐만 아니라 신당 수준의 재창당을 총괄해서 추진해야 한다. 박근혜 전 대표가 모든 기득권에 연연하지 않는 자세로 비대위 구성과 운영에서 중심적 역할을 할 것을 요구합니다."라는 당 혁신에 대한 분명한 메시지를 선언했습니다.

한나라당 초선 그룹인 '민본21'의 주장으로 시작된 한나라당 혁신운동은 홍준표 대표의 자진사퇴와 비상대책위원회의 출범으로 이어졌고 박근혜 비상대책위원회를 거치면서 한나라당은 새누리당으로 재창당하게 됐습니다. 당의 정강 정책에는 복지가 전면에 내세워졌고 경제민주화도 명문화됐습니다. 보수는 성장, 진보는 복지라는 오랜 프레임이 깨어졌습니다. 당의 색깔도 파랑에서 빨강으로 바뀌었습니다. 마지막까지 고심하던 당명도 한나라당에서 새누리당으로 바꾸었습니다. 그야말로 머리끝에서 발끝까지 다 바꾼 것입니다.

선거 결과는 새누리당의 압승이었습니다. 새누리당은 집권 여당의 무덤이라고 하는 대통령 임기 말 총선에서 과반이 넘는 152석으로 승리했고 그해 12월 대선에서는 박근혜 후보가 승리해 대통령에 당선됐습니다.

누구나 잘못을 저지를 수 있습니다. 그러나 반성하고 혁신하면 승리할 수 있다는 것은 너무나도 평범한 진리입니다. 이 진리를 실천할 수 있는 국민의힘이 되기를 간절히 기원해봅니다.

권영진, 다시 혁신의 길에 서다
: 대구에서 대한민국으로

초판 1쇄 인쇄 2023년 12월 14일
초판 1쇄 발행 2023년 12월 22일

지은이 권영진
펴낸이 안현주

기획 류재운 **편집** 안선영 김재열 **브랜드마케팅** 이승민 **영업** 안현영
디자인 표지 정태성 본문 장덕종

펴낸 곳 클라우드나인 **출판등록** 2013년 12월 12일(제2013-101호)
주소 우) 03993 서울시 마포구 월드컵북로 4길 82(동교동) 신흥빌딩 3층
전화 02-332-8939 **팩스** 02-6008-8938
이메일 c9book@naver.com

값 20,000원
ISBN 979-11-92966-48-9 03320

* 잘못 만들어진 책은 구입하신 곳에서 교환해드립니다.
* 이 책의 전부 또는 일부 내용을 재사용하려면 사전에 저작권자와 클라우드나인의 동의를 받아야 합니다.
* 클라우드나인에서는 독자 여러분의 원고를 기다리고 있습니다.
  출간을 원하시는 분은 원고를 bookmuseum@naver.com으로 보내주세요.
* 클라우드나인은 구름 중 가장 높은 구름인 9번 구름을 뜻합니다. 새들이 깃털로 하늘을 나는 것처럼 인간은 깃펜으로 쓴 글자에 의해 천상에 오를 것입니다.